21世纪应用型本科金融系列规划教材

投资学基础

Fundamentals of Investing

齐欣 邵姝静 主编

东北财经大学出版社 大连
Dongbei University of Finance & Economics Press

图书在版编目（CIP）数据

投资学基础 / 齐欣，邵姝静主编. —大连：东北财经大学出版社，2024.8. —（21世纪应用型本科金融系列规划教材）. —ISBN 978-7-5654-5359-5

Ⅰ.F830.59

中国国家版本馆CIP数据核字第202458591E号

东北财经大学出版社出版

（大连市黑石礁尖山街217号　邮政编码　116025）

网　　址：http://www.dufep.cn

读者信箱：dufep@dufe.edu.cn

大连永盛印业有限公司印刷　　东北财经大学出版社发行

幅面尺寸：170mm×240mm　字数：293千字　印张：14.75　插页：1

2024年8月第1版　　2024年8月第1次印刷

责任编辑：田玉海　孙　越　　责任校对：赵　楠

封面设计：张智波　　版式设计：原　皓

定价：36.00元

教学支持　售后服务　联系电话：（0411）84710309

如有印装质量问题，请联系营销部：（0411）84710711

前　言

投资是日常生活中经常使用的一个概念，我们一般将投资理解为投入一定的资金以期未来满足某种需要或者达到某种目的。在经济学中，投资是与储蓄、消费、收益、风险等概念密不可分的。从投资的来源分析，进行投资时必须有一定数量的资金，投资资金来源于储蓄，因此投资是与储蓄相对应的一种经济行为。从投资的本质分析，投资是为了获得未来更多的消费而暂时牺牲当前消费的一种行为。从投资的结果分析，投资是一种可以在未来获得不确定性收益的行为，具有收益和风险双重特征。

近年来，中国投资市场发展迅猛，但也跌宕起伏，金融科技推动的金融产品创新层出不穷，相应的风险也在不断增加。互联网金融、虚拟货币、数字货币等新兴金融产品的出现，加速了投资市场的数字化转型，改变了传统投资市场的格局。中国投资市场仍然具有鲜明的中国特色，投资实践、产品创新、市场监管等都应以现阶段的资本市场发展现状为依据。党的二十大报告指出："健全宏观经济治理体系，发挥国家发展规划的战略导向作用，加强财政政策和货币政策协调配合，着力扩大内需，增强消费对经济发展的基础性作用和投资对优化供给结构的关键作用。"基于此，实践对"投资学"课程提出了更高的要求，要体现应用型课程特征，要在教学过程中帮助学生学会运用投资学的基本理论对投资实践作出科学合理的分析和解释，以便更好地预测未来资本市场的发展趋势，更好地为投资决策服务。这本《投资学基础》便在此背景下和读者见面了。

本书的目标读者是经济学、金融学和管理学、会计学等相关专业的本科生，本书也可作为普通投资者的普及性读物。因此，本书特别强调与投资相关的基础知识、基本理论和基本应用。希望读者通过对本书内容的学习，能够对投资学有一定的了解与掌握，以便更好地指导日常的投资实践。为了便于读者学习，本书对投资市场、投资工具、投资方法、投资模型以及投资应用等做了详尽的解释与说明，同时在每章设置了导读、重难点、复习与思考等栏目。此外，为进一步贯彻落实课程思政，本书在每章开头凝练了思政目标，积极落实立德树人的根本任务，着力培养德智体美劳全面发展、勇担民族复兴大任的时代新人。

全书共分为八章。第一章为绪论，通过对投资、投资学等相关概念的解释，帮助读者对投资有一个概括性的初步了解。第二章为金融市场，重点介绍了金融市场的概念、特点、功能和分类，并进一步介绍了股票发行市场和流通市场的具体规定与发展。第三章为金融工具，详细阐述了股票、债券、证券投资基金、金融衍生产品的概念、特征、分类以及金融工具之间的异同，便于投资者详细了解每一种金融工具的特点，并结合自己的风险偏好进行投资配置，实现分散化的投资。第四章为证券分析，详细阐述了投资者在进行投资时采用宏观经济分析、行业分析、公司分析的基本面分析方法，以及运用主观型、客观型、混合型等技术分析方法，帮助投资者实现更加理想的投资效果。第五章为证券的收益和风险，分别介绍了证券收益、风险及投资者风险态度的衡量方法和分析思路。第六章为资产组合选择，分别讨论了资产组合投资的优良性质、资本配置决策和证券选择决策以及最优资产选择理论等内容，为投资者进行资产组合投资奠定了理论基础，提供了分析框架。第七章为资本市场均衡，分别介绍和推导了经典的资本资产定价模型、单因素模型、多因素模型、套利定价理论和有效市场假说，对于投资者理解资本市场均衡并在均衡条件下开展投资分析具有重要的参考价值。第八章为金融产品的价值估计，重点介绍了股利折现模型、债券价格和收益率的核算、债券利率风险的分析以及期货均衡价格的决定，可以帮助投资者对金融产品的投资价值进行合理估计和判断。

本书是甘肃省教学成果培育项目“应用型本科院校商科‘五位一体’综合实践教学体系的创新和构建”及陇东学院校级一流课程、课程思政示范课程“投资学”的建设成果。全书由齐欣、邵姝静共同完成，具体分工如下：邵姝静负责第一章，第二章、第三章和第七章第四节，齐欣负责第四章、第五章、第六章、第七章第一、二、三节和第八章。

在本书的编写过程中，我们参考了大量的书籍和资料，吸收了前辈们不少有益的成果，在此特别向相关作者致谢！在写作过程中，我们力图精益求精，反复斟酌修改，经历了漫长的写作过程，但由于时间和水平所限，本书难免存在疏漏和不足之处，恳请同行专家和广大读者批评指正，作者深表谢意。

与此同时，作者特别感谢东北财经大学出版社的编辑老师。在整个书稿编辑加工过程中，他们提供了周到、耐心的服务，对书稿的完成给予了很大的帮助，在此也表示深深的谢意。

作　者

2024年6月

目　录

第一章

绪论

学习指南

1.本章导读

本章首先从分析日常生活中的投资现象入手，在明确界定投资概念的基础上，着重分析了投资的要素、实质与特征；其次，重点介绍了投资学的研究对象、投资学与其他学科的联系、投资学的作用以及研究方法；最后，通过一则案例拉开了投资学这门课的序幕。

2.重难点

（1）投资的定义。

（2）投资的特征。

（3）投资学研究方法的应用。

3.思政目标

（1）通过讲述投资的概念、特征以及作用，引导学生养成良好的投资习惯。

（2）理解“投资”与“投机”的区别，正确认识投机，帮助学生树立理性投资理念，摒弃错误投机理念。

党的二十大报告提出“健全资本市场功能，提高直接融资比重”，这为未来资本市场发展指明了基本方向，对于推进资本市场制度完善和结构优化，更好服务实体经济高质量发展具有重要意义。资本市场的健全完善，为投资者提供了丰富多样的投资产品，方便不同风险偏好的投资者进行科学、合理、高效的投资。

第一节　投资概述

健全完善的资本市场，为投资者提供了丰富多样的投资产品，方便不同风险偏好的投资者进行科学、合理、高效的投资。

假设你有较稳定的收入，善于安排各项开支，经常有资金结余。你希望打理好自己的钱财，积累财富，以应对未来各种紧急需要，以及购置房屋、国外旅行、子女教育、养老等特定需求。那么，你知道普通中国人打理钱财的主要途径有哪些吗？

让我们看一下以下内容：

（1）提供既便利又安全的多种服务，以及有较稳定利息收入的银行储蓄；

（2）预防各种难以预料的天灾人祸，并能积攒一笔不菲养老金的保险产品；

（3）规避不时出现的通货膨胀威胁的有效工具——黄金；

（4）能够分享经济蓬勃发展成果的股票、基金；

（5）可以吸纳大量资金，且有长期升值潜力的房产、艺术收藏品；

……

当你把闲置资金配置在上述一种或多种产品上时，你就走进了本书的主题——投资，因为投资就是为了在未来获取更多的资金，或规避资产价值大幅波动，而在今天进行的各种资金投放活动。

一、投资的含义

投资（investment）是一种经济活动，由于其通常与资本联系在一起，因此人们对投资的概念有着不同的理解。

约翰·伊特韦尔等编著的《新帕尔格雷夫经济学大辞典》对“投资”一词做了较为详尽的描述：“投资就是资本形成——获得或创造用于生产的资源。资本主义经济中非常注重在有形资本——建筑、设备和存货方面的企业投资。但是政府、非营利公共团体、居民家庭也进行投资，它不但包括有形资本，而且包括人力资本和无形资本。原则上，投资还应包括土地改良或自然资源的开发，而相应地，生产度量除包括生产出来用于出售的商品和劳务外，还应包括非市场性产出。因此，政府或家庭购置一辆汽车同厂商购置一辆汽车一样都是投资。汽车在所有的场合都是用于运输服务的生产。同样，政府建造道路、桥梁和机场，同企业获得卡车和飞机一样，都是投资。花在研究与发展上的支出，不论是由企业、政府还是由非营利的大学承担，都是投资。更为重要的是，无论在何处，教育和培训都是人力资本投资的主要形式。”该定义对投资的功能、主体、方式都作出了经典概括。

萨缪尔森和诺德豪斯的《经济学》一书则认为："对经济学者来说，投资总是意味着实际资本形成——存货的增加量，或新生产的工厂、房屋或工具。对大多数人来说，投资往往意味着只是用货币去购买几张通用汽车公司的股票，购买街角的地皮或开立一个储蓄存款的户头。"这是从最终结果形态的意义上来定义投资，强调的是实物资本形成的过程。在这种意义上，投资就是资本品的购置，包括厂房的建造、机器设备的购买和安装以及生产经营活动所必需的存货的形成等。这类似于我们通常所说的固定资产投资或直接投资，类似于马克思关于投资即货币转化为生产资本的概念表述。

我国理论界对投资定义的研究是一个逐步深化的过程，大致可分为三个阶段：

第一阶段是20世纪80年代中期以前，由于我国长期以来计划经济体制对经济生活的影响，投资体制主要是行政审批制度，不能发挥市场对资源配置的基础性作用，人们对"投资"概念的认识局限于国家计划投资的范畴之内，其主要特征是：政府是唯一的投资主体，企业是政府的附属物，不具备自主投资的权利和能力，投资的资金来源采取单一的拨款方式，无偿供建设单位使用；建设项目的投资决策权集中在政府，投资管理采取以指令性的投资计划、行政审批制度为中介的政府直接管理方式，这一阶段把投资简单视为基本建设。

第二阶段是从20世纪80年代初到90年代初，我国理论界对投资的研究开始从基本建设投资扩大到整个固定资产投资领域，尤其注重流动资产投资问题。同时人们逐步认识到，在技术进步的前提下，随着扩大再生产的不断增加，现有企业的设备更新和技术改造越来越重要。因此，固定资产投资的范围扩大，不仅包括基本建设，而且包括更新改造及其他固定资产投资。与此相对应，1982年1月18日，国务院《关于对现有企业有重点、有步骤地进行技术改造的决定》提出改变过去以新建企业作为扩大再生产主要手段的做法，实行以技术改造作为扩大再生产主要手段的方针。从此，国家将基本建设和技术改造作为固定资产投资的两个主要组成部分，分开进行管理。

第三阶段从1992年开始，随着国家经济体制改革的不断深入，社会各界对于投资概念、投资范围的认识也不断深化。投资既包括直接投资，即将资金直接投入建设项目形成固定资产和流动资产，也包括间接投资（指购买有价证券如股票、债券），形成金融资产。因此，在社会主义市场经济的历史条件下，投资的定义得到进一步延展，它既指将一定数量的资产（有形的或无形的）投放于某种对象或事业上，以取得一定财务收益或社会效益的经营活动，也指为获得一定财务收益或社会效益而投入某种经营活动中的资产。一般来讲，投资活动包括两个主要环节：一是资金（资产的货币形态）的投放与使用，即投资的途径及相应的规模、结构、成本和效益（指财务收益或社会效益）等；二是资金的筹措与安排，即融资的途径、规模、结构、效率等。随着社会主义市场经济的发展，企业与个人投资比重的上升，人们越来越注意到融资在整个投资活动中的重要作用，因此理论界对于投资的研究进一步扩展到投资与融资领域。

二、投资的要素

在严格的投资定义中，投资必须具备投资主体、投资客体、投资目的和投资方式四个基本要素，在构成一项投资时这四个要素缺一不可。

第一，投资主体。投资主体即投资者。具有进行投资的资金或资产来源，并有投资决策权的主体，简称投资主体。投资主体可以是自然人、法人或政府。随着我国社会主义市场经济的发展，这些不同层次、不同所有制形式的投资主体逐渐打破所有制的界限，使投资主体出现多样化、复合化的发展趋势。

第二，投资客体。投资客体即投资对象、目标或标的物。投资客体具有多样性的特征，既可以是将资金直接投入建设项目所形成的固定资产和流动资产，也可以是有价证券及其他对象。

第三，投资目的。投资目的指投资者的意图及所要取得的效果。投资的目的是保证投资完整回收并实现增值，以获取经济收益或社会效益。实现投资的增值性回收，是投资的预期目的。投资除了有社会效益（包括政治效益、宏观经济效益）的追求外，就投资自身而言，实现投资的经济效益应当是投资行为的出发点。如果不能带来经济效益，投资便缺乏生命力。但有时候（如国家对某项目的直接投资），投资项目的宏观社会效益和微观经济效益可能会出现一定的矛盾，在这种情况下，从国家的投资目的看，应以宏观社会效益为主，微观经济效益应服从宏观社会效益。对被牺牲了的微观经济效益，可以通过政策性措施（如补贴等）使其得到一定补偿。

第四，投资方式。投资方式指投入资金运用的形式与方法。投资可以运用多种方式。直接投资方式是指把资金直接投入建设项目形成实物资产，或投入社会生产经营活动创造物质基础，以促进经济增长。间接投资方式是指通过购置有价证券所进行的投资，其中既包括购买非上市有价证券（私募）的投资，也包括购买公开上市有价证券的投资。

三、投资的实质

投资只有在有效运转（生产和经营）时才能实现创造价值的目标。通过人类有目的的生产经营活动，投资资金按一定途径不断循环与周转运用，才能取得预期的投资效果——为个人提供更多的收益，为人类创造更多的财富，推动经济和科技的发展，推动人类社会的进步。资金循环周转实现增值的过程，依次经过三个阶段，相应采取三种不同的职能形式，使其价值得到增值，最后又回到原来的出发点进行新一轮的运转，开始新的循环过程。

投资是资金的运转过程。在市场经济条件下，资金的投放不仅是为了增值，更是为了维持和提高整个社会生活水平，并推动社会向更高阶段发展。在市场经济条件下，资金运转不仅是企业生产、经营、流通过程中的资金流动，还有部分资金要通过财政渠道进行流通。财政资金来源于居民和企业的各种税费收入，其中主要是对企业的税收，它通过财政集中以后，一部分用于非生产性投资和必要的社会消费支出，参加到整个社会资金的运动过程中，另一部分则由财政再投资用于扩大再生产，重新进入企业资金运转。所以，投资既包括生产性投资，也包括非生产性投资。

投资的循环与周转过程是：（1）投资资产（包括资金、技术、劳动、商标等）的筹集；（2）将筹集的资产用于进行筹备与建设；（3）投入资产、科技和人类劳动（包括脑力劳动和体力劳动）进行生产经营活动。如果是简单再生产，则通过为社会提供产品和劳务来维持原规模的生产经营循环活动。投资的预期目的是获得经济效益和社会效益，也就是在实现资金增值的同时为提高人民文化生活水平和进行社会扩大再生产不断提供资金来源，即通过为社会提供产品和劳务增加资产，以补偿生产经营中的物资消耗，提供生产过程参与者的生活消费和社会消费，为社会（包括个人）提供资金积累，最后利用积累来扩大投资规模，进入新一轮投资循环。积累的资金进入下一个投资循环，促使社会经济进一步发展。

在这不断扩大的投资循环往复周转中，经济不断发展，人类社会不断进步，人们的物质文化生活水平不断提高。

四、投资的特征

投资作为一种经济活动，与一般物质生产和流通领域的活动不同，作为一种特殊资金，它具有和一般资金不同的特点。考虑到证券投资的收益归根到底还是来源于直接投资中生产与经营的成果，所以我们讨论投资的特点时，将着重从投资的本源，即从直接投资的角度去进行分析，这在理论研究和实务中都是必要的。

1.投资的复杂性和系统性

投资的复杂性表现为投资的类别繁杂。不同种类的投资构成一个复杂的系统，涉及整个社会。从投资系统内部看，它是一系列互相制约、互相影响的子系统结合起来的有机整体。投资系统的外部联系也十分广泛，投资作为国民经济的有机组成部分，与整个社会的政治、军事、经济、技术活动紧密相连。投资学是经济学的重要分支，投资与经济增长、投资与经济结构、投资与技术进步等经济要素是互相联系、互为条件、互相制约的。研究投资除研究投资系统内部关系的规律性，还应从更高层次、更大范围来考察。

2.投资周期相对较长

投资周期是指从资金投入至全部收回所经历的完整时间，一般由建设周期与经营周期两个主要部分组成。从宏观角度考察，建设周期是指一定时期内，所有施工项目全部建成投产或交付使用平均所需要的时间。从微观投资活动看，建设周期以建设工期来表示。建设工期反映一个具体投资项目的建设速度，它从两个方面影响投资效益：一是缩短工期可以节省管理费用和利息支出，降低工程造价，同时可以加速资金周转，提高投资效益；二是建设工期缩短，投资项目尽早建成并投入使用，可以提早获得项目收益、提早回收投资，这些最终将反映在提高投资项目的整体效益上。就直接投资而言，它不同于一般工业部门的产品生产。由于固定资产形成的技术经济特点，项目投资的规模一般都较大，技术也较复杂，这首先就决定了建设的周期较长，这样通过投资取得收益的时间也就拉长了，从而使投资回收周期也拉长了。就间接投资而言，如果把它当作一种投资资金来看，它是依存于直接投资的，其收益来源于直接投资的成果，它通过股息或债券的还本付息来回收投资，证券的转让只是投资者的变化，并没有改变投资周期长的实质。

3.投资项目实施的连续性和资金投入的波动性

从事直接投资，就微观投资项目而言，项目立项后，一旦批准动工建设，就必须保证连续不断地投入资金和其他资源，保证施工的连续性，否则会带来严重损失。同时，单个投资项目整个发展周期的不同时期和阶段，资金的需要量又是不均衡的。我国70多年宏观经济运行的规律显示，年度投资规模的增长具有波动性，这种波动增长既有主观因素的影响，也有其客观必然性。年度投资规模与国民经济形势和国民收入多少密切相关。在国民收入增长率较高的时期，除了将增长的一部分成果用来改善人民生活、扩大消费，还可以将更多的资金用于积累，用于扩大再投资；反之，在国民收入增长率较低的时期，人民生活水平改善的步伐必然要减慢，用于社会再投资的资金增长速度也会相应放缓。因此，年度国民收入的增长波动所导致的年度投资规模的增长波动也就是必然的了。

4.投资的风险性

投资风险是由投资自身的特点引起的。投资是一项复杂的系统工程，系统的复杂性和与外部的广泛联系是投资风险的主要根源。一个项目投资数额大，一旦上马，投资就处在风险中，在未来的建设过程中以及建成运行后都会有许多意想不到的情况出现，其中的不利因素都会对建设过程和投资的收益构成威胁，甚至给投资回收造成困难。由于项目周期长，人们不可能完全预计到建设过程中可能发生的不确定事件，这也是导致潜在投资风险的重要因素。周期越长，影响项目收益的不确定因素越多，投资回收所面临的风险就越高。投资风险几乎涉及所有的经济风险范畴，如建设风险、经营风险、通货膨胀风险、利率风险、汇率风险、政治风险等，任何一个风险因素的出现都会对投资项目产生不利影响。事实上，直接投资面临的全部风险同样影响着间接投资。美国1929年的“股灾”、2000年互联网泡沫破灭、2008年美国次贷危机导致的全球金融市场动荡都令人难忘。因此，对投资风险的认知和防范是投资学的重要课题之一。

第二节 投资学

一、投资学的研究对象

投资学是研究社会经济运行过程中投资的一般运行规律和不同投资的特殊运行规律的一门经济学科，是经济学的重要分支。投资作为一种经济活动过程，它的经济关系与整个社会的经济关系在本质上是一致的，但投资学作为一门独立的学科，又具有自己特定的研究领域和内容，这种研究内容的特殊性主要表现在以下两个方面：

第一，宏观方面，投资学侧重研究宏观经济中的投资问题，主要分析投资与消费、财政收支、信贷规模、产业结构以及国民收入或国内生产总值等宏观经济因素之间的相互关系。作为学科，投资学在宏观方面，主要研究投资规模、投资结构、投资布局以及投资的资金市场等，即宏观经济中的投资规律。

第二，微观方面，投资学主要从项目角度，研究投资项目的实施和管理以及微观投资项目的一般运行规律和不同投资项目的特殊运行规律。例如，由于投资主体不同，投资方式和投资运行机制也不一样，不同形式的投资运行各有其特点，风险投资不同于一般投资、直接投资不同于间接投资、固定资产投资不同于流动资产投资、股票投资不同于债券投资，等等，分别有各自的特点，有其独特的运行规律。因此，投资学在研究微观投资的一般运行规律的同时，还要研究不同投资的特殊规律。

二、投资学与其他学科的关系

投资学与多个学科相关。投资首先是市场上的一种经济活动，必然与经济学相关。投资学研究资本市场规律，研究资本市场上可交易资产的价值变动规律。资本市场是市场参与者进行交换的场所，交易价格和交易行为反映了参与者的判断和心理活动，以及市场实现均衡的过程。其次，资产价值取决于发行人的经济或者经营状况。以股票为例，股东预期获得的现金流与发行公司的经营状况密切相关。对于资产价值的评估涉及对发行公司战略、商业模式、组织行为等方面的评估，因此投资学又与管理学相关。最后，投资学越来越多地体现了数学的应用。自从约翰·威廉姆森构建了股票的累计红利折现模型之后，随着金融资产构造的复杂化，其定价越来越依赖数学模型，如投资组合理论、期权定价理论，都依赖严谨的数学推理。金融工程就是数学工具不断在金融领域应用的结果。近些年来不断壮大的行为金融学，将心理学融入投资行为中，认为人们心理的主观认知和心理活动，会影响金融资产价格及其波动。

三、投资学的作用

投资学知识首先帮助投资者评估金融资产价值。金融理论认为，在市场有效的状态下，市场价格反映价值。在现实世界中，市场有效是一个理想状态，即使出现，也非常态。市场上出现错误定价，则是家常便饭。投资者利用市场的错误定价，低买高卖，可以实现财富增值。利用投资学的知识，可以更好地掌握评估资产价值的方法，洞悉资产价值的影响因素。其次，投资学知识可以帮助投资者更好地权衡投资收益与风险，进行合理的投资组合选择。在资本市场中，收益与风险是孪生兄弟，进行投资，势必需要进行收益与风险规划。最后，投资学能够帮助投资者更科学地评价投资结果，找出投资失败的原因，以便未来更好地进行投资。

应用投资学知识进行科学的投资，不仅有利于增加个人财富，也有利于整个社会经济的健康发展。投资活动的场所是资本市场，无论是有形还是无形，基本规律相同，即有效资本市场有助于有效的资源配置，而有效的资源配置有利于社会资源更有效地利用，从而提高社会财富水平，提高社会福利水平。资本市场有效，既与资本市场制度、结构有关，也与投资者对于金融资产的认识有关。投资者提高对于优良资产的识别水平，不仅仅是个人投资成功的前提，在客观上也通过资本市场为优秀企业提供更多可用资源，促进社会资源向优秀企业流动，从而为社会经济发展作出贡献。无论以何种形式参与资本市场，规则制定者、市场监管者、基金经理、个人投资者等，通过学习投资学，掌握其中的规律，理性、科学投资，也是每一个社会人应该具备的基本素质。

四、投资学的研究方法

第一，理论与实践相结合。以中国特色社会主义理论为指针，借鉴西方经济学理论的研究成果和方法，结合我国实际国情进行研究分析，这是投资学研究方法的根本指南。

第二，实证分析与规范分析相结合。实证分析是研究投资运行“实际上处于怎样的状态”，即对事实进行客观的阐述，而不对运行结果作价值判断；规范分析则是研究投资运行“好”和“坏”的标准，并运用这些标准去衡量和评价投资运行“应该是怎样的状态”。

第三，历史分析与比较分析相结合。根据研究的需要，投资学在研究过程中大量采用了比较分析方法、历史分析方法等通行的研究方法。采用历史分析方法对历史演进过程进行分析，可以从历史发展的角度更好地认识、分析现实。

第四，系统分析与定量分析相结合。作为完整的理论分析研究，不仅需要从理论的整体性、系统性、一致性的角度提出问题，确定范围，明确系统目标，建立理论体系，而且需要从应用角度建立数量分析模型。系统分析和定量分析的结合应用，既提高了理论在总体上的系统性和整体性，又保证了理论在结构上的严密和紧凑，还有助于理论的应用和推广，提高理论的实际应用价值。

第五，静态分析与动态分析相结合。投资活动是一个不断运动发展的过程，发展意味着变化，意味着不确定性。因此，不但要对某一具体时间和地点的具体投资情况进行静态分析，还要引入时间变量，从发展变化的角度进行分析，即根据某一段时间内投资所发生的变化，对发展趋势进行序列分析，即动态的分析，以研究投资客体的变化和发展规律，加强具有前瞻性、预见性的指导。

拓展阅读1-1

巴菲特与价值投资理论

沃伦·巴菲特被称为“华尔街股神”。在过去数十年里，经历过全球股市的无数风风雨雨，最终把100美元变成了440亿美元的巨额财富。

回顾巴菲特的投资史，让人惊叹。自1965年以来，巴菲特的投资战绩相当理想。据统计，48年间其获取的年均投资回报率高达20.74%。其间，仅有两年亏损，其余年份均获得正回报率。亏损的年份分别为2001年的-6.2%以及2008年的-9.6%。此外，在48年间，仅有10年的投资回报率低于标普500的同期增长率。可见，巴菲特的投资大师称号果然名不虚传。

巴菲特的经典投资案例不胜枚举。例如，投资可口可乐，投资13亿美元，盈利70亿美元；从1975年至1991年投资华盛顿邮报0.11亿美元，盈利16.87亿美元；投资吉列6亿美元，盈利37亿美元。

巴菲特倡导的价值投资理论风靡世界。他倡导的价值投资理念十分简单：“在最低价格时买进股票，然后就耐心等待。”他购买股票的基础是：假设次日关闭股市，或在5年之内不再重新开放，他依然会买那只股票。在他看来，一旦看到市场波动而认为有利可图，投资就变成了投机，没有什么比赌博心态更影响投资。巴菲特主要进行长期投资，有人曾做过统计，巴菲特对很多股票的投资都超过8年。巴菲特曾说：“短期股市的预测是毒药，应该把它摆在最安全的地方，远离那些在股市中的行为像小孩般幼稚的投资人。”掌握这些理念并不困难，但很少有人能像巴菲特一样数十年如一日地坚持下去。巴菲特投资理念精华有“三要三不要”：

1.要投资那些始终把股东利益放在首位的企业

巴菲特多次提到这个标准，他总结为投资好生意+好管理层+大公司。公司有好的管理层非常重要，那些经营稳健、讲究诚信、分红回报高的企业，他非常青睐，以此确保投资的保值和增值。巴菲特之所以如此看好可口可乐的股票，其原因正在于可口可乐公司是当之无愧地满足“巴菲特选股三步曲”全部要求的超级明星企业。“第一步，选择具有长期稳定性的产业；第二步，在产业中选择具有突出竞争优势的企业；第三步，在优势公司中优中选优，选择竞争优势具有长期可持续性的企业。”在美国和西方国家，饮料是一个具有相当长期稳定性的产业。1977—

2003年，16年间巴菲特持有可口可乐股票从未动摇过，投资收益率高达681.37%。

2.要投资资源垄断型行业

分析认为，从巴菲特的投资构成来看，道路、桥梁、煤炭、电力等资源垄断型企业占了相当份额，这类企业一般是外资入市并购的首选，同时独特的行业优势也能确保效益的平稳。巴菲特近几年积极涉足能源行业。以伯克希尔·哈撒韦能源公司为中心，进行了包括内华达能源公司的收购，以及对柯恩河与太平洋电力公司的接管。在中国，巴菲特的两次大手笔让人津津乐道——中石油和比亚迪，而这两家公司都和能源有关。2002年至2003年间，巴菲特投资4.88亿美元购入中石油股份。自2007年7月开始，巴菲特连续7次减持中石油H股，并在中石油登陆A股市场的前一个月将所持的23.4亿股中石油H股在高位全部清空，收获40亿美元，获利约7倍。

3.要投资易了解、前景看好的企业

巴菲特认为凡是投资的股票必须是自己了如指掌，并且具有较好行业前景的企业，不熟悉、前途莫测的企业即使被说得天花乱坠也毫不动心。巴菲特为什么选吉列公司的股票呢？巴菲特本人曾给出了几个理由，排在第一位的就是他非常熟悉吉列。巴菲特对吉列这么熟悉，因为他是一个男人，要天天刮胡子，他用了吉列剃须刀后感叹："在现代人类生活中，一切都在发生变化，剃须同样可以成为一种享受。"他甚至自愿给吉列做广告："如果你还没有试过吉列新推出的感应刀片，赶紧去买一个来试试！"

4.不要贪婪

1966年，美国股市牛气冲天，整个华尔街进入了投机的疯狂阶段，面对连创新高的股市，巴菲特却坐立不安，尽管他的股票都在飞涨，却发现很难再找到符合他标准的廉价股票了。巴菲特将手中股票涨幅达20%的时候就非常冷静地悉数全抛。1968年5月，当股市一路凯歌的时候，巴菲特却通知合伙人，他要隐退了。随后，他逐渐清算了巴菲特合伙人公司的几乎所有的股票。1969年6月，股市急转直下，渐渐演变成了股灾，到1970年5月，每只股票都要比上年初下降50%，有的甚至更多。一度失落的巴菲特却欣喜异常，因为他看到了财富即将滚滚而来——他发现了太多便宜的股票。巴菲特曾谈到对中石油投资过程，他说："我当时卖掉中石油是因为我觉得它不再物超所值，它的价格已经接近或者超过了应有的价值。"

5.不要跟风

巴菲特说过：在别人恐惧时我贪婪，在别人贪婪时我恐惧。2000年，全世界股市出现了所谓的网络概念股，巴菲特却称自己不懂高科技，没法投资。一年后全球出现了高科技网络股股灾。对很多人来说，金融危机就是噩梦，但对巴菲特来说，金融危机是他投资的商机。他在金融危机期间投资了一些绩优股公司，5年之后，这笔投资为他赚得了100亿美元。看看他5年来的成绩单，这些收益全部来自于他在金融危机期间所做的救助性质的投资活动：对玛氏糖果旗下箭牌公司65亿美元的贷款，获利38亿美元；对高盛集团50亿美元的优先股投资，获利17.5亿美元；对美国银行50亿美元的优先股投资，获利9亿美元；对通用电气30亿美元的注资，获利12亿美元……

6.不要投机

巴菲特常说的一句口头禅是：拥有一只股票，期待它下个早晨就上涨是十分愚蠢的。巴菲特在股东大会上不断倡导不要投机的观点，试图赚快钱是最糟糕的错误。对于普通的投资者来说，他们不适合投资个股。如果他们尝试买卖个股，从长期来看，他们不会比长期投资指数获得更好的回报，但大多数人觉得短线炒买炒卖个股更有趣，试图赚快钱，但这是最糟糕的错误。

资料来源：巴菲特，克拉克．巴菲特股票投资术［M］．王维丹，译．北京：中国商业出版社，2012.

复习与思考

1.投资的要素都有哪些？

2.投资的实质是什么？

3.投资学的研究对象都有哪些？

4.如何更好地分析理解投资学与其他知识的关系？

5.我们学习投资学的作用是什么？

6.投资学的分析方法有哪些？

第二章

金融市场

学习指南

1. 本章导读

金融市场是实现货币借贷和资金融通、办理各种票据和有价证券交易活动的市场。本章第一节详细论述了金融市场的概念、特点、功能、类型。第二节详细阐述了股票的发行制度（审批制、核准制、注册制）与承销制度（代销、包销）。第三节阐释了证券的流通市场，介绍了证券交易所与场外交易市场（柜台交易市场、第三市场、第四市场）。第四节介绍了金融监管的有关内容。

2. 重难点

（1）金融市场的分类。

（2）股票代销与包销的区别。

（3）场内交易市场与场外交易市场的区别。

（4）市价委托、限价委托、停止损失委托和停止损失限价委托的优缺点及适用范围。

（5）证券交易的竞价原则与竞价方式。

3. 思政目标

（1）证券公开发行的文件应当真实、可靠，尽职调查小组应当职责明确、各司其职，身体力行贯彻职业道德。

（2）证券交易所应遵循“公开、公平、公正”的交易原则，和谐有序的证券市场需要各方参与者的共同维护。作为投资者或从业者一定要坚守底线，遵守规章制度，秉持“君子爱财取之有道，用之有度”的底线思维。

第一节　金融市场概述

2019年2月22日，习近平总书记主持十九届中央政治局第十三次集体学习时指出："金融活，经济活；金融稳，经济稳。经济兴，金融兴；经济强，金融强。"在推动高质量发展、推进中国式现代化的新征程中，金融业肩负着时代所赋予的新的历史使命。

一、金融市场的概念

金融市场（financial market）是指以金融资产为交易对象而形成的供求关系及交易机制的总和，是金融资产交换的场所和系统。金融市场是实现货币借贷和资金融通、办理各种票据和有价证券交易活动的市场。可以从以下三个方面加深对金融市场概念的理解：第一，金融市场是金融资产进行交易的有形和无形的"场所"，主要包括场内市场、场外市场以及电子化市场等；第二，金融市场反映了金融资产供应者与需求者之间的供求关系，揭示了资金的归集与传递过程；第三，金融市场包含了金融资产的交易机制，其中最主要的是价格机制（包括利率、汇率和各种证券的价格），以及交易后的清算和结算机制。

二、金融市场的特点

（一）商品的特殊性

金融市场交易的对象是货币头寸、票据、债券、股票、资金、信用以及其他金融工具。

（二）交易价格的一致性

市场的内生性使驱动市场价格趋于一致，同种商品在不同市场上遵循交易价格一致性的原则。

（三）交易活动的集中性

在金融市场上，金融工具的交易往往是通过一些专业机构组织实现的，通常有固定的交易场所，如上海证券交易所、深圳证券交易所、北京证券交易所等。

（四）交易主体角色的可变性

一般情况下，企业通常是资金的短缺方，是资金的需求者；家庭或个人通常是资金的盈余方，是资金的供给者。但在某些情况下，资金需求者与资金供应者的角色可进行互换。此时，企业成为资金的供给者，而家庭或个人则成为资金的需求者，如居民住房抵押贷款、耐用消费品贷款、汽车消费贷款等。

三、金融市场的功能

（一）资金融通集聚功能

金融市场的集聚功能是指金融市场引导众多分散的小额资金汇聚成可以投入社

会再生产的资金集合的功能。在这里，金融市场起着资金“蓄水池”的作用。融通货币资金是金融市场最主要、最基本的功能。金融市场之所以具有资金的集聚功能：一是由于金融市场创造了金融资产的流动性；二是金融市场上多样化的融资工具为资金供应者的资金寻求合适的投资手段找到了出路。

（二）资源配置功能

金融市场的配置功能表现在三个方面：资源配置、财富再分配和风险再分配。

第一，资源配置。金融市场通过将资源从低效率利用的部门转移到高效率的部门，使一个社会的经济资源能最有效地配置在效率最高或效用最大的用途上，实现稀缺资源的合理配置和有效利用。一般来说，资金总是流向最有发展潜力，能够为投资者带来最大利益的部门和企业，即通过金融市场，有限的资源就能够得到合理的利用。

第二，财富再分配。财富是各经济单位持有的全部资产的总价值。政府、企业及个人通过持有金融资产的方式来持有的财富，在金融市场上的金融资产价格发生波动时，其财富的持有数量也会发生变化，一部分人的财富量随金融资产价格的升高而增加，另一部分人则由于其持有的金融资产价格下跌而减少。这样社会财富就通过金融市场价格的波动实现了再分配。

第三，风险再分配。利用各种金融工具，厌恶金融风险程度较高的人可以把风险转嫁给厌恶风险程度较低的人，从而实现风险的再分配。

拓展阅读2-1

投资风险偏好测试

1.你的家庭负担：（　　）。

A.家庭负担较重，例如家中有病人等

B.子女尚小，父母需要赡养，家庭负担较重

C.简单的三口之家，父母刚退休不久，有固定的收入

D.单身或者结婚不久，没有子女，父母还没有衰老，没有赡养压力

2.你的投资预期是什么？（　　）

A.获得相当于银行定期存款利率的回报

B.保障资本增值及抵御通货膨胀

C.获取每年5%～10%的回报率

D.获取每年10%的回报率

3.在海滨，你是否经常不小心游出安全区？（　　）

A.绝对不会

B.很少这样，太危险

C.这样也没有什么大不了的

D.经常这样，无视安全线的存在

4.你是不是经常喜欢自己做决定？（　　）

A.不喜欢，最好有朋友帮忙

B.有人给我意见会使我的信心大幅度增加

C.我习惯于自己做决定，但是别人的意见我会参考

D.自己做决定是我一贯的作风，从来不需要别人的参与

5.假设有一项电视智力竞赛节目，并且你已经胜出，主持人让你在以下获奖方式中作出选择，你会（　　）。

A.立刻拿到10 000元现金

B.有50%的机会赢取50 000元现金的抽奖

C.有25%的机会赢取100 000元现金的抽奖

D.有5%的机会赢取1 000 000元现金的抽奖

6.独自到国外旅游，遇到三岔路口，你会（　　）。

A.仔细研究地图和路标，确认无误后再作出选择

B.向别人问路，问清之后选择

C.大致判断一下方向，然后毅然决然地走下去

D.用抛硬币的方式来做决定

7.假设你预计有一项投资可能会有较大的收益，可是手中却没有足够的资金，你是否会对外借款以进行该项投资？（　　）

A.肯定不会　　B.可能不会

C.可能会　　D.肯定会

8.假设有下面4种投资可能，这只是假设不代表任何市场上的投资产品，你认为你可能选择的投资组合是：（　　）。

A.方案甲盈利率7.02%，最大收益16.30%，最大损失-5.60%

B.方案乙盈利率9.00%，最大收益25.00%，最大损失-12.10%

C.方案丙盈利率10.40%，最大收益33.60%，最大损失-18.20%

D.方案丁盈利率11.70%，最大收益42.80%，最大损失-24.00%

9.你计划的投资时间是多久？（　　）

A.两年之内（短期）　　B.2～5年（中期）

C.6年以上（中长期或长期）　　D.10年以上

10.假如你的银行账户上有很多活期存款，你是否感到不安？（　　）

A.非常不安　　B.会有点不安

C.不会　　D.绝对不会不安，心安理得

11.你是否花很多时间思考你走过的生活道路以及目前的选择？（　　）

A.经常这样，思考过去是减少未来风险的有效手段

B.有时会，我觉得这样也许会对我有帮助

C.偶尔会，但是那对我来说并不重要

D.不会的，我会很快地忘掉过去

12.面对行情火爆的股市，你的心中是否热血沸腾？（　　）

A.不会的，我讨厌这些

B.也许会，这要看其他条件

C.很可能会，但是我还是能控制自己的情绪

D.会的，我肯定会思考我的投资计划，是不是多投些股票

13.如果你是一位有过沉痛的股市投资失败教训的投资者，现在对大盘重新看好，你发现了一次盈利的机会，你是否会再次投资股市？（　　）

A.肯定不会　　B.可能不会　　C.可能会　　D.肯定会

14.下列哪件事情会让你最开心？（　　）

A.买彩票中奖1万元

B.努力学习，积极参加学校的各项活动，获得奖学金1万元

C.冒着风险，投资的1万元基金带来了1万元的收益

D.无论通过上述任何渠道取得1万元收益

15.你的老邻居是一位经验丰富的石油地质学家，他正组织包括他自己在内的一群投资者，为开发一个油井而集资。如果开发成功，那么将带来50~100倍的投资收益；如果失败，所有的投资就一文不值了，你的邻居估计成功概率只有20%，你会投资（　　）。

A.0　　B.1个月的薪水

C.6个月的薪水　　D.1年的薪水

16.假设通货膨胀目前很高。硬通资产如稀有金属、收藏品和房地产预计会随通货膨胀同步上涨。你目前持有的所有投资是长期债券，你会（　　）。

A.继续持有债券

B.卖掉债券，把一半的钱投资基金，另一半投资硬通资产

C.卖掉债券，把所有的钱投资硬通资产

D.卖掉债券，把所有的钱投资硬通资产，还借钱来买更多的硬通资产

分析：

A：1分。B：2分。C：3分。D：4分。

（1）得分27~36分，属于风险规避者，适合稳健型的投资。

（2）得分37~50分，属于风险中立者，适合平衡型的投资。

（3）得分51~64分，属于风险偏好者，适合进取型的投资。

（三）调节经济功能

调节功能是指金融市场对宏观经济的调节作用。金融市场一边连着储蓄者，另

一边连着投资者，金融市场的运行机制通过对储蓄者和投资者的影响而发挥着调节宏观经济的作用。

第一，直接调节。金融市场的直接调节作用实际上是金融市场通过其特有的引导资本形成合理配置机制实现的，这个机制首先对微观经济部门产生影响，进而影响到宏观经济活动，是一种有效的自发调节机制。

第二，间接调节。金融市场的存在和发展，为政府实施对宏观经济活动的间接调控创造了条件。货币政策属于调节宏观经济活动的重要宏观经济政策，其具体的调控工具有存款准备金政策、再贴现政策、公开市场操作等，这些政策的实施都以金融市场的存在、金融部门及企业成为金融市场的主体为前提。金融市场既提供货币政策操作的场所，也提供实施货币政策的决策信息。此外，财政政策的实施也越来越离不开金融市场，政府通过国债的发行及运用等方式对各经济主体的行为加以引导和调节，并提供中央银行进行公开市场操作的手段，也对宏观经济活动有着巨大的影响。

（四）反映经济功能

金融市场历来被称为国民经济的“晴雨表”和“气象台”，是公认的国民经济信号系统，金融市场的反映功能表现在如下几个方面：

第一，金融市场首先是反映微观经济运行状况的指示器。由于证券买卖大部分在证券交易所进行，人们可以随时通过这个有形的市场了解到各种上市证券的交易行情，并据以判断投资机会。

第二，金融市场交易直接和间接地反映国家货币供应量的变动。

第三，金融市场有大量专门人员长期从事行情研究和分析，并且他们每日与各类企业直接接触，能了解企业的发展动态。

第四，金融市场有着广泛而及时地收集和传播信息的通信网络，整个世界的金融市场已联成一体，四通八达，从而使人们可以及时了解世界经济发展变化的情况。

第五，金融市场金融产品的价格是所有参与市场交易的经济主体对这些产品未来收益预期的体现，因此金融市场具有价格发现的作用。

四、金融市场的分类

按照组织形式、交易对象、期限、交易场地等不同维度，金融市场可以划分为不同类型。细化金融市场的分类，有助于我们从不同侧面理解金融市场。

（一）有形市场与无形市场

按照金融交易的场地与空间进行划分，金融市场可分为有形市场与无形市场。

1.有形市场

有形市场是指有固定的交易场所，有专门的组织机构和人员，有专门设备与组织的市场，典型的有形市场是互联网诞生之前的证券交易市场。

2.无形市场

（1）无形市场的定义。

无形市场是指在进行市场客体交易的市场上，市场交易双方只存在交易关系，没有固定交易场所和市场交易设施，也没有相应的市场经营管理组织。

（2）无形市场的特点。

① 交易场所不固定、分散交易。无形市场与有形市场一个最明显的区别就是无形市场没有固定的交易场所，且交易是分散的。

② 交易范围较广。由于无形市场的交易不是集中交易，受地域限制的影响较小，因此无形市场的交易区域跨度大、范围广。

③ 交易时间相对较长，不是集中固定的。与有形市场相比，无形市场一般交易时间相对较长，且有些交易的时间也不固定、集中，双方交易条件的商谈过程、商品的交付时间、付款时间均较长。

④ 交易种类多。现阶段，无形市场交易的金融产品已远远超过有形市场，只要是通过市场交换金融产品，绝大多数都在无形市场上进行交易。

（二）发行市场与流通市场

按照金融工具发行和流通的特征，可将金融市场划分为发行市场和流通市场。

1.发行市场

金融资产首次出售给公众所形成的交易市场是发行市场，又称一级市场、初级金融市场或原始金融市场。发行市场上证券发行可以通过公募和私募两种方式进行。公募又称为公开发行，是指事先不确定特定的发行对象，而是向社会广大投资者公开推销证券。私募又称非公开发行，是指发行公司只对特定的发行对象推销证券。

2.流通市场

金融资产发行后在不同投资者之间买卖流通所形成的市场被称为流通市场，又称为二级市场，它是投资者进行股票、债券和其他有价证券买卖的市场。流通市场主要为有价证券提供流动性。

3.发行市场与流通市场的关系

流通市场与发行市场关系密切，既相互依存，又相互制约。

第一，发行市场所提供的证券及其发行的种类、数量与方式决定着流通市场上流通证券的规模、结构与速度。

第二，流通市场作为证券买卖的场所，对发行市场起着积极的推动作用。组织完善、经营有方、服务良好的流通市场能够将发行市场上所发行的证券快速有效地分配与转让，使其流通到其他更需要、更适当的投资者手中，并为证券的快速变现提供现实的可能。

第三，流通市场上的证券供求状况与价格水平等都有力地影响着发行市场上证券的发行，因此，没有流通市场，证券发行不可能顺利进行，发行市场也难以为继，扩大发行则更不可能。

（三）货币市场与资本市场

按照交易期限的不同，金融市场可划分为货币市场和资本市场。

1.货币市场

（1）货币市场的定义。

货币市场又称短期资金市场，是实现短期资金融通的场所。货币市场一般是指专门融通短期资金和交易期限在1年以内（包括1年）的资金市场，主要包括银行短期借贷市场、银行间同业拆借市场、商业票据市场、银行承兑汇票市场、大额可转让定期存单市场等。

（2）货币市场的特征。

① 低风险、低收益。由于要求期限短、流动性强，发行人的信用级别高，投资工具的风险相对较低，与此相对应，投资工具的收益率相对也较低。

② 期限短、流动性高。货币市场期限比较短，交易目的也是以短期资金周转为主，往往是为了弥补短期流动性。货币市场交易工具的流动性强，有些金融工具可以在市场上随时出售兑现。

③ 交易量大、交易频繁。货币市场参与人往往需要调剂短期资金余缺进行交易，因此交易量和交易频率相对较高。

2.资本市场

（1）资本市场的定义。

资本市场是筹集长期资金的场所，一般而言，资本市场是指提供长期（一年以上）资本融通和交易的市场，也称为中长期资金市场。主要包括股票市场、中长期债券市场和证券投资基金市场等。

（2）资本市场的特点。

① 期限长、流动性较差。在资本市场上筹集到的资金多用于解决中长期资金需求，故流动性和变现性相对较弱，一般至少1年，有的也长达几十年，甚至无到期日。

② 风险大、收益较高。由于融资期限较长，发生重大变故的可能性也较大，市场价格容易波动，且价格变动幅度大，投资者需要承受较大风险。同时，作为对风险的报酬，其收益也相对较高。

（四）直接融资市场与间接融资市场

按照资金融资方式，金融市场可划分为直接融资市场和间接融资市场。

1.直接融资市场

（1）直接融资市场的定义。

直接融资市场是指资金的供给者直接向资金需求者进行融资的市场，这个市场融资一般没有金融中介机构介入，在这种融资方式下，在一定时期内，资金盈余方通过直接与资金需求方协商，或在金融市场上购买资金需求方所发行的有价证券，将货币资金提供给需求方使用。例如，商业信用、企业发行股票和债券，企业之间以及个人之间的直接借贷等。

（2）直接融资市场的特征。

① 直接性。在直接融资中，资金的需求者直接从资金的供应者手中获得资金，并在资金的供应者和资金的需求者之间建立直接的债权债务关系。

② 分散性。直接融资是在无数个企业相互之间、政府与企业和个人之间、个人与个人之间，企业与个人之间进行的，因此融资活动分散于各种场合，具有很高的分散性。

③ 差异性较大。由于直接融资是在企业和企业之间、个人与个人之间，或者企业与个人之间进行的，而不同的企业或者个人，其信誉好坏有较大的差异，债权人往往难以全面、深入了解债务人的信誉状况，从而带来融资信誉的较大差异和风险性。

④ 部分不可逆性。在直接融资中，通过发行股票所取得的资金，是不需要返还的。投资者无权中途要求退回股金，而只能到市场上去出售股票，股票只能够在不同的投资者之间互相转让。

⑤ 相对较强的自主性。直接融资中，在法律允许的范围内，融资者可以自己决定融资的对象和数量。

（3）直接融资市场的优缺点。

① 优点。直接融资市场上，资金供求双方联系紧密，有利于资金的快速合理配置和使用效益的提高，融资成本较低而投资收益较大。

② 缺点。直接融资双方在资金数量、期限、利率等方面受到的限制多，直接融资使用的金融工具的流通性较间接融资要弱，兑现能力较低，相应地直接融资的风险较大。

2.间接融资市场

（1）间接融资市场的定义。

间接融资市场是指通过银行等信用中介的资产负债业务来进行资金融通的市场。这个市场上资金融通方式需要通过金融中介机构来进行，拥有暂时闲置货币资金的一方通过存款的形式，或者购买银行、信托、保险等金融机构发行的有价证券，将其暂时闲置的资金先行提供给这些金融中介机构，再由这些金融中介机构以贷款、贴现等形式，或通过购买资金需求方发行的有价证券，把资金提供给资金需求方使用，从而实现资金融通的过程。

（2）间接融资市场的特征。

① 间接性。在间接融资中，资金需求者和资金初始供应者之间不发生直接借

贷关系，资金需求者和初始供应者之间由金融中介发挥桥梁作用，资金初始供应者与资金需求者只是与金融中介机构发生融资关系。

② 相对的集中性。在多数情况下，金融中介是一方面面对资金供应者群体、另一方面面对资金需求者群体的综合性中介。

③ 信誉的差异性较小。相对于直接融资来说，间接融资的信誉程度较好，风险性也相对较小，融资的稳定性较强。

④ 具有可逆性。通过金融中介的间接融资均属于借贷性融资，到期必须返还，并支付利息，具有可逆性。

⑤ 融资的主动权掌握在金融中介手中。在间接融资中，资金主要集中于金融机构，资金贷给谁不贷给谁，并非由资金的初始供应者决定，而是由金融机构决定。

（3）间接融资市场的优势。

① 金融中介机构（如银行等机构）网点多，吸收存款的起点低，能够广泛筹集社会各方面的闲散资金，积少成多，形成巨额资金。

② 在直接融资中，融资的风险由债权人独自承担。而在间接融资中，由于金融机构的资产、负债是多样化的，融资风险便可由多样化的资产和负债结构分散承担，从而安全性较高。

③ 间接融资能够降低融资成本。因为金融机构的出现是专业化分工协作的结果，它具有了解和掌握借款者有关信息的优势，而不需要每个资金盈余者自己去搜集资金赤字者的有关信息，因而降低了整个社会的融资成本。

④ 有助于解决由于信息不对称所引起的逆向选择和道德风险问题。同时，间接融资也具有局限性，主要是由于资金供给者与需求者之间加入金融机构为中介，隔断了资金供求双方的直接联系，在一定程度上减少了投资者对投资对象经营状况的关注和筹资者在资金使用方面的压力。

（五）国际金融市场与国内金融市场

按金融市场地域范围的不同，可将其分为国际金融市场和国内金融市场。

1.国际金融市场

国际金融市场指从事各种国际金融业务活动的场所，此种活动包括居民与非居民之间或非居民与非居民之间的交易，它大多没有固定的交易场所，属于无形市场。

2.国内金融市场

国内金融市场指金融交易范围仅限于一国之内的市场，它仅限于有居民身份的法人和自然人参加，经营活动一般只涉及本国货币，既包括全国性的金融市场，也包括区域性的金融市场。

（六）金融现货市场和金融期货市场

按金融工具交割期限的不同，可将金融市场分为金融现货市场、金融期货市场与金融期权市场。

1.金融现货市场

金融现货市场是指交易协议达成后即办理交割的市场，在金融现货市场上，大部分交易以固定方式进行，一般在交易后1～5个营业日内付款交割。

2.金融期货市场

金融期货市场是专门进行金融期货交易的市场，即投融资活动成交后，按合约规定，在未来的指定日期付款交割的市场，它具有锁定和规避金融市场风险、实现价格发现的功能。

第二节　发行市场

发行市场，又称一级市场、初级金融市场或原始金融市场，是金融资产首次出售给公众所形成的交易市场。一级市场是证券发行的场所，一般由证券发行人、投资者和投资银行组成。发行人包括政府组织和企业组织等，投资者包括社会公众投资者和机构投资者，投资银行扮演了纽带的作用，它将发行人和投资者连接起来。投资银行一方面为发行人设计合适的融资工具并协助发行人掌握准确的发行时机；另一方面，对即将发行的证券进行准确的评价，以供投资者参考。

一、股票的发行制度

股票的发行制度主要有三种，即审批制、核准制和注册制，每一种发行监管制度都对应一定的市场发展状况。在市场逐渐发育成熟的过程中，股票发行制度也应逐渐改变，以适应市场发展需求。目前，世界各国家、地区依据其证券市场成熟程度以及法律背景、文化传统不同，国际上对股票发行监管主要采取注册制和核准制两种模式。我国于2020年3月1日修订《中华人民共和国证券法》（以下简称《证券法》），明确全面推行注册制，将发行股票应当“具有持续盈利能力”的要求，改为“具有持续经营能力”，同时，大幅度简化公司债券的发行条件，取消发行审核委员会制度。

2024年4月，《国务院关于加强监管防范风险 推动资本市场高质量发展的若干意见》发布。这次出台的意见共9个部分，是继2004年、2014年两个“国九条”之后，国务院再次出台的资本市场指导性文件，也是资本市场第三个“国九条”。其主要内容包括：健全投资者适当性制度、优化投资回报机制、保障中小投资者知情权、健全中小投资者投票机制、建立多元化纠纷解决机制、健全中小投资者赔偿机制、加大监管和打击力度、强化中小投资者教育、完善投资者保护组织体系。意见指出，要以习近平新时代中国特色社会主义思想为指导，全面贯彻党的二十大和二十届二中全会精神，紧紧围绕打造安全、规范、透明、开放、有活力、有韧性的资本市场，以强监管、防风险、促高质量发展为主线，更好发挥资本市场功能和作用，推进金融强国建设，服务中国式现代化大局。

（一）审批制

审批制是一国在股票市场的发展初期，为了维护上市公司的稳定和平衡复杂的社会经济关系，采用行政和计划的办法分配股票发行的指标和额度，由地方政府或行业主管部门根据指标推荐企业发行股票的一种发行制度。公司发行股票的首要条件是取得指标和额度，也就是说，如果取得了政府给予的指标和额度，就等于取得了政府的保荐，股票发行仅仅是走个程序。因此，审批制下公司发行股票的竞争焦点主要是争夺股票发行指标和额度。证券监管部门凭借行政权力行使实质性审批职能，证券中介机构的主要职能是进行技术指导。

（二）核准制

核准制是介于注册制和审批制之间的中间形式。它一方面取消了政府的指标和额度管理，并引进证券中介机构的责任，判断企业是否达到股票发行的条件；另一方面证券监管机构同时对股票发行的合规性和适销性条件进行实质性审查，并有权否决股票发行的申请。在核准制下，发行人在申请发行股票时，不仅要充分公开企业的真实情况，而且必须符合有关法律和证券监管机构规定的必要条件，证券监管机构有权否决不符合规定条件的股票发行申请。证券监管机构对申报文件的真实性、准确性、完整性和及时性进行审查，还对发行人的营业性质、财力、素质、发展前景、发行数量和发行价格等进行实质性审查，并据此作出发行人是否符合发行条件的价值判断和是否核准申请的决定。在2020年版《证券法》实施前，我国证券发行实行核准制，由证券发行人提出发行申请，保荐机构向中国证监会推荐，中国证监会进行合规性初审后，提交发行审核委员会审核，最终经中国证监会核准后发行。

（三）注册制

注册制是在市场化程度较高的成熟股票市场所普遍采用的一种发行制度。证券监管部门公布股票发行的必要条件，只要达到所公布条件要求的企业即可发行股票。发行人申请发行股票时，必须依法将公开的各种资料完全准确地向证券监管机构申报。证券监管机构的职责是对申报文件的真实性、准确性、完整性和及时性作合规性的形式审查，而将发行公司的质量评价留给证券中介机构来进行。这种股票发行制度对发行人、证券中介机构和投资者的要求都比较高。

二、股票的承销制度

股票承销是指证券公司依照协议包销或者代销发行人向社会公开发行的股票的行为。股票承销分为代销和包销两种方式。股票承销期不能少于10日，不能超过

90日。股票承销有以下两种方式：

（一）代销

代销是指证券公司代发行人发售证券，在承销期结束时，将未售出的证券全部退还给发行人的承销方式。采用代销方式时，应当约定发行失败后的处理措施。股票发行采用代销方式，代销期限届满，向投资者出售的股票数量未达到拟公开发行股票数量70%的，为发行失败。发行人应当按照发行价并加算银行同期存款利息返还股票认购人。

（二）包销

包销是指证券公司将发行人的证券按照协议全部购入或者在承销期结束时将售后剩余证券全部自行购入的承销方式。采用包销方式的，应当明确包销责任。

代销和包销都是发行公司与证券经营机构达成协议，由后者代理前者发行股票的方式，但两者存在一些显著区别：（1）代销指代企业销售，销售多少是多少，销售不完的股票由企业自己处理；（2）包销指包销商一次性从企业全部购买所要发行的股票后自己进行销售，销售不完剩下的包销商要自己出钱买下，然后由自己处理；（3）代销对于股票发行企业有销售不完的风险，包销对于股票中介机构有销售不完的风险。

三、股票发行的成本

股票发行的成本分为直接成本和间接成本。直接成本是指公司发行股票直接支付的费用，这类成本可在股票发行收入中扣除；间接成本是指公司虽然不需要直接对外支付但会因错误定价等而遭受的损失。

（一）承销费用

承销费用一般根据股票发行规模来确定。由于包销的风险要大于代销，所以包销佣金要高于代销佣金。一般而言，国内包销商收取的费用为总金额的1.5%~3%，而代销费用为实际售出股票总金额的0.5%~1.5%。除支付给承销商的费用外，发行人还要向其他中介机构（包括会计师事务所、律师事务所，以及资产评估机构）支付费用。

（二）价格低估的成本

价格低估即折价发行，属于股票发行的间接成本，无论是将折价作为发行人所承担的对投资银行的道德风险成本，还是作为发行公司质量的信号，或是将其作为发行人对不知情投资者的补偿，折价均是发行人在新股发行中承担的一项间接成本。国内外的实证研究都表明，上市公司的发行价格存在一定的折扣率，这主要是由于发行股票导致股票供给增加，从而对股票价格造成压力，这种暂时性的价格压力将会在发行价格的折扣率中有所体现。另外，有学者从信息不对称的角度出发，提出发行股票时需要对那些处于信息劣势、承担风险的投资者进行补偿，因此在发行价格上会予以优惠，这也就成为上市公司发行证券要承担的间接成本。

拓展阅读2-2

我国证券市场的发展历程

1.1984年，工商银行上海信托投资公司代理发行公司股票。

2.1986年，沈阳信托投资公司和工商银行上海信托投资公司率先开始办理柜台交易业务。

3.1987年，我国第一家专业性证券公司——深圳特区证券公司成立。

4.1988年，国债柜台交易正式启动。1990年12月19日和1991年7月3日，上海、深圳证券交易所先后正式营业，各证券经营机构的业务开始转入集中交易市场。

5.1991年8月，中国证券业协会成立。

6.1998年年底，《中华人民共和国证券法》出台。

7.2004年1月，国务院发布《关于推进资本市场改革开放和稳定发展的若干意见》。

8.2005年7月，国务院办公厅转发中国证监会《证券公司综合治理工作方案》。综合治理后的具体成果表现在：第一，有效化解了历史遗留风险；第二，平稳处置了一批高风险公司；第三，集中改革和完善了一批基础性制度；第四，进一步健全了法规体系和监管机制；第五，积极推进了证券公司的业务创新。

9.2006年1月1日，新修订的《中华人民共和国证券法》实施，进一步完善了证券公司设立制度。

10.2007年7月，中国证监会下发了《证券公司分类监管工作指引（试行）》和相关通知，这是对证券公司风险监管的新举措。

11.2009年10月，推出创业板，标志着我国多层次资本市场体系框架基本建成。

12.2010年3—4月，相继推出融资融券与股指期货，为资本市场提供了双向交易机制，也是中国证券市场金融创新的又一重大举措。

13.2013年11月30日，中国证监会发布《关于进一步推进新股发行体制改革的意见》，新一轮新股发行制度改革正式启动。

14.2014年1月8日，IPO在时隔一年多后正式重启。这一年，125只新股相继发行，总募资规模达到669亿元。

15.2015年8月23日，《基本养老保险基金投资管理办法》正式颁布，意味着市场期待已久的养老金入市有了重大进展。该办法划定了养老金的投资范围和投资比例，规定养老基金限于境内投资，限定投资股票、股票基金、混合基金、股票型养老金产品的比例，合计不得高于基金资产净值的30%。

16.2018年11月5日，习近平主席出席首届中国国际进口博览会开幕式并发表主旨演讲，宣布在上海证券交易所设立科创板并试点注册制。

17.2019年12月28日，新《证券法》在十三届全国人大常委会第十五次会议闭幕会上表决通过。与旧《证券法》相比，新修订的《证券法》在证券发行方面系统体现了注册制相关内容，在投资者保护方面力度加强且创新了证券民事赔偿诉讼制度，在法律责任方面全面加大证券领域违法处罚力度。

18.2020年3月1日，修订后的《证券法》开始施行。新《证券法》的实施，国内法律法规短板进一步补齐，资本市场违规成本明显提升，投资者合法权益保护全面加强。

19.2021年2月5日，深交所主板与中小板合并。经国务院同意，中国证监会批复深交所合并主板与中小板。合并后实行“两个统一、四个不变”，即统一业务规则、统一运行监管模式，同时保持发行上市条件、投资者门槛、交易机制和证券代码及简称不变。

20.2022年2月25日，投资者数量持续增长，A股投资者数量已达2亿大关。投资者数量的增长与居民财富积累、资本市场规范发展、人口受教育水平提高等有关。

21.2023年2月17日，全面实行股票发行注册制正式实施。中国证监会及交易所等发布全面实行股票发行注册制规则，自发布之日起施行。这标志着注册制的制度安排基本定型，注册制推广到全市场和各类公开发行股票行为，全面实行股票发行注册制正式实施。

22.2024年，“市值退”标准调整。为进一步完善退市制度，沪深交易所修订了退市规则，其中主板A股（含A+B股）公司的市值退市标准从3亿元提高至5亿元。这一调整促进了资本市场优胜劣汰，提高了市场的整体质量。

第三节　流通市场

证券流通市场，又称为二级市场，是指已发行证券进行交易的市场，主要包括证券交易所和场外交易市场。与一级市场相比，证券流通市场的结构和交易活动更为复杂，影响和作用也更大。首先，二级市场的存在和发展为投资者提供了流动性，使投资者可以放心参与一级市场证券的认购，从而有利于公司资金的筹集。其次，二级市场上证券的价格走势灵活地反映了资金供求状况、行业前景和宏观经济形势的变化，是投资者进行经济预测和分析的重要指标。最后，公司的股票价格能很好地反映企业的经营状况。在发达的市场上，那些股票价格低迷的企业会被收购兼并，进而它们的管理层则有可能失业，从而实现经济领域的优胜劣汰。因此，二级市场能够很好地督促管理层进行有效的管理。

一、二级市场的分类

（一）证券交易所

1.证券交易所的定义

证券交易所是指依法设立的不以营利为目的，为证券的集中和有组织的交易提供场所、设施，履行国家有关法律、法规、规章、政策规定的职责，实行自律性管理的法人。它是证券买卖双方公开交易的场所，是一个高度组织化、集中进行证券交易的市场，是整个证券市场的核心。证券交易所本身并不买卖证券，也不决定证券价格，而是为证券交易提供场所和设施，配备必要的管理和服务人员，并对证券交易进行周密的组织和严格的管理，为证券交易顺利进行提供一个稳定、公开、高效的市场。在证券交易所挂牌交易的品种包括股票、基金、债券、权证和经批准的其他交易品种。

证券交易所是供已发行的证券进行流通转让的市场。证券交易市场的作用包括：为各种类型的证券提供便利而充分的交易条件；为各种交易证券提供公开、公平、充分的价格竞争，以发现合理的交易价格；实施公开、公正和及时的信息披露；提供安全、便利、快捷的交易与交易后服务。

在我国，证券交易所的设立和解散，由国务院决定。设立证券交易所必须制定章程。证券交易所章程的制定和修改，必须经国务院证券监督管理机构批准。证券交易所设会员大会、理事会和专门委员会。理事会是证券交易所的决策机构，理事会下面可以设立其他专门委员会。证券交易所设总经理一人，负责日常事务，由国务院证券监督管理机构任免。根据市场发展需要，证券交易所可以调整即时行情发布的方式和内容。未经证券交易所许可，任何单位和个人不得发布证券交易即时行情。

2.证券交易所的特征

（1）有固定的交易场所和交易时间。

（2）参加交易者为具备会员资格的证券经营机构，交易采取经纪制，即一般投资者不能直接进入交易所买卖证券，只能委托会员作为经纪人间接进行交易。

（3）交易的对象限于合乎一定标准的上市证券。

（4）通过公开竞价的方式决定交易价格。

（5）集中了证券的供求双方，具有较高的成交速度和成交率。

（6）实行“公开、公平、公正”原则，并对证券交易加以严格管理。

3.证券交易所的职能

证券交易所为证券交易创造公开、公平、公正的市场环境，扩大了证券成交的机会，有助于公平交易价格的形成和证券市场的正常运行。《证券交易所管理办法》规定，证券交易所的职能包括：

（1）提供证券交易的场所和设施。

（2）制定证券交易所的业务规则。

（3）接受上市申请、安排证券上市。

（4）组织、监督证券交易。

（5）对会员进行监管。

（6）对上市公司进行监管。

（7）设立证券登记结算机构。

（8）管理和公布市场信息。

（9）中国证监会许可的其他职能。

4.证券交易所的组织形式

证券交易所的组织形式大致可以分为两类，即公司制和会员制。

（1）公司制。

公司制的证券交易所是以股份有限公司形式组织并以营利为目的的法人团体，一般由金融机构及各类民营公司组建。公司制的证券交易所必须遵守本国公司法律的规定，在政府证券主管机构的管理和监督下，吸收各类证券挂牌上市。同时，任何成员公司的股东、高级职员、雇员都不能担任证券交易所的高级职员，以保证交易的公正性。

（2）会员制。

会员制的证券交易所是一个由会员自愿组成的、不以营利为目的的社会法人团体。交易所设会员大会、理事会和监察委员会。我国的上海证券交易所和深圳证券交易所均按会员制方式组成，是非营利性的事业法人。

（二）场外交易市场

1.场外交易市场的定义

场外交易市场是相对于交易所市场而言的，是在证券交易所之外进行证券买卖的市场。传统的场内市场和场外市场在物理概念上的区分为：交易所市场的交易是集中在交易大厅内进行的；场外交易市场即业界所称的OTC市场，又被称为“柜台市场”或“店头市场”，是分散在各个证券商柜台的市场，无集中交易场所和统一交易制度。但是，随着信息技术的发展，证券交易的方式逐渐演变为通过网络系统将订单汇集起来，再由电子交易系统处理，场内市场和场外市场的物理界限逐渐模糊。

目前，场内市场和场外市场的概念演变为风险分层管理的概念，即不同层次市场按照上市品种的风险大小，通过对上市或挂牌条件、信息披露制度、交易结算制度，证券产品设计以及投资者约束条件等作出差异化安排，实现了资本市场交易产品的风险纵向分层。

2.场外交易市场的构成

场外交易市场主要由柜台交易市场、第三市场、第四市场组成。

（1）柜台交易市场。

柜台交易市场是通过证券公司、证券经纪人的柜台进行证券交易的市场。证券公司柜台市场是指证券公司为与特定交易对手方在集中交易场所之外进行交易或为投资者在集中交易场所之外进行交易提供服务的场所或平台。证券公司柜台市场是我国多层次资本市场的重要组成部分，在国民经济和资本市场中的积极作用体现为：

① 发展柜台市场是建设多层次资本市场体系的必然要求。

② 满足居民个人理财和财富管理需要。

③ 丰富金融风险管理工具。

④ 有助于打造证券公司核心竞争力，提升服务能力。

（2）第三市场。

第三市场是指已上市证券的场外交易市场。第三市场产生于1960年的美国，原属于柜台交易市场的组成部分，但其发展迅速，市场地位提高，被作为一个独立的市场类型对待。第三市场的交易主体多为实力雄厚的机构投资者。

（3）第四市场。

第四市场是投资者绕过传统经纪服务，彼此之间利用计算机网络直接进行大宗证券交易而形成的市场，第四市场的吸引力在于：

① 交易成本低。因为买卖双方直接交易，无经纪服务，其佣金低于其他市场。

② 可以保守秘密。因无须通过经纪人，有利于投资者匿名进行交易，保持交易的秘密性。

③ 不冲击证券市场。大宗交易如果在证券交易所内进行，可能给证券市场的价格造成较大的影响。

④ 信息灵敏，成交迅速。

3.场外交易市场的特征

第一，场外交易市场是一个分散的无形市场。它没有固定的、集中的交易场所，是由许多各自独立经营的证券经营机构分别进行交易的，主要是依靠电话、电报、传真和计算机网络联系成交的。

第二，场外交易市场的组织方式采取做市商制度。场外交易市场与证券交易所的区别在于不采取经纪制，投资者直接与证券商进行交易。

第三，场外交易市场交易对象多样化。场外交易市场是一个拥有众多证券种类和证券经营机构的市场，以未能在证券交易所批准上市的股票和债券为主。

第四，场外交易市场是一个以议价方式进行证券交易的市场。所谓议价，是指证券公司对自己所经营的证券同时挂出买入价和卖出价，并无条件地按买入价买入证券和按卖出价卖出证券，最终的成交价是在牌价基础上经双方协商决定的不含佣金的净价。券商可根据市场情况随时调整所挂的牌价。在场外交易市场上，证券买卖采取一对一的交易方式，对同一种证券的买卖不可能同时出现众多的买方和卖方，也就不存在公开的竞价机制。

第五，场外交易市场管理较为宽松。场外交易市场的管理比证券交易所市场宽松，挂牌标准和信息披露要求都比较低。由于场外交易市场分散，缺乏统一的组织和章程，不易管理和监督，其交易效率也不及证券交易所。

4.场外交易市场的主要功能

第一，拓宽融资渠道，改善中小企业融资环境。场外交易市场的建设和发展拓展了资本市场积聚和配置资源的范围，为中小企业提供了与其风险状况相匹配的融资工具。

第二，为不能在证券交易所上市交易的证券提供流通转让的场所。

第三，提供风险分层的金融资产管理渠道。建立多层次资本市场体系、发展场外交易市场，能够增加不同风险等级的产品供给、提供必要的风险管理工具以及风险的分层管理体系，为不同风险偏好的投资者提供更多不同风险等级的产品，满足投资者对金融资产管理渠道多样化的要求。

二、证券账户的种类

证券账户是指证券登记结算机构为投资者设立的，用于准确记载投资者所持证券的种类、名称、数量及相应权益和变动情况的账册，是认定股东身份的重要凭证，具有证明股东身份的法律效力，同时也是投资者进行证券交易的先决条件。证券经纪商为投资者办理经纪业务的前提条件之一，是投资者必须事先到登记和结算机构或其开户代理机构开立证券账户。开立证券账户应坚持合法性和真实性的原则。

目前，我国证券账户的种类有两种划分依据：一是按照交易场所划分；二是按照账户用途划分。按交易场所划分，证券账户可以划分为上海证券账户、深圳证券账户和北京证券账户，分别用于记载在上海证券交易所、深圳证券交易所和北京证券交易所上市交易的证券以及中国证券登记结算有限责任公司认可的其他证券。按用途划分，证券账户可以划分为人民币普通股票账户、人民币特种股票账户、证券投资基金账户和其他账户等。

（一）人民币普通股票账户

人民币普通股票账户简称“A股账户”，其开立仅限于国家法律法规和行政规章允许买卖A股的境内投资者和合格境外机构投资者。A股账户按持有人分为自然人证券账户、一般机构证券账户、证券公司自营证券账户和基金管理公司的证券投资基金专用证券账户等。在现实中，A股账户是我国目前用途最广、数量最多的一种通用型证券账户，既可用于买卖人民币普通股票，也可用于买卖债券、上市基金、权证等各类证券。

（二）人民币特种股票账户

人民币特种股票账户简称“B股账户”，是专门为投资者买卖人民币特种股票（B股，也称为境内上市外资股）而设置的。B股账户按持有人可以分为境内投资者证券账户和境外投资者证券账户。

（三）证券投资基金账户

证券投资基金账户简称“基金账户”，是用于买卖上市基金的一种专用账户。基金账户是随着我国证券投资基金的发展，为方便投资者买卖证券投资基金而专门设置的。

三、证券交易原则、规则及单位

（一）证券交易原则

证券交易是指已发行的证券在证券市场上的买卖活动。证券交易可以在证券交易所等场内市场上进行，也可以在场外市场上进行，比如柜台交易。证券交易原则是反映证券交易宗旨的一般法则，贯穿于证券交易的全过程。为了保障证券交易功能的发挥，以利于证券交易的正常运行，证券交易必须遵循“公开、公平、公正”三个原则。

公开原则又称信息公开原则，指证券交易是一种面向社会的、公开的交易活动，其核心要求是实现市场信息的公开化。这一原则要求证券交易参与各方应依法、及时、真实、准确、完整地向社会发布有关信息。

公平原则是指参与交易的各方应当获得平等的机会。它要求证券交易活动中的所有参与者都有平等的法律地位，各自的合法权益都能得到公平保护。

公正原则是指应当公正地对待证券交易的参与各方，以及公正地处理证券交易事务。

（二）证券交易规则

证券交易规则即为了维护证券交易市场而颁布的具有法律效力的规则，主要包含集中竞价交易规则、大宗交易制度和金融期货交易规则三方面。

（三）证券交易单位

1.交易单位

证券交易中一个标准交易单位为1手，按现行规定，股票以100股为1手，基金以100份基金单位为1手，债券以人民币1 000元面额为1手，债券回购以1 000元标准券或综合券为1手（其中上海证券交易所债券回购以100手或其整数倍申报）。

根据《上海证券交易所交易规则》，通过竞价交易买入股票、基金、权证的，申报数量应当为100股（份）或其整数倍。卖出股票、基金、权证时，余额不足100股（份）的部分，应当一次性申报卖出。竞价交易中，债券交易的申报数量应当为1手或其整数倍，债券质押式回购交易的申报数量应当为100手或其整数倍，债券买断式回购交易的申报数量应当为1 000手或其整数倍。股票、基金、权证交易单笔申报最大数量应当不超过100万股（份），债券交易和债券质押式回购交易单笔申报最大数量应当不超过10万手，债券买断式回购交易单笔申报最大数量应当不超过5万手。现实中，有时会对以上基本规则作以微调。

2.证券交易的计价单位和申报价格最小变动单位

申报价格最小变动单位是交易所规定每次报价和成交的最小变动单位。根据《上海证券交易所交易规则》，A股、债券交易和债券买断式回购交易的申报价格最小变动单位为0.01元人民币，基金、权证交易为0.001元人民币，B股交易为0.001美元，债券质押式回购交易为0.005元。

四、委托指令的基本类别

在证券交易所市场，投资者买卖证券是不能直接进入交易所办理的，而必须通过证券交易所的会员来进行。换言之，投资者需要通过经纪商的代理才能在证券交易所买卖证券。在这种情况下，投资者向经纪商下达买进或卖出证券的指令，称为“委托”。委托指令有多种形式，可以按照不同的依据来分类：根据委托订单的数量，有整数委托和零数委托；根据买卖证券的方向，有买进委托和卖出委托；根据委托价格限制，有市价委托、限价委托、停止损失委托和停止损失限价委托；根据委托时效限制，有当日委托、当周委托、无期限委托、开市委托、收市委托等。

（一）市价委托

市价委托是指客户向证券经纪商发出买卖某种证券的委托指令时，要求证券经纪商按证券交易所内当时的市场价格买进或卖出证券。市价委托的优点是：没有价格上的限制，证券经纪商执行委托指令比较容易，成交速度快且成交率高。其缺点是：只有在委托执行后才知道实际的执行价格，当行情变化较快或市场深度不够时，执行价格可能与客户发出委托时的市场价格差异较大。所以虽然交易员会以最有利的价格为客户买进或卖出证券，但成交价格有时会不尽如人意。

（二）限价委托

限价委托是指证券经纪商在执行客户的委托指令时，必须按客户限定的价格或比限定价格更有利的价格买卖证券。具体来讲，对于限价买进委托，成交价只能低于或等于限定价格；对于限价卖出委托，成交价只能高于或等于限定价格。限价委托方式克服了市价委托的缺陷，证券可以以客户预期的价格或更有利的价格成交，有利于客户实现预期投资计划，谋求最大利益。但是，由于市场价格往往无法满足限定价格的要求，限价委托成交速度慢，有时甚至无法成交。在证券价格变动较大时，客户采用限价委托容易错失良机，遭受损失。

（三）停止损失委托

停止损失委托是一种限制性的市价委托，客户委托证券经纪商在证券价格上升到或超过指定价格时按市价或高于市价买进证券，或在证券价格下跌到或低于指定价格时按市价或低于市价卖出证券。此委托的目的在于遭受损失时严格止损，证券价格看涨时能够及时入手。停止损失委托是一种比较保守的委托策略，它比较适合于那些为避免风险而不计较利润多寡的投资者。

（四）停止损失限价委托

停止损失限价委托是停止损失委托与限价委托的结合，当市价达到指定价格时，该委托自动变成限价委托。

目前，我国股票市场上的交易者只能采用限价委托或市价委托的方式来委托会员买卖证券。同时，证券交易所也接受会员的限价申报和市价申报。不过，市价申报只适用于有价格涨跌限制证券连续竞价期间的交易，在其他交易时间，主机不接受市价申报。

五、证券交易的竞价原则和竞价方式

（一）竞价原则

证券交易所交易系统接受申报后，要根据订单的成交规则进行撮合配对。符合成交条件的予以成交，不符合成交条件的继续等待成交，超过了委托时效的订单失效。

在成交价格确定方面，一种情况是通过买卖双方直接竞价形成交易价格；另一种情况是交易价格由交易商报出，投资者接受交易商的报价后即可与交易商进行证券买卖。在订单匹配原则方面，根据各国（地区）证券市场的实践，优先原则主要有：价格优先原则、时间优先原则、按比例分配原则、数量优先原则、客户优先原则、做市商优先原则和经纪商优先原则等。其中，各证券交易所普遍使用价格优先原则作为第一优先原则，我国采用价格优先和时间优先原则。

1.价格优先

成交时价格优先的原则为：较高价格买入申报优先于较低价格买入申报，较低价格卖出申报优先于较高价格卖出申报。

2.时间优先

成交时时间优先的原则为：买卖方向、价格相同的，先申报者优先于后申报者。先后顺序按证券交易所交易主机接受申报的时间确定。指令日期是检查证券经纪商是否执行时间优先原则的依据。

（二）竞价方式

目前，我国证券交易所采用两种竞价方式：集合竞价方式和连续竞价方式。上海证券交易所、深圳证券交易所和北京证券交易所规定，每个交易日的9：15—9：25为开盘集合竞价时间，9：30—11：30、13：00—14：57为连续竞价时间，14：57—15：00为收盘集合竞价时间。

1.集合竞价

集合竞价是指对在规定的一段时间内接受的买卖申报一次性集中撮合的竞价方式。根据我国证券交易所的相关规定，集合竞价确定成交价的原则为：

（1）可实现最大成交量的价格。

（2）高于该价格的买入申报与低于该价格的卖出申报全部成交的价格。

（3）与该价格相同的买方或卖方至少有一方全部成交的价格。

2.连续竞价

连续竞价是指对买卖申报逐笔连续撮合的竞价方式。连续竞价阶段的特点是每一笔买卖委托输入交易自动撮合系统后，当即判断并进行不同的处理；能成交者予以成交；不能成交者等待机会成交；部分成交者则让剩余部分继续等待。按照我国证券交易所的有关规定，在无撤单的情况下，委托当日有效。另外，开盘集合竞价期间未成交的买卖申报，自动进入连续竞价。深圳证券交易所还规定，连续竞价期间未成交的买卖申报，自动进入收盘集合竞价。连续竞价时，成交价格的确定原则为：

（1）最高买入申报与最低卖出申报价位相同，以该价格为成交价。

（2）买入申报价格高于即时揭示的最低卖出申报价格时，以即时揭示的最低卖出申报价格为成交价。

（3）卖出申报价格低于即时揭示的最高买入申报价格时，以即时揭示的最高买入申报价格为成交价。

六、做市商交易

（一）做市商交易的基本概念

做市商是指在证券市场上，由具备一定实力和信誉的独立证券经营法人作为特许交易商，不断向公众投资者报出某些特定证券的买卖价格（即双向报价），并在该价位上接受公众投资者的买卖要求，以其自有资金和证券与投资者进行证券交易。买卖双方不需等待交易对手出现，只要有做市商出面承担交易对手方即可达成交易。从证券交易价格的决定特点划分，可划分为指令驱动和报价驱动。指令驱动是一种竞价市场，也称为“订单驱动市场”。证券交易价格是由买方订单和卖方订单共同驱动的。报价驱动市场是一种连续交易商市场，或称“做市商市场”。在这一市场中，证券交易的买价和卖价都由做市商给出，做市商将根据市场的买卖力量和自身情况进行证券双向报价。做市商制度，也称为报价驱动制度，就是以做市商报价形成交易价格、驱动交易发展的证券交易方式。它是不同于竞价交易方式的一种证券交易制度，一般为柜台交易市场所采用。

指令驱动和报价驱动也有着不同的特点。指令驱动的特点有：第一，证券交易价格由买方和卖方的力量直接决定；第二，投资者买卖证券的对手是其他投资者。报价驱动的特点有：第一，证券成交价格的形成由做市商决定；第二，投资者买卖证券都以做市商为对手，与其他投资者不发生直接关系。做市商通过这种不断买卖来维持市场的流动性，满足公众投资者的投资需求。做市商通过买卖报价的适当差额来补偿所提供服务的成本费用，并实现一定的利润。

（二）做市商交易的特征

（1）维持市场流动性，满足投资者投资需求。

（2）有效稳定市场价格，增强市场稳定性。

（3）具有价格发现的功能，有助于发现和提升企业价值。

（4）能够增强市场的透明度。

（5）受到严格监管。

七、证券的委托受理

投资者在证券交易所买卖证券，是通过委托证券经纪商来进行的，此时，投资者是证券经纪商的客户。客户在办理委托买卖证券时，需要向证券经纪商下达委托指令，委托指令有不同的具体形式，可以分为柜台委托和非柜台委托两大类。

（一）证券委托的形式

1.柜台委托

柜台委托是指委托人亲自或由其代理人到证券营业部交易柜台，根据委托程序和必需的证件用书面方式表达委托意向，由本人填写委托单并签章。采用柜台委托方式，客户和证券经纪商面对面办理委托手续，加强了委托买卖双方的了解和信任，比较稳妥可靠。

2.非柜台委托

（1）人工电话委托或传真委托。

人工电话委托是指客户将委托要求通过电话报给证券经纪商，证券经纪商根据电话委托内容向证券交易所交易系统申报。传真委托是指客户填写委托内容后，采用传真的方式表达委托要求，证券经纪商接到传真委托后，将委托内容向证券交易系统申报。

（2）自助和电话自动委托。

这里的自助方式是自助终端委托，即客户通过证券营业部设置的专用委托电脑终端，凭证券交易磁卡和交易密码登录电脑交易系统，自行输入委托内容，完成证券交易。电话自动委托是指证券经纪商把电脑交易系统和普通电话网连接起来，构成一个电话自动委托交易系统，客户通过普通电话，按照该系统发出的指示，借助电话机上的数字和符号键输入委托指令。

（3）网上委托。

网上委托是指证券公司通过基于互联网或移动通信网络的网上证券交易系统，向客户提供下达证券交易指令、获取成交结果的一种服务方式，包括需下载软件的客户端委托和无须下载软件、直接利用证券公司网站的页面客户端委托。网上委托的上网终端包括电子计算机、手机等设备。客户在办理网上委托的同时，也应当开通柜台委托、电话委托等其他委托方式，当证券公司网上证券委托系统出现网络中断、高峰拥挤或网上委托被冻结等异常情况时，客户可采用上述其他委托方式下达委托指令。

（二）委托指令撤销

1.撤单的条件

在委托未成交之前，客户有权变更和撤销委托。证券营业部申报竞价成交后，买卖即告成立，成交部分不得撤销。在实际操作中，要区分以下几种情况。第一，委托尚未成交：只有那些还未成交的委托单、订单等合同性约定才可以进行撤销。如果委托已经成交，那么就无法再进行撤单操作。第二，资金或股票被锁定：在挂单状态下，投资者想要动用被锁定的资金或股票（例如，在委托买入时想改变买入价格或不想买入了，或在委托卖出时想改变卖出价格或不想卖出了），必须先通过撤单撤销该委托，才能动用这些被锁定的资金或股票。第三，没有发生交易错误：在某些情况下，如系统错误、网络延迟等可能导致撤单失败或者产生不必要的损失，需要确保在正常的交易系统和网络环境下进行操作。

2.撤单的程序

在委托未成交之前，客户变更或撤销委托，在采用证券经纪商场内交易员进行申报的情况下，证券经纪商营业部业务员接到撤单指令后须即刻通知场内交易员，经场内交易员操作确认后，立即将执行结果告知客户。在采用客户或证券经纪商营业部业务员直接申报的情况下，客户或证券经纪商营业部业务员可直接将撤单信息通过电脑终端输入证券交易所交易系统，办理撤单。对客户撤销的委托，证券经纪商须及时将冻结的资金或证券解冻。

（三）委托指令的内容

在委托指令中，不管是采用填写委托单还是自助委托方式，都需要反映客户买卖证券的基本要求或具体内容，这些主要体现在委托指令的基本要素中。上海证券交易所规定，除另有规定外，客户的委托指令应当包括下列内容：

（1）证券账户号码。

（2）证券代码。上海证券代码和深圳证券代码都为一组6位数字。

（3）买卖方向。

（4）委托数量。这是指买卖证券的数量，可分为整数委托和零数委托。目前，我国只在卖出证券时才可以做零数委托。

（5）委托价格。

（6）证券交易所及会员要求的其他内容。

八、证券买卖中的交易费用

（一）佣金

佣金是投资者在委托买卖证券成交后按成交金额的一定比例向证券经纪商支付的费用，是证券经纪商为客户提供证券代理买卖服务而收取的。此项费用由证券公司经纪佣金、证券交易所手续费及证券交易监管费等组成。证券经纪商向客户收取的佣金（包括代收的证券交易监管费和证券交易所手续费等）不得高于证券交易金额的3‰，也不得低于代收的证券交易监管费和证券交易所手续费等。A股、证券投资基金每笔交易佣金不足5元的，按5元收取；B股每笔交易佣金不足1美元或5港元的，按1美元或5港元收取。根据中国证监会、国家发展和改革委员会、国家税务总局联合发出的《关于调整证券交易佣金收取标准的通知》，从2002年5月1日开始，A股、B股、证券投资基金的交易佣金实行最高上限向下浮动制度。

（二）过户费

过户费是委托买卖的股票、基金成交后，买卖双方为变更证券登记所支付的费用。这笔收入属于中国证券登记结算有限责任公司的收入，由证券经纪商在同投资者清算交收时代为扣收。

（三）印花税

印花税是根据《中华人民共和国印花税法》的规定，在A股和B股成交后对买卖双方投资者按照规定的税率分别征收的税金。我国税收制度规定，股票成交后，国家税务机关应向成交双方分别收取印花税。为保证税源，简化缴款手续，现行的做法是由证券经纪商在同投资者办理交收过程中代为扣收。然后，在证券经纪商同中国证券登记结算有限责任公司的清算、交收中集中结算。最后，由中国证券登记结算有限责任公司统一向征税机关缴纳。证券交易印花税是从普通印花税中发展而来的，属于行为税类。当前，我国股票交易的印花税单独对卖方收取。我国税法规定，对证券市场上买卖、继承、赠与所确立的股权转让依据，按确立时实际市场价格计算的金额征收印花税。目前，我国对投资者（包括个人和企业）买卖基金份额暂免征收印花税。

拓展阅读2-3

世界著名证券交易所

1.纽约证券交易所

纽约证券交易所（New York Stock Exchange）成立于1792年，第一次世界大战结束后，它超越伦敦证券交易所成为世界上最大的证券交易所。截至2024年6月，纽约证券交易所总市值为22.9万亿美元，约有2 400家上市公司。根据盖洛普2017年的数据，超过54%的美国人投资于纽约证券交易所上市的股票。纽约证券交易所占全球股票市值40%左右。

2.纳斯达克证券交易所

纳斯达克（NASDAQ）股票市场于1971年在美国纽约市正式成立。纳斯达克被誉为科技公司圣地，因为这里上市了许多世界著名的大科技公司，如苹果、微软、Facebook、亚马逊、Alphabet、特斯拉、思科等。截至2018年11月，纳斯达克市场总市值10.8万亿美元，月均交易额1.26万亿美元。

3.东京证券交易所

东京证券交易所（Tokyo Stock Exchange）成立于1878年，是世界十大证券交易所之一。截至2021年10月31日，东京证券交易所共有3 806家上市公司，总市值933.58万亿日元（8.20万亿美元）。第二次世界大战后，东京证券交易所交易暂停了4年。在1949年恢复运作。东京证券交易所的基准指数是日经225指数，其中包括丰田、本田、铃木和索尼等大公司。

4.上海证券交易所

上海证券交易所（Shanghai Stock Exchange）是中国最大的证券交易所，截至2024年6月，总市值80多万亿元人民币。它是一个非营利组织，截至2024年6月，有近2 300家上市公司。上海证券交易所的起源可以追溯到1866年，现代化的上海证券交易所成立于1990年。在上海证券交易所上市的股票拥有以当地货币交易的“A”股和以外国投资者为美元定价的“B”股。

5.香港证券交易所

香港证券交易所（Hong Kong Stock Exchange）成立于1891年。截至2024年1月底，香港证券交易所证券市场市价总值达到28.1万亿元人民币。截至2024年5月31日，港交所共有上市公司2 610家，其中主板2 287家、GEM（创业板）323家。在香港证券交易所上市的大型公司包括友邦保险、腾讯控股、中石油、中国移动和汇丰控股等。

6.泛欧交易所

泛欧交易所（Euronext）总部位于荷兰阿姆斯特丹，是一家泛欧洲证券交易所，在法国、比利时、爱尔兰和葡萄牙均设有办事处。截至2023年3月底，其外汇现货总交易量较上月增长26.4%，达到5 212亿美元。截至2023年3月底，其衍生品市场按月增长31%，达到1 730万份合约。

7.伦敦证券交易所

伦敦证券交易所（London Stock Exchange）成立于1698年。截至2024年6月30日，伦敦证券交易所上市公司的总市值超过4.85万亿美元，上市公司的数量为1 765家。这些公司涵盖了金融服务、工业货物及服务、基础资源、油气、科技等多个行业，为投资者提供了丰富的投资选择。第一次世界大战前，伦敦证券交易所是世界上最大的证券交易所，第一次世界大战后，它被纽约证券交易所超越。在伦敦证券交易所上市的大公司包括英国石油公司、巴克莱银行和葛兰素史克公司等。

8.深圳证券交易所

深圳证券交易所（Shenzhen Stock Exchange）在1990年正式成立。截至2024年7月26日，深圳证券交易所的股票总市值达到262 853.31亿元。截至2024年4月30日，深圳证券交易所的上市公司数量为2 852家，这些公司涵盖了信息技术、制造业、金融业等多个行业领域，为投资者提供了丰富的投资选择。

9.多伦多证券交易所

多伦多证券交易所（Toronto Stock Exchange）成立于1852年，由多伦多证券交易所集团拥有和经营。多伦多证券交易所作为北美地区的第三大交易所，其交易额通常保持在较高水平。多伦多证券交易所拥有大量的上市公司，这些公司涵盖了矿业、石油、天然气、林木产品、工业、生物科技、交通运输业、通信、原材料及金融服务等多个行业领域。2024年上半年，多伦多证券交易所新增了100家上市公司，其中主板（TSX）上市64家，创业板（TSXV）上市36家。截至2023年4月，多伦多证券交易所的主板和创业板市场上共有超过3 300家上市公司。这些公司不仅为投资者提供了丰富的投资选择，也推动了多伦多证券交易所的持续发展。

10.孟买证券交易所

孟买证券交易所（Bombay Stock Exchange）成立于1875年，是亚洲第一家证券交易所，地址在孟买达拉尔街。截至2024年5月10日，孟买证券交易所拥有上市公司4 759家。这一数字显示了孟买证券交易所在印度资本市场中的重要地位，以及其对上市公司的强大吸引力。

资料来源：华谊信资本集团. 全球市值最高的10大证券交易所排名［EB/OL］.［2023-12-29］.https：//baijiahao.baidu.com/s? id=1786593029030281822&wfr=spider&for=pc.此处有修改.

第四节　市场监管

金融市场监管对于确保金融市场的稳定、保护投资者权益、促进经济发展等方面都具有至关重要的意义，是确保金融市场健康、稳定和公平运行的重要保障。党的二十大报告指出：“加强和完善现代金融监管，强化金融稳定保障体系，依法将各类金融活动全部纳入监管，守住不发生系统性风险底线。”

证券市场是金融市场中最为活跃的市场之一，它的发展水平和运行状况直接影响着整个金融市场的稳定性和发展，证券市场监管自然也是金融市场监管的重要组成部分。基于投资分析的需求，本节主要讨论证券市场监管。

一、证券市场监管模式

证券市场监管是证券管理机关运用法律的、经济的以及必要的行政手段，对证券的募集、发行、交易等行为以及证券投资中介机构的行为进行监督与管理。我国证券市场监管的法律法规主要包括《中华人民共和国证券法》《中华人民共和国公司法》《证券公司监督管理条例》《证券投资者保护基金管理办法》等。

基于各国或地区的法律、经济、文化等因素的差异，世界上证券市场监管模式可以大致分为以下三种：

（一）政府集中管理型

政府集中管理型是指政府通过设立专门的监管机构，依据法律法规对证券市场进行全面、直接和严格的监管。在该模式下，证券市场监管法律法规体系完善，政府拥有对证券市场的最高监管权力，能够制定和执行严格的监管政策和措施，监管机构也具有高度的独立性和权威性，能够有效地对证券市场进行监管。该模式的典型代表是美国，美国证券交易委员会（SEC）是美国证券市场的主要监管机构，负责制定和执行证券市场的法律法规，SEC对证券市场的监管范围广泛，包括证券发行、交易、信息披露等各个方面。

（二）自律性管理型

自律性管理型是指证券市场主要由证券交易所、证券商协会等自律性组织进行监管，政府较少干预。该模式下，政府主要扮演监督和指导的角色，不直接参与证券市场的日常监管，自律性组织负责制定和执行自律性规则，监管方式相对灵活，能够较快地适应市场变化。目前，英国证券市场的监管模式强调自律性，但也注重与政府监管的协调和配合，伦敦证券交易所和英国证券与投资管理局是英国证券市场主要的自律性组织。

（三）中间性管理型

中间性管理型是指既强调立法管理，又注重自律性管理的监管模式。该模式下，政府通过立法对证券市场进行基本框架的设定和监管，同时赋予自律性组织一定的监管权力。这种模式结合了政府集中管理型和自律性管理型的优点，能够更好地适应证券市场的发展需求。德国的证券市场监管模式采用了这种中间性管理型。

二、证券市场监管内容

（一）证券发行监管

证券发行监管是证券市场监管的重要组成部分，其核心目的是确保证券的募集和发行过程符合法律法规要求，保护投资者的合法权益。具体包括：一是对发行人的资格进行严格的审核，包括其财务状况、经营状况、治理结构等，确保发行人具备发行证券的基本条件；二是对发行人信息披露的真实性、准确性和完整性进行监管，如公司的财务报告、业务计划、风险因素等；三是对证券的发行定价进行监管，防止发行人通过不合理的定价损害投资者的利益。

（二）证券交易监管

证券交易监管的目标是维护证券市场的公平、公正和透明，防止内幕交易、操纵市场等违法违规行为的发生。监管机构会对证券交易活动进行实时监控，对异常交易行为进行调查和处理，防止内幕交易、操纵市场等违法违规行为的发生；监管机构还会对证券交易系统进行监管，确保其稳定、安全、高效地运行，防止因系统故障或人为操作失误导致的市场风险。

（三）证券机构监管

证券机构监管是证券市场监管的重要环节，其目标是确保证券公司、基金公司等证券中介机构合法合规运营，保护投资者的合法权益。监管机构会对证券机构的设立进行严格的审核，确保其符合法律法规规定的条件。同时，监管机构也会对证券机构的业务活动进行监管，包括其承销、经纪、自营等业务，防止其从事违法违规活动。此外，监管机构还会对证券机构的内部控制制度进行监管，确保其能够有效地防范风险，保护投资者的利益。

（四）信息披露监管

证券市场信息披露是保证投资者知情权的重要手段，监管机构要求上市公司和发行人定期披露其财务状况、经营成果、重大事项等信息，确保投资者能够及时了解公司的最新信息和动态。监管机构会定期或临时对上市公司和发行人披露的信息进行监管，确保其真实、准确、完整，防止其误导投资者。

三、我国证券市场监管机构

我国证券市场的核心监管机构是中国证券监督管理委员会（简称中国证监会），是国务院的直属机构，负责统一监督管理全国证券期货市场，维护证券期货市场秩序，保障其合法运行。同时，中国证监会在各省、自治区、直辖市和计划单列市设立证券监管局，以及上海、深圳设立证券监管专员办事处。

中国证监会作为国务院直属机构，承担着维护证券市场稳定、保护投资者合法权益的重要职责。其组织结构包括总部和各地分支机构。总部负责制定和执行全国性的监管政策和措施，而各地分支机构则负责具体的监管工作。

复习与思考

1.金融市场都具有哪些功能？相较于商品市场，金融市场特有的功能有哪些？

2.根据不同的维度，金融市场可以划分为哪些类型？

3.如何理解发行市场与流通市场的关系？

4.直接融资市场与间接融资市场有什么区别？它们各自都有哪些优缺点？

5.我国的股票发行制度经历了哪些阶段？

6.股票交易的委托指令都有哪些？它们之间有什么区别？
7.大力发展做市商交易有什么作用？
8.证券买卖中的交易费用都有哪些？
9.证券市场监管的主要内容有哪几个方面？

第三章

金融工具

学习指南

1. 本章导读

金融促进实体经济高质量发展，必须坚持金融的政治性、人民性与金融的市场性、专业性有机统一。遵循金融发展的本质与规律，坚持有偿性、流动性、安全性原则，运用市场化模式和工具，创新金融服务与产品，全方位助力经济高质量发展。本章各节分别介绍货币市场工具、股票、债券、证券投资基金和金融衍生工具。

2. 重难点

（1）股票的分类。

（2）影响股票价格变动的因素。

（3）债券的分类。

（4）基金当事人之间的关系。

（5）基金与股票、债券的区别。

（6）金融期货的主要交易制度。

3. 思政目标

（1）对股票进行客观、公正、正确的估值，培养学生今后成为一名合格的金融从业人员，保持高度的社会责任感。

（2）债券的发行人应坚决履行“到期还本付息”的义务，引导学生诚实守信，遵守诺言。

（3）债券第三方评级机构的从业人员应秉承客观公正的原则，不能因眼前利益丧失基本的道德准则，鼓励学生形成高尚的价值观念。

（4）通过案例警示学生应保有基本的职业道德，引导学生形成正确的财富观与价值观。

第一节　货币市场工具

货币市场是指交易期限在一年以内，以短期金融工具为媒介进行资金融通和借贷的交易市场，主要包括同业拆借市场、回购协议市场、商业票据市场、银行承兑汇票市场、短期政府债券市场和大额可转让定期存单市场等。货币市场中交易的金融工具一般都具有期限短、流动性高、对利率敏感等特点，具有“准货币”的特性。货币市场活动的主要目的是保持资金的流动性：一方面，满足资金需求者的短期资金需要（流入）；另一方面，为资金充裕者的闲置资金提供短期盈利机会(流出)。

一、同业拆借市场

（一）同业拆借市场的概念

同业拆借是指银行等金融机构之间进行短期临时性头寸资金融通调剂的市场。它源于现代中央银行存款准备金政策的实施。1913年出台的美国《联邦储备法》规定，其会员银行必须按存款的一定比例向联邦储备银行缴纳存款准备金，这是第一次以法律形式明确规定了存款准备金制度。按规定，法定存款准备金不计付利息，并且必须与商业银行存款总额保持相应的比例。商业银行的法定准备金数量如达不到要求就要受罚。因此，商业银行在日常经营当中如有多余准备就去拆出，以减少利息损失；如有不足则须拆入，以免受罚。这样就形成了同业拆借的条件。1921年，纽约货币市场上首创了会员银行之间的储备头寸拆借，以后逐步形成了被称为联邦基金市场的同业拆借市场。20世纪30年代大危机后，随着存款准备金政策在世界范围被广泛采用，同业拆借市场也在各国迅速地发展起来。

（二）同业拆借市场的特点

1.融资期限短

同业拆借一般是一两天或者一个星期，最短为几个小时或隔夜。融资的短期性是同业拆借市场最核心的特点，究其原因，从拆入或拆出银行看，出于资金成本或收益的考虑，对于长期资金，银行必然要通过存款等方式从市场上直接融资，而不是靠同业拆入这种成本比较高的“二手”资金。一个银行有了比较稳定的资金来源，必然首先要考虑通过贷款等收益较高的途径将其运用出去，而同业拆出只是暂时没有合适的贷款对象时不得已而为之的行为。

2.参与者广泛

现代同业拆借市场的参与者相当广泛，商业银行、非银行金融机构和中介机构都是同业拆借市场的主要参与者。

3.交易对象特殊

拆借市场交易的主要是金融机构存放在中央银行账户上的超额存款准备金。

4.信用拆借

同业拆借基本上以信用拆借为主，即这种借贷通常是无担保、无抵押的。由于同业拆借的期限较短，且以银行为主，违约风险相对较小，因此在实践中更多地采取信用拆借的方式。

（三）同业拆借市场的功能

1.调剂金融机构间资金余缺，提高资金使用效率

有了同业拆借市场，金融机构就可以在不用保持大量超额准备金的前提下，满足存款支付及汇兑清算的需要。同业拆借市场使具有超额准备金头寸的金融机构可以及时拆出资金，减少闲置资金，提高资金使用效率和盈利水平。同时，也为准备金不足的金融机构提供了高效率、低成本获取资金的途径。

2.同业拆借市场是中央银行实施金融宏观调控的重要载体

同业拆借市场利率有效地反映了资金市场上短期资金的供求状况，中央银行根据其利率水平，了解市场资金的松紧状况，运用货币政策工具进行金融宏观调控，调节货币供应量，实现货币政策目标。

二、票据市场

票据市场是指各类票据发行、流通及转让的市场，主要包括商业票据的承兑市场和贴现市场，也包括其他融资性票据市场，如企业短期融资券市场和央行票据市场。票据市场按票据发行主体来划分，可分为银行票据市场、商业票据市场；按资金属性来划分，可分为商业票据市场和融资票据市场；按交易方式来划分，可分为票据发行市场、票据承兑市场和票据贴现市场。

（ ）银行承兑票据市场

汇票是由出票人签发的委托付款人在见票后或票据到期时，对收款人无条件支付一定金额的信用凭证。由银行作为汇票的付款人，承诺在汇票到期日支付汇票金额的票据，称为银行承兑汇票。银行承兑票据市场是以银行承兑票据作为交易对象所形成的市场。从法律上讲，银行承兑，则是银行同意作为票据第一性的付款人而对票据付款加以担保。由于银行的信誉程度比较高，因此以银行作为承兑人的银行承兑票据就成了信用风险最低的货币市场工具之一。许多承兑票据产生于银行对从事出口、进口，或储存大宗商品，或购买货币的客户提供的担保业务。例如，美国银行承兑汇票市场源于国际贸易的发展，在国际贸易中为解决进口商和出口商相互缺乏了解、互不信任的问题，将银行信用与商业信用结合，促使了银行承兑汇票的产生。美国的银行承兑汇票主要用于进出口贸易，国内贸易使用不多。进入20世

纪80年代以后，美国银行承兑汇票市场增长速度明显下降。1989—1998年，银行承兑汇票余额出现负增长，1998年市场余额下降到了143亿美元，仅占除政府短期证券外所有货币市场工具交易余额的0.6%，而到2000年，余额更是仅为103亿美元。在我国，银行承兑票据是商业汇票的一种，主要用于国内企业间的结算，近些年来发展速度较快。

银行承兑汇票市场主要由一级市场和二级市场构成。一级市场即发行市场，主要涉及汇票的出票和承兑行为；二级市场相当于流通市场，涉及汇票的贴现与再贴现过程。银行承兑汇票有以下特点：①安全性高。由于汇票的主债务人是银行，因此相对于商业票据而言，银行承兑汇票的信用度较高，投资者的收益能够得到更好的保障。②流动性强。银行承兑汇票以银行信用为付款保证，在市场上易于转让或贴现，变现能力强。③灵活性强。银行承兑汇票的持有人既可以选择在二级市场上出售票据或办理贴现，也可以持有汇票到期获得收益。正是由于银行承兑汇票具有以上特点，其才成为货币市场上最受欢迎的一种短期信用工具。

（二）商业票据市场

商业票据在这里是指具有高信用等级的公司所发行的一种无担保的融资性短期本票，其最长期限一般不超过270天。按照发行方式的不同，商业票据分为直接发行票据和经纪商发行票据。商业票据市场形成于19世纪。当时，工业企业为了寻求一种新的短期资金来源，补充银行短期贷款的不足，于是在货币市场上发行短期债券，进行直接融资。在其后的一百年，大公司一直是商业票据市场的发行人。20世纪20年代后，随着短期消费资金需求的扩大，消费者金融公司逐步发展起来，它们通过发行商业票据为短期消费贷款融资。20世纪60年代，银行持股公司也进入该市场。虽然按规定，持股公司吸收的资金主要用于非银行业务，但在银根紧缩时，持股公司也通过各种方式将其用于为银行补充资金。美国的商业票据是由大型银行和诸如微软、通用汽车等著名企业发行的短期债务工具。1980—2008年，美国商业票据市场发展速度很快，商业票据非偿付余额从1 220亿美元上升至17 320亿美元，增长幅度超过了1 300%。

我国的票据包括支票、本票和汇票。支票是出票人签发的，委托办理支票存款业务的银行或者其他金融机构在见票时无条件支付确定的金额给收款人或者持票人的票据。本票是出票人签发的，承诺自己在见票时无条件支付确定的金额给收款人或者持票人的票据。汇票是由出票人签发的，付款人见票后或票据到期时，在一定地点对收款人无条件支付一定金额的信用凭证。汇票按出票人不同可分为银行汇票和商业汇票。银行汇票是汇款人将款项交给银行，由银行签发给汇款人，持往异地由指定银行办理转账或向指定银行兑取款项的票据。商业汇票是收款人对付款人签发的，要求付款人于一定时间内无条件支付一定金额给收款人或持票人的一种书面凭证。

三、可转让定期存单市场

可转让定期存单（CDs），又称为大额可转让定期存单，是客户把款项存入银行，约定期限和利率，银行签发给客户，到期前可在二级市场上流通转让的证券化存款凭证。它是20世纪60年代以来金融环境变革的产物。由于60年代市场利率上升而美国的商业银行受Q条例的存款利率上限限制，不能支付较高的市场利率，而同时，大公司财务主管为了增加临时闲散资金的利息收益，开始减少在商业银行的存款，以便将资金投入国库券和其他利率较高的货币市场工具。针对存款资金来源的减少，美国花旗银行设计了具有同其他货币市场工具特点类似的大额可转让定期存单，竞争吸收大公司、富裕个人和政府的闲散资金，并和政府证券经销商一起，为这类金融工具创造了二级市场，即可转让定期存单市场。随着大额可转让定期存单的诞生，大型商业银行运用市场借入资金满足贷款需求增长的负债管理方法有了长足的发展。

大额可转让定期存单的特点主要有：

① 期限灵活，大额可转让定期存单最短偿还期至少为14天，在美国大多数存单的偿还期在1年以内，在中国香港地区长达5年。因为香港的客户存款期限一般短于1年，所以银行需要通过发行中期存单来满足资产负债结构的期限匹配；

② 有规定的面额，传统上面额较大。例如，在美国可转让定期存单最小面额为10万美元，而二级市场交易的存单面额通常为100万美元。中国香港的可转让定期存单最小面额则为10万港元。现在许多银行已经推出最低面额为500美元的可转让定期存单，但与定期存款相比，它的面额是固定的，不能由存款人决定面额。

③ 可以转让。在未到期之前，可转让定期存单持有者若需用钱，可以在二级市场上变现，而不能到发行银行请求提前兑付，银行也无义务应付其提前兑付。这一点是大额请可转让存单作为银行的一种证券化筹资方式而区别于传统存款筹资方式的关键所在。

④ 利率一般高于同期定期存款利率，此外有的可转让定期存单还按照浮动利率计息。

四、证券回购市场

证券回购市场是通过回购协议进行短期资金融通交易的市场。所谓回购协议，是指证券持有人在卖出证券的同时，与买方签订协议（再购回协议），约定一定期限和价格，买回同一笔证券的活动。其实质是一种以证券为抵押物的短期抵押贷款。与其他货币市场不同，回购市场并非完全独立的市场形态，它是证券的一种买卖方式，往往与国库券市场、同业拆借市场及其他长期债券市场有着紧密联系。20世纪90年代末期以后，证券回购作为广泛适用、低风险、灵活方便的短期融资工具得到了空前的发展。

证券回购交易的对象主要是国库券等政府债券及有担保的债券，也包括其他货币市场工具，如大额可转让定期存单、商业票据等。证券回购的期限一般较短。回购期限在1天以内的称为隔夜回购，回购期限超过1天的称为隔期回购。隔期回购的标准到期日通常为7天、14天、21天、1个月、2个月、3个月或6个月。

证券回购可以分为正回购与逆回购。正回购是指证券卖方在卖出证券获得资金的同时约定在将来一定时间内重新买回；逆回购是指证券买方在获得证券的同时约定在将来一定时间内重新卖出。因此，正回购与逆回购实际上是一项交易的两个方面，从证券提供者的立场看，该交易为正回购，从资金提供者的角度看，该交易则是逆回购。回购协议主要有质押式回购和买断式回购两种。质押式回购是交易双方进行的以债券为权利质押的一种短期资金融通业务，指资金融入方（正回购方）在将债券出质给资金融出方（逆回购方）融入资金的同时，双方约定在将来某一日期由正回购方按约定回购利率计算的资金额向逆回购方返还资金，逆回购解除出质债券上质权的融资行为。质押式回购的期限为1天到365天。买断式回购指债券持有人（正回购方）将债券卖给债券购买方（逆回购方）的同时，交易双方约定在未来某一日期，正回购方再以约定价格从逆回购方买回相等数量同种债券的交易行为，买断式回购的期限为1天到91天。

在证券回购市场上，市场参与者主要包括证券交易商、商业银行、工商企业、中央银行和地方政府。证券交易商是该市场最主要的参与者，它可以通过正回购交易融入短期资金，也可以通过逆回购交易获得证券以满足自己或顾客的需要，甚至可以利用证券回购市场开展空头交易，实现套利目的。商业银行是回购市场主要的资金需求者，通过回购交易融入资金，满足流动性要求。同时，利用回购协议融入的短期资金不属于存款负债，商业银行不用缴纳存款准备金，因而融资成本更低。对于中央银行，回购交易是执行货币政策的重要工具。中央银行开展公开市场业务时，会根据不同情况选择操作方式，如果中央银行希望银行准备金在长期内变化时，往往采取直接买卖债券方式；如果希望基础货币及银行准备金只是在短时期内变化时，则会倾向于运用债券回购。

第二节　股票

一、股票的定义、性质和特征

（一）股票的定义

股票是一种有价证券，它是股份有限公司签发的证明股东所持股份的凭证。一般来说，股票的持有者包括个人投资者和机构投资者，在证券市场发展的初期，市场参与者主要是个人投资者，即以自然人身份从事股票买卖的投资者。现实中所谓的“股民”就是指以自然人身份进行股票买卖的投资者。股票一经发行，购买股票的投资者即成为公司的股东。股票实质上代表了股东对股份公司的所有权，股东凭借股票可以获得公司的股息和红利，参加股东大会并行使自己的权利，同时也承担相应的责任与风险。

股票采用纸质形式或国务院证券监督管理机构规定的其他形式。股票应当载明下列主要事项：公司名称、公司成立的日期、股票种类、票面金额及代表的股份数、股票的编号，股票由法定代表人签名，公司盖章。

（二）股票的性质

1.股票是有价证券

有价证券是财产价值和财产权利的统一表现形式。持有有价证券，一方面表示持有人拥有一定价值量的财产，另一方面也表明有价证券持有人可以行使该证券所代表的权利。股票属于有价值证券，第一，虽然股票本身没有价值，但它包含着股东可以依其持有的股票要求股份公司按规定分配股息和红利的请求权；第二，股票与其代表的财产权有不可分离的关系，两者是一体的。

2.股票是要式证券

股票应具备《中华人民共和国公司法》规定的有关内容，如果缺少规定的要件，股票就没有法律效力。

3.股票是证权证券

证券可以分为设权证券和证权证券。设权证券是指证券所代表的权利本来不存在，而是随着证券的制作而产生，即权利是以证券的制作和存在为条件的。证权证券是指证券是权利的一种物化的外在形式，它是权利的载体，权利是已经存在的。股票代表的是股东权利，它的发行是以股份的存在为条件的，股票只是把已存在的股东权利表现为证券的形式，它的不是创造股东的权利，而是证明股东的权利。

4.股票是资本证券

发行股票是股份公司筹措自有资本的手段，股票是投入股份公司资本份额的证券化，属于资本证券。

5.股票是综合权利证券

股票既不属于物权证券，也不属于债权证券，而是一种综合权利证券。物权证券是指证券持有者对公司的财产有直接支配处理权的证券；债权证券是指证券持有者为公司债权人的证券。股票持有者作为股份公司的股东，享有独立的股东权利。股东权是一种综合权利，股东依法享有资产收益、重大决策、选择管理者等权利。

（三）股票的特征

1.收益性

收益性是股票最基本的特征，它是指股票可以为持有人带来收益的特性。持有股票的目的在于获取收益。股票的收益来源可分成两类：一是来自股份公司派发的股息、红利，数量多少取决于股份公司的经营状况、盈利水平以及相应的股利政策；二是来自股票流通即股票的“资本利得”。

2. 风险性

股票风险的内涵是股票投资收益的不确定性，换句话说是实际收益与预期收益之间的偏离。

3. 流动性

流动性是指股票可以通过依法转让而变现的特性，即在本金保持相对稳定、变现的交易成本极小的条件下，股票很容易变现的特性。股票持有人不能从公司退股，但股票转让为其提供了变现的渠道。

4. 永久性

永久性是指股票所载权利的有效性是始终不变的，因为它是一种无偿还期限的法律凭证。对于股份公司来说，由于股票的永久性，所以通过发行股票募集到的资金，在公司存续期间是一笔稳定的自有资本。

5. 参与性

参与性是指股票持有人有权参与公司重大决策的特性，股票持有人作为股份公司的股东，有权出席股东大会，行使对公司经营决策的参与权。

二、股票的分类

（一）普通股股票和优先股股票

按股东享有权利的不同，股票可以分为普通股股票和优先股股票。

1. 普通股股票

普通股股票是最基本、最常见的一种股票，其持有者享有股东的基本权利并承担相应的义务。普通股股票的股利完全随公司盈利的高低而变化。在公司盈利较多时，普通股股东可获得较多的股利收益，但在公司盈利和剩余财产的分配顺序上列在债权人和优先股股东之后，故其承担的风险也较高。与优先股股票相比，普通股股票是标准的股票，也是风险较大的股票。

2. 优先股股票

优先股股票是一种特殊股票，在其股东权利、义务中附加了某些特别条件。优先股股票的股息率是固定的，其持有者的股东权利受到一定限制，但在公司盈利和剩余财产的分配顺序上比普通股股东享有优先权。优先股的特征主要包括：

（1）股息率固定。普通股的股息即红利是不固定的，它取决于股份公司的经营状况和盈利水平。而优先股在发行时就约定了固定的股息率，无论公司经营状况和盈利水平如何变化，该股息率不变。

（2）股息分派优先。在股份公司盈利分配顺序上，优先股排在普通股之前。

公司盈利的分配顺序是，首先支付债权人的本金和利息、缴纳税金；其次支付优先股股息；最后才分配普通股股利。因此，从风险角度看，优先股的风险小于普通股。

（3）剩余资产分配优先。当股份公司因关闭或破产进行清算时，在对公司剩余资产的分配上，优先股股东排在债权人之后、普通股股东之前。

（4）一般无表决权。优先股股东权利是受限制的，最主要的是表决权限制。普通股股东参与股份公司的经营决策主要通过参加股东大会行使表决权，而优先股股东在一般情况下没有投票表决权，不享有公司的决策参与权。

（二）记名股票和不记名股票

按是否记载股东姓名，股票可以分为记名股票和不记名股票。

1.记名股票

记名股票是指在股票票面和股份公司的股东名册上记载股东姓名的股票。股份有限公司向发起人、法人发行的股票，应当为记名股票，并应当记载该发起人、法人的名称或者姓名，不得另立户名或者以代表人姓名记名。公司发行记名股票的，应当置备股东名册，并记载下列事项：股东的姓名或者名称及住所、各股东所持股份数、各股东所持股票的编号以及各股东取得股份的日期。记名股票的特点主要包括：

（1）股东权利归属于记名股东。对于记名股票来说，只有记名股东或其正式委托授权的代理人才能行使股东权。

（2）可以一次或分次缴款出资。一般来说，股东应在认购时一次性缴足股款。但基于记名股票所确定的股份公司与记名股东之间的特定关系，有些国家允许记名股东在认购股票时无须一次性缴足股款。

（3）转让相对复杂或受限制。记名股票的转让必须依据法律和公司章程规定的程序进行，而且要服从规定的转让条件。一般来说，记名股票的转让都必须由股份公司将受让人的姓名或名称、住所记载于公司的股东名册，办理股票过户登记手续，这样受让人才能取得股东的资格和权利。

（4）便于挂失，相对安全。记名股票与记名股东的关系是特定的，因此，如果股票遗失，记名股东的资格和权利并不消失，并可依据法定程序向股份公司挂失，要求公司补发新的股票。

2.不记名股票

不记名股票是指在股票票面和股份公司股东名册上均不记载股东姓名的股票。不记名股票也称“无记名股票”，与记名股票的差别不是在股东权利等方面，而是在股票的记载方式上。无记名股票发行时一般留有存根联，它在形式上分为两部分：一部分是股票的主体，记载公司的有关事项；另一部分是股息票，用于进行股息结算和行使增资权利。不记名股票的特点主要有：

（1）股东权利归属股票的持有人。

（2）认购股票时要求一次性缴纳出资。无记名股票上不记载股东姓名，若允许股东缴纳部分出资即发给股票，以后实际上无法催缴未缴纳的出资，所以认购者必须缴足出资后才能领取股票。

（3）转让相对简便。与记名股票相比，无记名股票的转让较为简单与方便，原持有者只要向受让人交付股票便发生转让的法律效力，受让人取得股东资格不需要办理过户手续。

（4）安全性较差。因没有记载股东姓名的法律依据，无记名股票一旦遗失，原股票持有者便丧失股东权利，且无法挂失。

（三）有面额股票和无面额股票

按是否在股票票面上标明金额，股票可以分为有面额股票和无面额股票。

1.有面额股票

有面额股票是指在股票票面上记载一定金额的股票。这一记载的金额也称为“股票票面金额”“股票票面价值”或“股票面值”。股票票面金额的计算方法是用资本总额除以股份数，但实际上很多国家是通过法规予以直接规定，而且一般是限定了这类股票的最低票面金额。有面额股票的特点有：

（1）可以明确表示每一股所代表的股权比例。

（2）为股票发行价格的确定提供依据。《中华人民共和国公司法》规定，股票发行价格可以等于票面金额，也可以超过票面金额，但不得低于票面金额。

2.无面额股票

无面额股票也被称为“无面值股票”“分权股票”“比例股票”或“份额股票”，是指在股票票面上不记载股票面额，只注明它在公司总股本中所占比例的股票。无面额股票的价值随股份公司净资产和预期每股收益的增减而相应增减。公司净资产和预期收益增加，每股价值上升；反之，公司净资产和预期收益减少，每股价值下降。无面额股票的特点有：

（1）发行或转让价格较灵活。由于没有票面金额，因而发行价格不受票面金额限制。在转让时，投资者也不易受股票票面金额影响，而更注重分析每股的实际价值。

（2）便于股票分割。如果股票有面额，分割时就需要办理面额变更手续。由于无面额股票不受票面金额的约束，发行该股票的公司能比较容易地进行股票分割。

三、股票票面价值、账面价值、清算价值、内在价值的概念与联系

（一）股票的票面价值

股票的票面价值又称“面值”，即在股票票面上标明的金额。该种股票被称为“有面额股票”。股票的票面价值在初次发行时有一定的参考意义。如果以面值作为

发行价，称为“平价发行”；如果发行价格高于面值，称为“溢价发行”。随着时间的推移，公司的净资产会发生变化，股票面值与每股净资产逐渐背离，与股票的投资价值之间也没有必然的联系。

（二）股票的账面价值

股票的账面价值又称“股票净值”或“每股净资产”，在没有优先股的条件下，每股账面价值等于公司净资产除以发行在外的普通股股票的股数。公司净资产是公司资产总额减去负债总额后的净值，从会计角度说，等于股东权益价值。股票账面价值的高低对股票交易价格有重要影响，但是，通常情况下，股票账面价值并不等于股票的市场价格。主要原因有两点：一是会计价值通常反映的是历史成本或者按某种规则计算的公允价值，并不等于公司资产的实际价值；二是账面价值并不反映公司的未来发展前景。

（三）股票的清算价值

股票的清算价值是公司清算时每一股份所代表的实际价值。从理论上说，股票的清算价值应与账面价值一致，但实际上并非如此。只有当清算时公司资产实际出售价款与财务报表上的账面价值一致时，每一股份的清算价值才与账面价值一致。但在公司清算时，其资产往往只能压低价格出售，再加上必要的清算费用，所以大多数公司的实际清算价值低于其账面价值。

（四）股票的内在价值

股票的内在价值即理论价值，也即股票未来收益的现值。股票的内在价值决定股票的市场价格，股票的市场价格总是围绕其内在价值波动。研究和发现股票的内在价值，并将内在价值与市场价格相比较，进而决定投资策略是证券研究人员、投资管理人员的主要任务。由于未来收益及市场利率的不确定性，各种价值模型计算出来的内在价值只是股票真实内在价值的估计值。经济形势的变化、宏观经济政策的调整、供求关系的变化等都会影响上市公司未来的收益，引起内在价值的变化。

四、影响股票价格变动的基本因素

（一）公司经营状况

股份公司的经营现状和未来发展是股票价格的基石。从理论上讲，公司经营状况与股票价格正相关，公司经营状况好，股价上升；反之，股价下跌。公司经营状况的好坏，可以从以下各项来分析：

1.公司治理水平与管理层质量

公司治理是一国社会经济活动中的企业制度。公司治理包括决定公司经营的若干制度性因素，其重点在于监督和制衡，良好的公司治理结构与治理实践对公司的长期稳定经营具有至关重要的作用。对于公司治理情况的分析主要包括公司股东、管理层、员工及其他外部利益相关者之间的关系及制衡状况，公司董事会、监事会构成及运作等因素。管理层是具体负责公司日常经营的核心力量，对公司的营运前景关系重大，对管理层的分析包括主要高级管理人员经验、水平、性格等内容，以及管理团队稳定性、合作与分工等情况。

2.公司竞争力

在任何时期、任何行业，具有竞争力的公司通常更容易得到投资者认可，股票价格会上涨；反之，缺乏竞争力的公司股票价格会下跌。最常用的公司竞争力分析框架是所谓的SWOT分析，它提出了4个考察维度，即公司经营中存在的优势（strengths）、劣势（weaknesses）、机会（opportunities）与威胁（threats）。对具体公司而言，竞争力分析的侧重点各不相同，但通常包括市场占有情况、产品线完整程度、创新能力、财务健全性等。

3.财务状况

会计报表是描述公司经营状况的一种相对客观的工具，分析公司财务状况，重点在于研究公司的盈利性、安全性和流动性。

（1）盈利性。公司盈利水平高低及未来发展趋势是股东权益的基本决定因素，通常把盈利水平高的公司股票称为“绩优股”，把未来盈利增长趋势强劲的公司股票称为“高增长型股票”，它们在股票市场上通常会有较好的表现。

（2）安全性。公司的财务安全性主要是指公司偿还债务从而避免破产的特性，通常用公司的负债与公司资产和资本金相联系来刻画公司的财务稳健性或安全性，主要有债务担保比率、长期债务比率、短期财务比率等指标。

（3）流动性。公司资金链状况也是影响经营的重要因素，流动性强的公司抗风险能力较强；反之，流动性弱的公司，一旦资金链断裂，很容易陷入技术性破产。衡量财务流动性状况需要从资产负债整体考量，最常用的指标包括流动比率、速动比率、应收账款平均回收期、销售周转率等。

4.公司改组或合并

公司改组或合并有多种情况，有的是为了扩大规模、增强竞争能力，有的是为了消灭竞争对手，有的是为了控股，也有的是为了操纵市场而进行恶意兼并。公司改组或合并会引起股价剧烈波动，要分析此举对公司的长期发展是否有利，改组或合并后是否能够改善公司的经营状况，这是决定股价变动方向的重要因素。企业股份制改组的目的是：第一，确立法人财产权；第二，建立规范的公司治理结构；第三，筹集资金。

（二）行业与部门因素

股票市场中，经常观察到某一行业（例如有色金属、装备制造、商业零售、房地产）或者某一板块（例如新能源板块、芯片板块）的股票在特定时期中表现出齐涨共跌的特征，这说明，在这些股票中，存在着某种行业特性或产业特性的共同影响因素，对这些因素的分析称为行业或部门分析。

1.行业分类

行业分类的依据主要是公司收入或利润的来源比重，目前我国常见的分类标准包括中国证监会制定的《上市公司行业分类指引》、国家统计局发布的《行业分布标准》。国际上，著名的行业分类标准有摩根士丹利和标准普尔联合发布的《全球行业分类标准》（GICS）等。

2.行业分析因素

行业因素包括定性因素和定量因素，常见的有：行业或产业竞争结构、行业可持续性、抗外部冲击的能力、监管及税收待遇、劳资关系、财务与融资问题、行业估值水平等。

3.行业生命周期

根据产业周期理论，任何产业或行业通常都要经历幼稚期、成长期、成熟期、衰退期四个阶段。即使行业不同，处于相同生命周期阶段的行业，其所属股票价格通常也会呈现出相似的特征。

（三）宏观经济与政策因素

宏观经济发展水平和状况是影响股票价格的重要因素。宏观经济影响股票价格的特点是波及范围广、干扰程度深、作用机制复杂并可能导致股价波动幅度较大，宏观经济与政策因素主要有：

1.经济增长

一个国家或地区的社会经济是否能持续稳定地保持一定的发展速度，是影响股票价格能否稳定上升的重要因素。当一国或地区的经济运行势态良好，一般来说，大多数企业的经营状况也较好，它们的股票价格会上升；反之，股票价格会下跌。

2.经济周期循环

社会经济运行经常表现为扩张与收缩的周期性交替，每个周期一般都要经过繁荣、衰退、萧条、复苏四个阶段。经济周期的变化决定了企业的景气和效益，从而从根本上决定了证券行情，特别是股票行情的变动趋势。股票价格的变动通常比实际经济的繁荣或衰退领先一步，即在经济高涨后期，股价已率先下跌；在经济全面复苏之前，股价已先行上涨。

3.货币政策

中央银行的货币政策对股票价格有直接的影响。货币政策是政府重要的宏观经济政策，中央银行通常采用存款准备金制度、再贴现政策、公开市场业务等货币政策手段调控货币供应量，从而实现发展经济、稳定货币等政策目标。

4.财政政策

财政政策也是政府的重要宏观经济政策。财政政策对股票价格影响有四个方面：其一，通过扩大财政赤字、发行国债筹集资金，增加财政支出，刺激经济发展；或是通过增加财政盈余或降低赤字，减少财政支出，抑制经济增长，调整社会经济发展速度，改变企业生产的外部环境，进而影响企业利润水平和股息派发。其二，通过调节税率影响企业利润和股息。提高税率，企业税负增加，税后利润下降，股息减少；反之，企业税后利润和股息增加。其三，干预资本市场各类交易适用的税率，直接影响市场交易和价格。其四，国债发行量会改变证券市场的证券供应和资金需求，从而间接影响股票价格。

5.市场利率

市场利率变化通过以下途径影响股票价格：其一，若利率提高，利息负担加重，公司净利润和股息相应减少，股票价格下降；若利率下降，利息负担减轻，公司净利润和股息增加，股票价格上升。其二，在市场资金量一定的条件下，若利率提高，其他投资工具收益相应增加，一部分资金会流向储蓄、债券等收益固定的金融工具，对股票需求减少，股价下降；若利率下降，对固定收益证券的需求减少，资金流向股票市场，对股票的需求增加，股票价格上升。其三，若利率提高，一部分投资者要负担较高的利息才能借到所需资金进行证券投资，如果允许进行融资融券交易，买空者的融资成本相应提高，投资者会减少融资和对股票的需求，股票价格下降；若利率下降，投资者能以较低利率借到所需资金，增加融资和对股票的需求，股票价格上涨。

6.通货膨胀

通货膨胀对股票价格的影响较复杂，既有刺激股票市场的作用，又有抑制股票市场的作用。通货膨胀是因货币供应过多造成货币贬值、物价上涨的经济现象。在通货膨胀之初，公司会因产品价格的提升和存货的增值而增加利润，从而增加可以分派的股息，并使股票价格上涨。通货膨胀给其他收益固定的证券带来了不可规避的通货膨胀风险，投资者为了保值，增加购买收益不固定的股票，对股票的需求增加，股价也会上涨。但是，当通货膨胀严重、物价居高不下时，企业因原材料、工资、费用、利息等各项支出增加，利润减少，会引起股价下降。严重的通货膨胀会使社会经济秩序紊乱，使企业无法正常地开展经营活动，同时政府会采取治理通货膨胀的紧缩政策和相应的措施，此时对股票价格则会产生负面的影响。

7.汇率变化

汇率的变化对整个社会经济影响很大，有利有弊。汇率下降，即本币升值，不利于出口而有利于进口，同时会引起境外资本流入，国内资本市场流动性增加；汇率上升，即本币贬值，不利于进口而有利于出口，同时会导致境内资本流出，国内资本市场流动性下降。若汇率变化趋势对本国经济发展影响较为有利，股价会上升；反之，股价会下降。具体地说，汇率的变化对那些在商品进出口和资本项目两方面严重依赖国际市场的企业股票价格影响较大。

8.国际收支状况

一般来说，若一国国际收支连续出现逆差，政府为平衡国际收支会采取提高国内利率和提高汇率的措施，以鼓励出口、减少进口，股价就会下跌；反之，股价会上涨。

五、影响股票价格变动的其他因素

（一）政治及其他不可抗力的影响

政治及其他不可抗力因素对股票价格的影响很大，往往很难预料，主要有：

1.战争

战争是最有影响的政治因素。战争会破坏社会生产力，使经济停滞、生产凋敝、收入减少、利润下降。战争期间除了军火工业以外，大部分企业都会受到严重打击。战争又使投资者风险明显增大，在生命得不到保障的情况下，人们的投资愿望降到最低点。特别是全面的、长期的战争，会使股票市场受到致命打击，股票价格会长期低迷。

2.政权更迭、领袖更替等政治事件

这些事件的爆发都会影响社会安定，进而影响投资者的心理状态和投资行为，引起股票市场的涨跌变化。

3.重大政策、法规的出台

政府重大经济、社会政策的出台、社会经济发展规划的制定、重要法规的颁布等，都会影响投资者对社会经济发展前景的预期，从而也会引起股票价格变动。

4.国际社会政治、经济的变化

随着世界经济一体化的发展，国家之间、地区之间的政治、经济关系更趋紧密，加之先进通信工具的运用，国际关系的细微变化都可能引致各国股市发生敏感的联动。

5.突发事件

因发生不可预料和不可抵抗的自然灾害或不幸事件，给社会经济和上市公司带来重大财产损失而又得不到相应赔偿，股价就会下跌。

（二）心理因素

投资者的心理变化对股价变动影响很大。在大多数投资者对股市抱乐观态度时，会有意无意地夸大市场有利因素的影响，并忽视一些潜在的不利因素，从而脱离上市公司的实际业绩而纷纷买进股票，促使股价上涨；反之，在大多数投资者对股市前景过于悲观时，会对潜在的有利因素视而不见，而对不利因素特别敏感，甚至不顾发行公司的优良业绩大量抛售股票，致使股价下跌。当大多数投资者对股市持观望态度时，市场交易量就会减少，股价往往呈现盘整格局。股票市场中的中小投资者由于信息不充分、不及时，缺乏必要的专业知识和投资技巧，往往有严重的盲从心理，而有的人就利用这一盲从心理故意制造假象、渲染气氛，诱使中小投资者在股价上涨时盲目追涨，或者在股价下跌时恐慌抛售，从而加大了股价涨跌的程度。

（三）政策及制度因素

为保证证券市场的稳定，各国的证券监管机构和证券交易所都制定有相应的政策措施和作出一定的制度安排。《证券法》规定，证券交易所依照证券法律、行政法规制定上市规则、交易规则、会员管理规则和其他有关规则，并经国务院证券监督管理机构批准。因突发事件而影响证券交易的正常进行时，证券交易所可以采取技术性停牌的措施；因不可抗力的突发性事件或者为维护证券交易的正常秩序，证券交易所可以决定临时停市；证券交易所根据需要，可以对出现重大异常交易情况的证券账户限制交易。有的证券交易所对每日股票价格的涨跌幅度有一定限制，即涨跌停板规定，使股价的涨跌大大平缓。另外，当股票市场投机过度或出现严重违法行为时，证券监督管理机构也会采取一定的措施以平抑股价剧烈波动。

（四）人为操纵因素

人为操纵往往会引起股票价格短期的剧烈波动。因大多数投资者不明真相，操纵者乘机浑水摸鱼，非法牟利。人为操纵会影响股票市场的健康发展，违背公开、公平、公正的原则，一旦查明，操纵者会受到行政处罚或法律制裁。

六、股票价格指数

（一）股票价格指数的概念

股票价格指数也称股票市场指数、股票指数，简称股指，是基于报告期的一组股票价格与基期的一组股票价格进行平均计算和动态对比后得出的，反映和描述一个国家或地区、某一行业或主体的股票市场价格水平及其变动趋势的动态相对数。股票指数是证券市场中最为重要的经济指标。世界上最早编制的美国道·琼斯股票指数至今已有120多年的历史，道·琼斯公司自1896年开始发布的30种工业股票价格指数是世界上最为重要的股票价格指数之一，是全球观察美国证券市场乃至美国经济状况的权威指标。我国从1991年4月开始编制深圳证券交易所股票指数，同年7月开始编制上海证券交易所股票指数，以反映相关交易所上市股票的市场行情和发展趋势。

（二）股票价格指数的功能

股票价格指数产生的初衷是描述市场的走势，而随着股票价格指数的运用，投资者发现跟踪指数操作也能带来收益，因此，股票价格指数具有两方面的功能：

1.基准功能

在编制股票价格指数之初，其功能相对单一，只是作为测度股票市场的标尺。具体来说，股票价格指数的基准功能主要体现在以下两个方面：

第一，反映整体股票市场走势。股票价格指数的涨跌刻画的是整体市场的运行状况，而非个别股票的运行状况。将指数在每个时点上对股票市场的描述连起来就是市场的运动轨迹。因此，指数不仅是对股票市场价位的度量，也是股票市场发展历史的记录，可用来研究股票市场的演进历程。

第二，反映国民经济总体情况。如果上市公司的行业分布与国民经济吻合，那么股市就可以作为国民经济的“晴雨表”，此时的股票价格指数就成为反映国民经济状况很重要的指标，当上市公司代表的经济成分占国民经济的比例达到相当的水平后，国民经济的繁荣与衰退可通过上市公司盈利的增减来改变股票价格指数的走势，而且股票价格指数在反映国民经济的情况时通常还会有一定的放大效应。

2.投资功能

自20世纪70年代开始，随着现代投资理论的逐渐成熟，尤其是股票市场结构的变化和完善，股票价格指数的投资功能日益凸显出来，从国际发达资本市场的运行实践来看，股票价格指数的投资功能主要体现在以下两个方面：

第一，为股票价格指数期货交易提供标的。股票价格指数期货是在20世纪80年代金融创新中出现的重要金融工具，股票价格指数基本反映了整个股票市场的情况。股票价格指数期货产生的一个重要原因是投资者管理风险的需要，尤其是管理系统性风险的需要。另外，通过股票价格指数期货交易可以分享国民经济增长的成果，并且可以消除非系统性风险。

第二，为指数化投资提供模板。所谓指数化投资，是指通过复制某一股票价格指数或者按照其编制原理构建投资组合而进行组合投资的办法。指数化投资的理论基础是有效市场假说，根据这一理论，股票市场的竞争将会驱使股票价格充分且及时地反映该股票的信息，从而使投资者只能获得经风险调整的市场平均收益率。指数基金采取消极投资策略，只期望获得市场平均收益率。

（三）股票价格指数的编制步骤和方法

1.股票价格指数的编制步骤

第一步，选择样本股。选择一定数量有代表性的上市公司股票，作为编制股票价格指数的样本股。样本股可以是全部上市股票，也可以是其中有代表性的一部分。样本股的选择主要考虑两条标准：一是样本股的市价总值要占交易所上市的全部股票市价总值的大部分；二是样本股票价格变动趋势必须能反映股票市场价格变动的总趋势。

第二步，选定某基期，并以一定方法计算基期平均股价或市值。通常选择某一有代表性或股价相对稳定的日期作为基期，并按选定的某一种方法计算这一天的样本股平均价格或总市值。

第三步，计算计算期平均股价或市值，并作必要的修正。收集样本股在计算期的价格，并按选定的方法计算平均价格或市值。有代表性的价格是样本股收盘平均价。股价平均数采用股价平均法，用来度量所有样本股经调整后的价格水平的平均值，可分为简单算术股价平均数、加权股价平均数和修正股价平均数。

第四步，指数化。如果计算股价指数，就需要将计算期的平均股价或市值转化为指数值，即将基期平均股价或市值定为某一常数（通常为100或1 000），并据此计算计算期股价的指数值。

2.股票价格指数的计算方法

（1）简单算术平均股票价格指数。

首先计算所选样本中股票价格之和，然后用所选样本中的股票价格之和除以样本股票种类数，计算公式为：

$$P_{平均} = \frac{\sum_{i=1}^{n} p_i}{n} \tag{3-1}$$

其中，$P_{平均}$为股票价格的简单算术平均数；p_i为每一种样本股票的价格；n为样本股票种类数。

计算出报告期的股票价格简单算术平均数之后，再用同样的方法算出基期的股票价格算术平均数。报告期可以是任何时刻，如开盘、收盘或者期间的某个时刻。基期是指定的某一个日期，基期股价指当天收盘价。如果定义基期的股票价格指数为100，则简单算术平均股票价格指数的计算公式如下：

$$股票价格指数 = \frac{P_{平均}}{P_{基期平均}} \times 100 \tag{3-2}$$

其中，$P_{基期平均}$为基期股票价格的简单算术平均数。

【例3-1】按照一定的原则和方法，选取5种样本股票，各种股票在报告期的价格如下：

$p_1 = 6$，$p_2 = 8$，$p_3 = 15$，$p_4 = 9$，$p_5 = 10$

则报告期股票价格的简单算术平均数为：

$$P_{平均} = \frac{\sum_{i=1}^{n} p_i}{n} = \frac{6 + 8 + 15 + 9 + 10}{5} = 9.6$$

如果$P_{基期平均} = 8$，则股票价格的简单算术平均指数为：

$$股票价格指数 = \frac{P_{平均}}{P_{基期平均}} \times 100 = \frac{9.6}{8} \times 100 = 120$$

简单算术平均股票价格指数的优点是计算简便，但存在两个不可避免的缺点：第一，发生样本股送配股、拆股和更换时会使股价平均数失去真实性、连续性和时间数列上的可比性；第二，在计算时没有考虑权数，即忽略了发行量或成交量不同的股票对股票市场有不同影响这一重要因素。简单算术平均股票价格指数的这两点不足，可以通过加权股价平均数和修正股价平均数来弥补。

（2）加权平均股票价格指数。

由于不同股票在市场上的地位不同，对于股票市场的影响也不同，有的股票对市场影响大，有的股票对市场的影响小。加权平均方法是按照股票在市场上的不同地位赋予其不同的权数，地位越重要的权数越大，地位越不重要的权数越小。然后，将各种样本股票的价格与其权数相乘后求和再用权数之和去除，得到的即为加权平均股票价格。权数通常使用股票的交易量，也可以是发行量。加权平均价格的计算公式为：

$$P = \frac{\sum_{j=1}^{n} \omega_j p_j}{\sum_{j=1}^{n} \omega_j} \tag{3-3}$$

其中，P为报告期股票加权平均价格，ω_j为第j种样本股票的权数，p_j为第j种样本股票的价格。以交易量作为权数，可以选择基期交易量，也可以选择报告期交易量。确定后，计算基期加权价格和报告期加权价格应该使用同样的交易量，也就是权数不变。使用同样的方法可以计算出基期样本股票的加权平均价格P_0。另外，如果基期的股票价格指数定为100，则报告期的股票价格指数为：

$$\text{股票价格指数} = \frac{P}{P_0} \times 100 \tag{3-4}$$

【例3-2】从股票市场上选取两个样本股票，其基期和报告期的股票价格以及股票的发行量见表3-1。

表3-1 **样本股票数据**

	基期价格（元）	报告期价格（元）	发行量（亿股）
股票1	120	150	1.0
股票2	80	100	1.5

如果按照发行量加权平均，基期和报告期平均价格分别为（因为权数不变，报告期和基期加权平均价格相除时，分母不发挥作用）：

$P_0 = 120 \times 1.0 + 80 \times 1.5 = 240$（元）

$P = 150 \times 1.0 + 100 \times 1.5 = 300$（元）

加权平均价格指数为：

$$\text{股票价格指数} = \frac{P}{P_0} \times 100 = \frac{300}{240} \times 100 = 125$$

（3）指数修正。

股票市场上经常会出现公司增资扩股、拆股、分红股或者现金分红的行为，统称为除权除息。所谓增资扩股，是指既增加权益资本额，也增加股票数。所谓拆股、分红股，是指不增加权益资本额，只增加股票数。现金分红指公司按照投资者所持股份比例，使用红利的形式向投资者分配现金。发生增资扩股或拆股或分红股后，公司总股数发生变化。公司分配现金红利，每一只股票代表的价值发生变化。

不论哪一种情况，股票价格指数都应该进行修正，否则股票价格指数将会由于股票的除权除息出现计算口径不一致，导致指数不一致，不能准确反映市场的价格变化情况。

当股票发生除权除息后，为了计算股票价格指数，需要对样本股的股票价格重新确认。例如，如果公司对股票进行拆分，每一股拆分成两股。拆分完成后的第一个交易日为除权日，从除权日当天开始，股东持有每一股的权利发生变化。如果除权前一天股票收盘价为20元，经过除权处理的收盘价格应该调整为10元。除权日当天开盘时的前一个参考收盘价就是10元，而不是20元。除权日的市场价格可能高于10元，也可能低于10元，这取决于当时的市场状况和投资者的反应。也就是参考收盘价10元是以后交易价格变化的新起始点，除权除息日股价涨跌幅度以10元作为基准值计算。

一般来说，发生除权除息的情况可以包括以下几种：增发、配股、拆分、股票红利、现金红利。在这几种方式中，涉及股份变化的为前4种，最后一种仅涉及公司现金变化，不涉及股份变化。所有涉及股份变化的情况都可以做相同方式的处理。

$$\text{除权除息价格}=\left[\left(\begin{array}{c}\text{前收盘价}\\ -\text{现金红利}\end{array}\right)+\begin{array}{c}\text{配（新发）}\\ \text{股价格}\end{array}\times\begin{array}{c}\text{配（新发）股导致}\\ \text{流通股份变动比例}\end{array}\right]\div\left(1+\begin{array}{c}\text{流通股份}\\ \text{变动比例}\end{array}\right) \quad (3-5)$$

【例3-3】某只股票准备派发每10股1.5元的现金红利，除息日为6月15日。6月14日的收盘价为18元，那么除息后6月14日的参考收盘价计算如下：

参考收盘价=18-0.15=17.85（元）

如果公司分红方案修改为，派发每10股1.5元现金红利同时每10股送2股股票，除权除息日为6月15日。那么，除权除息后6月14日的参考收盘价为：

参考收盘价=［（18-0.15）+0］÷（1+20%）=14.88（元）

【例3-4】某公司宣布将进行每10股配3股的增发方案，除权日为7月13日，配股价格为配股说明书公告日之前20个交易日市场平均价格的70%，即13元。7月12日的收盘价为20元。那么除权后7月12日的参考收盘价为：

参考收盘价=［20+13×30%］÷（1+30%）=18.38（元）

指数计算的基础是平均价格。以$P_{前}$表示除权除息前平均价格，$P_{后}$表示使用除权除息价格计算的平均价格，由于股票除权除息前后价格不等，所以两个平均价格不相等，相差k倍。

$$k=\frac{P_{前}}{P_{后}} \quad (3-6)$$

指数调整等价于平均价格调整。指数调整的基本原则是除权除息对于指数没有影响，也就是对于平均价格没有影响。因此，对使用除权除息后价格计算的平均价格，只要乘上调整系数k，就相当于除权除息对平均价格没有影响。

【例3-5】以前面例3-1计算简单平均指数的数据为例。如果将第4种股票1股拆为3股，拆股前股票价格为每股9元，除权价格为每股3元，所计算出来的新的平均价格为：

$$\frac{6+8+15+3+10}{5}=8.4\text{（元）}$$

在除权之前的平均价格为9.6元，k系数的值为9.6/8.4=1.14。除权后计算平均价格时，只要在实际计算出的平均价格后面乘以1.14即可。例如，除权日以后的第二个交易日，指数样本股的平均价格为8.8元，乘以1.14等于10.03元。因为基期股票平均价格为8元，当前的股票价格指数为“（10.03/8）×100=125.4”。与除权之前相比，指数涨了5.4个百分点。对于计算加权平均股票价格的调整方法完全一致。

【例3-6】以表3-1中的数据为例。如果报告期第2只股票发生了拆股，每股拆成2股。拆股后，第2只股票的除权价格变为50元，发行总股数翻番。那么除权后平均股价为：

$$P_{后}=\frac{150\times1.0+50\times3.0}{1.0+3.0}=75\text{（元）}$$

（四）主要股票价格指数

1.中国主要股票价格指数

（1）沪深300指数。沪深300指数是沪深证券交易所于2005年4月8日联合发布的反映A股市场整体走势的指数。沪深300指数的编制目标是反映中国证券市场股票价格变动的概貌和运行状况，并能够作为投资业绩的评价标准，为指数化投资和指数衍生产品创新提供基础条件。沪深300指数简称“沪深300”，成份股数量为300只，指数基日为2004年12月31日，基点为1 000点。

（2）中证规模指数。中证规模指数包括中证100指数、中证200指数、中证500指数、中证700指数、中证800指数和中证流通指数。这些指数与沪深300指数共同构成中证规模指数体系。其中，中证100指数定位于大盘指数，中证200指数为中盘指数，沪深300指数为大中盘指数，中证500指数为小盘指数，中证700指数为中小盘指数，中证800指数则涵盖了大中小盘股。

（3）上证综合指数。上证综合指数是新中国成立以来大陆出现的第一个股价指数，也是使用最广泛的股价指数，是投资者日常交流最习惯使用以及新闻媒体关注度最高的股票价格指数。上证综合指数以1990年12月19日为基期，以全部上市股票为样本，以股票发行量为权数使用加权平均法计算，基期指数为100点，于1991年7月15日正式发布。股权分置改革以后重新确定了基期，为2005年12月30日，样本股为全部实施股权分置改革后的股票，基期指数确定为1 000点。

（4）上证成份股指数。上证成份股指数简称“上证180指数”，上证成份股指数的样本股共有180只股票，选择样本股的标准是遵循规模（总市值、流通市值），流动性（成交金额、换手率）和行业代表性3项指标，即选取规模较大、流动性较好且具有行业代表性的股票作为样本，建立一个反映上海证券市场的概貌和运行状况、能够作为投资评价尺度及金融衍生产品基础的基准指数。上证成份股指数依据样本稳定性和动态跟踪的原则，每年调整一次成份股，每次调整比例一般不超过10%，特殊情况下也可能对样本股进行临时调整。上证成份股指数采用派许加权综合价格指数公式计算，以样本股的调整股本数为权数，并采用流通股本占总股本比例分级靠档加权计算方法。除“上证180指数”外，上海证券交易所还编制了“上证50指数”“上证380指数”“上证红利指数”。

（5）深证成份股指数。深证成份股指数由深圳证券交易所编制，通过对所有在深圳证券交易所上市的公司进行考察，按一定标准选出500家有代表性的上市公司作为成份股，以成份股的可流通股数为权数，采用加权平均法编制。深证成份股指数以1994年7月20日为基日，基日指数为1 000点，起始计算日为1995年1月23日。

（6）恒生指数。恒生指数由香港恒生银行于1969年11月24日起编制公布，是反映香港股票市场行情变动最有代表性和影响最大的指数。它挑选了33种有代表性的上市股票为成份股，用加权平均法计算。2006年改制后，香港恒生指数的编制方法采用流通市值加权法计算。

2.国外主要股票价格指数

（1）道·琼斯工业股价平均指数。道·琼斯工业股价平均指数是世界上最早、最享盛誉和最有影响的股票价格平均数，由美国道·琼斯公司编制，并在《华尔街日报》上公布。现在人们所说的道·琼斯指数实际上是一组股价平均数，包括5组指标：工业股价平均数、运输业股价平均数、公用事业股价平均数、股价综合平均数、道·琼斯公正市价指数。道·琼斯股票价格平均指数最初的计算方法是简单算术平均法，当遇到股票的除权除息时，股票指数将发生不连续的现象。1928年后，道·琼斯股票价格平均数改用新的计算方法，即修正股价平均法。

（2）标准普尔股票价格综合指数。该指数由美国著名的金融服务机构标准普尔公司于1923年开始编制。现在的标准普尔股票价格指数以样本股票1941—1943年期间的平均价格为基期，基期指数定为10，采用加权平均方法编制。标准普尔指数的样本股开始包括230种股票，1957年扩展到了现在的500种，其中包括工商行业400种，航空、铁路、公路等运输行业20种，金融、保险行业40种，公用事业40种。

（3）《金融时报》证券交易所指数。金融时报证券交易所指数是英国最具权威性的股价指数，原由《金融时报》编制和公布，现由《金融时报》和伦敦证券交易所共同拥有的富时集团编制。这一指数包括三种：一是金融时报工业股票指数，又称“30种股票指数”；二是100种股票交易指数，又称“FT-100指数”；三是综合精算股票指数。

（4）日经225股价指数。日经225股价指数是日本经济新闻社编制和公布的反映日本股票市场价格变动的股价指数。该指数从1950年9月开始编制，最初根据在东京证券交易所第一市场上市的225家公司的股票算出修正平均股价，称为“东证修正平均股价”。1975年5月1日日本经济新闻社向道·琼斯公司买进商标，采用道·琼斯修正指数法计算，指数也改称为“日经道式平均股价指标”。1985年5月合同期满，经协商，又将名称改为“日经股价指数”。现在的日经股价指数分为两组：一是日经225种股价指数；二是日经500种股价指数。

（5）NASDAQ市场指数。NASDAQ的中文全称是“全美证券交易商自动报价系统”，于1971年正式启用。它利用现代电子计算机技术，将美国600多个证券商网点连接在一起，形成了一个全美统一的场外二级市场。1975年又通过立法，确定这一系统在证券二级市场中的合法地位。NASDAQ市场设立了13种指数，分别为：NASDAQ综合指数、NASDAQ-100指数、NASDAQ金融-100指数、NASDAQ银行指数、NASDAQ生物指数、NASDAQ计算机指数、NASDAQ工业指数、NASDAQ保险指数、NASDAQ其他金融指数、NASDAQ通信指数、NASDAQ运输指数、NASDAQ全国市场综合指数以及NASDAQ全国市场工业指数。

第三节　债券

一、债券的定义与票面要素

（一）债券的定义

债券是一种有价证券，是社会各类经济主体为筹集资金而向债券投资者出具的、承诺按一定利率定期支付利息并到期偿还本金的债权债务凭证。债券有以下基本性质：

1.债券属于有价证券

首先，债券反映和代表一定的价值。债券本身有一定的面值，通常它是债券投资者投入资金的量化表现；其次，持有债券可按期取得利息，利息也是债券投资者收益的价值表现；最后，债券与其代表的权利联系在一起，拥有债券就拥有了债券所代表的权利，转让债券也就将债券代表的权利一并转移。

2.债券是一种虚拟资本

债券尽管有面值，代表了一定的财产价值，但它也只是一种虚拟资本，而非真实资本。因为债券的本质是证明债权债务关系的证书，在债权债务关系建立时所投入的资金已被债务人占用，债券是实际运用的真实资本的证书。债券的流动并不意味着它所代表的实际资本也同样流动，债券独立于实际资本之外。

3.债券是债权的表现

债券代表债权人的权利，这种权利不是直接支配财产权，也不以资产所有权表现，而是一种债权。拥有债券的人是债权人，债权人不同于公司股东，是公司的外部利益相关者。

（二）债券的票面要素

债券作为证明债权债务关系的凭证，一般以有一定格式的票面形式来表现。通常，债券票面上有以下四个基本要素：

1.债券的票面价值

债券的票面价值是债券票面标明的货币价值，是债券发行人承诺在债券到期日偿还给债券持有人的金额。在债券的票面价值中，首先要规定票面价值的币种，即以何种货币作为债券价值的计量标准。确定币种时主要考虑债券的发行对象。一般来说，在本国发行的债券通常以本国货币作为面值的计量单位；在国际金融市场筹资时，则通常以债券发行地的货币或以国际通用货币为计量标准。此外，确定币种还应考虑债券发行者本身对币种的需要。币种确定后，则要规定债券的票面金额。票面金额大小不同，可以适应不同的投资对象，同时也会产生不同的发行成本。票面金额定得较小，有利于小额投资者购买，持有者分布面广，但债券本身的印刷及发行工作量大，费用可能较高；票面金额定得过大，有利于少数大额投资者认购，且印刷费用等也会相应减少，但使小额投资者无法参与。因此，债券票面金额的确定也要根据债券的发行对象、市场资金供给情况及债券发行费用等因素综合考虑。

2.债券的到期期限

债券到期期限是指债券从发行之日起至偿清本息之日止的时间，也是债券发行人承诺履行合同义务的全部时间。各种债券有不同的偿还期限，短则几个月，长则几十年，习惯上有短期债券、中期债券和长期债券之分。

3.债券的票面利率

债券票面利率也称名义利率，是债券年利息与债券票面价值的比率，通常年利率用百分数表示。利率是债券票面要素中不可缺少的内容。在实际经济生活中，债券利率有多种形式，如单利、复利和贴现利率等。发行者确定债券票面利率时主要考虑的因素有：投资者的接受程度；债券的信用级别；利息的支付方式和计息方式；证券主管部门的管理和指导。

4.债券的发行者名称

这一要素指明了债券的债务主体，既明确了债券发行人应履行对债权人偿还本息的义务，也为债权人到期追索本金和利息提供了依据。

二、债券的特征

（一）偿还性

偿还性是指债券有规定的偿还期限，债务人必须按期向债权人支付利息和偿还本金。债券的偿还性使资金筹措者不能无限期地占用债券购买者的资金，换言之，他们之间的借贷经济关系将随期满、还本付息手续完毕而不复存在，这一特征与股票的永久性有根本的区别。

（二）流动性

流动性是指债券持有人可按自己的需要和市场的实际状况，自由转让债券，以提前收回本金和实现投资收益。流动性首先取决于市场为转让所提供的便利程度；其次取决于债券在迅速转变为货币时，是否在以货币计算的价值上蒙受损失。

（三）安全性

安全性是指债券持有人的收益相对稳定，不随发行公司经营收益的变动而变动，并且可按期收回本金。一般来说，具有高度流动性的债券同时也是较安全的，因为它不仅可以迅速地转换为货币，而且还可以按一个较理想的价格转换。债券不能收回投资的风险有债务人到期不偿还债务和流通市场上不能以合适价格转让这两种风险。

（四）收益性

收益性是指债券能为投资者带来一定的收入，即债券投资的报酬。在实际经济活动中，债券收益可以表现为三种形式：一是利息收入，即债权人在持有债券期间按约定的条件分期、分次取得利息或者到期一次取得利息。二是资本损益，即债权人到期收回的本金与买入债券或中途卖出债券与买入债券之间的价差收入。当债券卖出价大于买入价时为资本收益，当债券卖出价小于买入价时为资本损失。三是再投资收益，即投资债券所获现金流量再投资的利息收入，这个受市场收益率变化的影响。

三、债券的分类

（一）政府债券、金融债券、公司债券

根据发行主体的不同，债券可以分为政府债券、金融债券和公司债券。

1.政府债券

政府债券的发行主体是政府。中央政府发行的债券称为“国债”，其主要用途是满足由政府投资和公共设施或重点项目建设的资金需要以及弥补国家财政赤字。除了政府部门直接发行的债券外，有些国家把政府担保的债券也划入政府债券体系，称为“政府保证债券”。这种债券由一些与政府有直接关系的公司或金融机构发行，并由政府提供担保。政府债券的特征主要有：

第一，安全性高。政府债券是政府发行的债券，由政府承担还本付息的责任，是国家信用的集中体现。在各类债券中，政府债券的信用等级是最高的，通常被称为“金边债券”。投资者购买政府债券，是一种较安全的投资选择。

第二，流通性强。政府债券是一国政府的债务，它的发行量一般都非常大，同时，由于政府债券的信用好，竞争力强，市场属性好，所以，许多国家政府债券的二级市场十分发达，一般不仅允许在证券交易所上市交易，还允许在场外市场买卖，发达的二级市场为政府债券的转让提供了方便，使其流通性大大增强。

第三，收益稳定。政府债券的付息由政府保证，其信用度最高，风险最小，对于投资者来说，投资政府债券的收益是非常可靠的。此外，因政府债券的本息大多数固定且有保障，所以交易价格一般不会出现大的波动，二级市场的交易双方均能得到相对稳定的收益。

第四，免税待遇。政府债券是政府自己的债务，为了鼓励人们投资政府债券，大多数国家规定，对于购买政府债券所获得的收益，可以享受免税待遇。

2.金融债券

金融债券是银行等金融机构作为筹资主体为筹措资金而发行的一种有价证券，是表明债务、债权关系的一种凭证。金融债券的发行主体是银行或非银行金融机构。金融机构一般有雄厚的资金实力，信用度较高，因此，金融债券往往有良好的信誉。银行和非银行金融机构是社会信用的中介，它们的资金来源主要靠吸收公众存款和自身金融业务的收入。它们发行债券的目的主要有：筹资用于某种特殊用途；改变本身的资产负债结构。具体而言，金融债券的发行目的有：改善负债结构，增强负债的稳定性、获得长期资金、扩大资产业务等。根据利息的支付方式，金融债券可分为附息金融债券和贴现金融债券；根据发行条件，金融债券可分为普通金融债券和累进利息金融债券。

3.公司债券

公司债券是公司依照法定程序发行、约定在一定期限还本付息的有价证券。公司债券的发行主体是股份公司，但有些国家也允许非股份制公司发行债券，公司债券的发行目的是满足经营需要。我国《公司债券发行与交易管理办法》规定，中国证监会对公司债券发行的核准或者中国证券业协会对公司债券发行的备案，不表明其对发行人的经营风险、偿债风险、诉讼风险以及公司债券的投资风险或收益等作出判断或者保证。公司债券的投资风险，由投资者自行承担。

（二）贴现债券、附息债券、息票累积债券

根据债券发行条款中是否规定在约定期限向债券持有人支付利息，债券可分为贴现债券、附息债券、息票累积债券三类。

1.贴现债券

贴现债券又被称为“贴水债券”，是指在票面上不规定利率，发行时按某一折扣率以低于票面金额的价格发行，发行价与票面金额之差相当于预先支付的利息，到期时按面额偿还本息。

2.附息债券

附息债券的合约中明确规定，在债券存续期内，对持有人定期支付利息（通常每半年或每年支付一次）。附息债券每次付息时需要进行债权登记，一般付息日的前一个营业日为债权登记日，债权登记日日终前买入的享有本期利息，债权登记日日终前卖出的不享有本期利息。

3.息票累积债券

与附息债券相似，这类债券也规定了票面利率，但是，债券持有人是在债券到期时一次性获得本息，存续期间没有利息支付。一次性还本付息债券是指在债务期间不支付利息，只在债券到期后按规定的利率一次性向持有者支付利息并还本的债券。

（三）公募债券、私募债券

按募集方式的不同，债券可以分为公募债券和私募债券。

1.公募债券

公募债券是指发行人向不特定的社会公众投资者公开发行的债券。公募债券的发行量大，持有人数众多，可以在公开的证券市场上市交易，流动性好。

2.私募债券

私募债券是指向特定的投资者发行的债券，私募债券的发行对象一般是特定的机构投资者。

（四）有担保债券、无担保债券

按担保性质不同，可将债券分为有担保债券和无担保债券。

1.有担保债券

有担保债券指以抵押财产为担保发行的债券。按担保品不同，有担保债券又分为抵押债券、质押债券和保证债券。①抵押债券以不动产作为担保，又被称为“不动产抵押债券”，是指以土地、房屋等不动产作抵押品而发行的一种债券。②质押债券以动产或权利作担保，通常以股票、债券或其他证券为担保。发行人主要是控股公司，用作质押的证券可以是它持有的子公司的股票或债券、其他公司的股票或债券，也可以是公司自身的股票或债券。③保证债券以第三人作为担保，担保人或担保全部本息，或仅担保利息。

2.无担保债券

无担保债券也被称为“信用债券”，仅凭发行人的信用而发行，是不提供任何抵押品或担保人而发行的债券。

（五）实物债券、凭证式债券、记账式债券

根据债券券面形态的不同，可以将债券分为实物债券、凭证式债券和记账式债券。

1.实物债券

实物债券是一种具有标准格式实物券面的债券。在标准格式的债券券面上，一般印有债券面额、债券利率、债券期限、债券发行人全称、还本付息方式等各种债券票面要素。

2.凭证式债券

凭证式债券的形式是债权人认购债券的一种收款凭证，而不是债券发行人制定的标准格式的债券。

3.记账式债券

记账式债券是没有实物形态的票券，它利用证券账户通过电脑系统完成债券发行、交易及兑付的全过程。

四、债券与股票的异同点

（一）债券与股票的相同点

1.债券与股票都属于有价证券

尽管债券和股票有各自的特点，但它们都属于有价证券。债券和股票作为有价证券体系中的一员，是虚拟资本，它们本身无价值，但又都是真实资本的代表。持有债券或股票，都有可能获取一定的收益，能行使各自的权利，还能流通转让证券。债券和股票都在证券市场上交易，是各国证券市场的两大支柱类交易工具。

2.债券与股票都是筹措资金的手段

债券和股票都是有关经济主体为筹资需要而发行的有价证券。经济主体在社会经济活动中必然会产生对资金的需求，从资金融通角度看，债券和股票都是筹资手段。与向银行贷款间接融资相比，发行债券和股票筹资的数额大、时间长、成本低，且不受贷款银行的条件限制。

3.债券与股票收益率相互影响

从单个债券和股票看，它们的收益率经常会发生差异，而且有时差距还较大。但是，总体而言，如果市场是有效的，则债券的平均收益率和股票的平均收益率会大体保持相对稳定的关系，其差异反映了两者风险程度的差别。这是因为，在市场规律的作用下，证券市场上一种融资手段收益率的变动，会引起另一种融资手段收益率发生相应的变动。

（二）债券与股票的区别

1.权利不同

债券是债权凭证，债券持有者与债券发行人之间的经济关系是债权债务关系，债券持有者只可按期获取利息及到期收回本金，无权参与公司的经营决策。股票是所有权凭证，股票所有者是发行股票公司的股东，股东一般拥有表决权，可以通过参加股东大会选举董事，参与公司重大事项的审议和表决，行使对公司的经营决策权和监督权。

2.发行目的及主体不同

发行债券是公司追加资金的需要，它属于公司的负债，不是资本金。发行股票则是股份公司创立和增加资本的需要，筹措的资金列入公司资本。发行债券的经济主体很多，中央政府、地方政府、金融机构、公司企业等一般都可以发行债券，但能发行股票的经济主体只有股份有限公司。

3.期限不同

债券一般有规定的偿还期，期满时债务人必须按时归还本金，因此，债券是一种有期证券。股票通常是无须偿还的，一旦投资入股，股东便不能从股份公司收回本金，因此股票是一种无期证券，或称"永久证券"。股票持有者只可以通过市场转让股票来收回投资资金。

4.收益不同

债券通常有规定的票面利率，可获得固定的利息。股票的股息红利不固定，一般视公司经营情况而定。股票的收益率一般高于债券，是因为股票面临的经营风险、财务风险和经济周期波动风险比债券大得多，必须给投资者相应的补偿。

5.风险不同

股票风险较大，债券风险相对较小。这是因为：第一，债券利息是公司的固定支出，属于费用范围；股票的股息红利是公司利润的一部分，公司有盈利才能支付，而且支付顺序排在债券利息支付和纳税之后。第二，倘若公司破产，清理资产有余额偿还时，债券偿付在前，股票偿付在后。第三，在二级市场上，债券因其利率固定、期限固定，市场价格也较稳定；而股票无固定期限和利率，受各种宏观因素和微观因素的影响，市场价格波动幅度较大。

五、影响债券期限和利率的主要因素

（一）影响债券期限的因素

1.资金使用方向

债务人借入资金可能是为了弥补临时性资金周转之短缺，也可能是为了满足对长期资金的需求。在前者情况下可以发行短期债券，在后者情况下可以发行中长期债券。这样安排的好处是既能保证发行人的资金需要，又不因占用资金时间过长而增加利息负担。

2.市场利率变化

债券偿还期限的确定应根据对市场利率的预期，相应选择有助于减少发行者筹资成本的期限。一般来说，当市场利率趋于下降时，应选择发行期限较短的债券，以避免市场利率下跌后仍须支付较高的利息；而当市场利率趋于上升时，应选择发行期限较长的债券，这样能在市场利率趋高的情况下保持较低的利息负担。在投资者买入债券之后，如果市场利率下降，将导致债券价格上升，但同时再投资收益率下降；当市场利率上升时，债券价格将下降，但再投资收益率上升。利率波动对不同债券的影响有：

① 利率风险是固定收益证券投资的主要风险。

② 利率波动对长期债券的影响要大于短期债券。

③ 利率波动对高息票利率债券的影响大于低息票利率债券。

④ 零息债券不受利率波动的影响。

3.债券的变现能力

这一因素与债券流通市场发育程度有关。如果流通市场发达，债券容易变现，长期债券较易于被投资者接受；如果流通市场不发达，投资者买了长期债券而又急需资金时不易变现或变现成本高，长期债券的销售就可能不如短期债券。

（二）影响债券利率的因素

1.借贷资金市场利率水平

市场利率较高时，债券的票面利率也相应较高，否则，投资者会选择其他金融资产投资而舍弃债券；反之，市场利率较低时，债券的票面利率也相应较低。

2.筹资者的资信

如果债券发行人的资信状况好，债券信用等级高，投资者的风险小，债券票面利率可以定得比其他条件相同的债券低一些；如果债券发行人的资信状况差，债券信用等级低，投资者的风险大，债券票面利率就需要定得高一些。此时的利率差异反映了信用风险的大小，高利率是对高风险的补偿。

3.债券期限长短

一般来说，期限较长的债券流动性差，风险相对较大，票面利率应该定得高一些；而期限较短的债券流动性强，风险相对较小，票面利率就可以定得低一些。但是，债券票面利率与期限的关系较复杂，它们还受其他因素的影响，所以在特殊情况下有时也会出现短期债券票面利率高而长期债券票面利率低的现象。

六、国际债券

（一）国际债券的定义

国际债券是指一国借款人在国际证券市场上以外国货币为面值，向外国投资者发行的债券。国际债券的发行人主要是各国政府、政府所属机构、银行或其他金融机构、工商企业及一些国际组织等。国际债券的投资者主要是银行或其他金融机构、各种基金会、工商财团和自然人。

（二）国际债券的特征

国际债券是一种跨国发行的债券，涉及两个或两个以上的国家或地区，同国内债券相比，具有一定的特殊性。

1.资金来源广、发行规模大

发行国际债券是在国际证券市场上筹措资金，发行对象为各国的投资者，因此，资金来源比国内债券广泛得多。发行国际债券的目的之一就是要利用国际证券市场资金来源的广泛性和充足性。发行人进入国际债券市场的门槛比较高，必须由国际著名的资信评估机构进行债券信用级别评定，只有高信誉的发行人才能顺利筹资，因此，在发行人资信状况得到充分肯定的情况下，国际债券的发行规模一般都比较大。

2.存在汇率风险

发行国内债券，筹集和还本付息的资金都是本国货币，所以不存在汇率风险。发行国际债券，筹集到的资金是外国货币，汇率一旦发生波动，发行人和投资者都有可能蒙受意外损失或获取意外收益。所以，汇率风险是国际债券的重要风险。

3.有国家主权保障

在国际债券市场上筹集资金，有时可以得到一个主权国家政府最终偿债的承诺保证。若得到这样的承诺保证，各个国际债券市场都愿意向该主权国家开放，这也使得国际债券市场有较高的安全性。当然，代表国家主权的政府也要对本国发行人在国际债券市场上借债进行审查和控制。

4.以自由兑换货币作为计量货币

国际债券是在国际市场上发行，因此，其计价货币往往是国际通用货币，一般以美元、英镑、欧元、日元和瑞士法郎为主。这样，发行人筹集到的资金是一种可通用的外汇资金。

（三）国际债券的分类

按不同标注，国际债券有以下分类：

1.外国债券和欧洲债券

外国债券和欧洲债券是两种重要的债券，下文作以详细介绍。

2.公募债券和私募债券

公募债券是向社会公开发行的债券，可在证券交易所上市公开买卖。私募债券是私下向限定数量的投资人发行的债券。

3.一般债券、可转换债券和附认股权债券

一般债券是按债券的一般还本付息方式所发行的债券。可转换债券是指可以转换为股票的债券。附认股权债券是指能获得购买发债企业股票权利的企业债券。

4.固定利率债券、浮动利率债券和无息债券

固定利率债券是在债券发行时就将债券的息票率固定下来的债券。浮动利率债券是指债券息票率根据市场利率变化而变化的债券。无息债券是指没有息票的债券。

5.双重货币债券和欧洲货币单位债券

双重货币债券是指涉及两种货币的债券。欧洲货币单位债券是指一国发行人或国际机构，在两个或两个以上的外国债券市场上，以欧洲货币单位或其他综合货币单位发行的债券。这种债券的面值不是以发行国或任何单一国家的货币计算，而是

采用一种或多种货币的加权平均值或特殊核算单位。

七、外国债券与欧洲债券

（一）外国债券

外国债券是指借款人在本国以外的某一国家发行以该国货币为面值的债券。它的特点是债券发行人属于一个国家，债券的面值货币和发行市场则属于另一个国家。外国债券是一种传统的国际债券。在美国发行的外国债券称为“扬基债券”，它是由非美国发行人在美国债券市场发行的吸收美元资金的债券。在日本发行的外国债券称为“武士债券”，它是由非日本发行人在日本债券市场发行的以日元为面值的债券。

拓展阅读3-1

外国债券

1.熊猫债券

熊猫债券指外资机构以人民币为计价货币在华（在岸市场）发行并在华出售的人民币债券，也是一种外国债券。目前归属于熊猫债券的债券主要分为两类：一类为依据《国际开发机构人民币债券发行管理办法（2005）》发行的国际开发机构（IDO）债券；另一类为依据《全国银行间债券市场金融债券发行管理办法》发行的外资机构金融债券。IDO债券要求发行人必须已为中国境内项目或企业提供的贷款或股本资金在10亿美元以上，且所募集资金必须用于为中国境内的建设项目提供中长期固定资产贷款或股本资金。2005年10月，国际金融公司（IFC）和亚洲开发银行（ADB）分别获准在我国银行间债券市场上发行人民币债券11.3亿元和10亿元，引起了广泛的市场反响。按照中央银行的说法，这是中国债券市场首次引入外资机构发行主体，也是中国债券市场对外开放的重要举措和有益尝试。2010年，日本东京三菱UFJ银行获准在银行间债券市场发行金融债券，使得熊猫债券的品种得以丰富。熊猫债券的发行意义非同一般。首先，有利于我国债券市场的快速发展与国际化进程。允许境外机构发行人民币债券，标志着我国在放开资本项目管制进程中迈出了步伐。其次，熊猫债券的发行也将大大有利于人民币国际化，贸易结算货币、投资货币、储备货币这三个过程在很多时候将并行，而“熊猫债券”的发行开启了人民币作为投资货币的序幕，这是人民币国际化进程中非常重要的一步。熊猫债券促进了中国债券市场对外开放，也能使人民币投资者得以规避汇率风险。

2.扬基债券

扬基债券是在美国债券市场上发行的外国债券，即美国以外的政府、金融机构、工商企业和国际组织在美国国内市场发行的、以美元为计价货币的债券。扬基债券具有如下几个特点：（1）期限长、数额大。扬基债券的期限通常为5~7年，一些信誉好的大机构发行的扬基债券期限甚至可达20~25年。近年来，扬基债券的发行额平均每次都在7 500万到1亿美元之间，有些发行额甚至高达几亿美元。(2) 美国政府对其控制较严，申请手续远比一般债券繁琐。(3) 发行者以外国政府和国际组织为主。(4) 投资者以人寿保险公司、储蓄银行等机构为主。

3.武士债券

武士债券是外国发行人在日本债券市场上发行的，以日元计价的中长期债券。武士债券均为无担保发行，典型期限为3~10年，一般在东京证券交易所交易。第一笔武士债券是亚洲开发银行在1970年12月发行的。早期武士债券的发行者主要是国际机构，1973—1975年，受世界石油价格暴涨的影响，日本国际收支恶化，武士债券的发行相应中断。20世纪80年代以后，日本经常项目出现巨大顺差，国内资金充裕，日本放宽了对外国债券的发行限制，武士债券发行量大幅度增加。

4.龙债券

龙债券是以除日元外的亚洲国家或地区的货币发行的外国债券。龙债券是东亚经济迅速增长的产物，从1992年起，龙债券得到了迅速发展。龙债券在亚洲地区（中国香港或新加坡）挂牌上市，其典型偿还期限为3~8年。龙债券对发行人的资信要求较高，发行人一般为政府及相关机构。龙债券的投资人包括官方机构、中央银行、基金管理人及个人投资者等。龙债券一般是到期一次还本，每年付息一次的长期固定利率债券；或者是以美元计价，以特定利率（以前是伦敦银行同业拆借利率）为基准、每一季度或每半年重新制订一次利率的浮动利率债券。龙债券的发行以非亚洲货币标定面额，尽管有一些债券是以加拿大元、澳元和日元标价的，但多数是以美元标价的。

资料来源：百度百科.

（二）欧洲债券

欧洲债券是指借款人在本国境外市场发行的、不以发行市场所在国货币为面值的国际债券。目前，欧洲债券已成为各经济体在国际资本市场上筹措资金的重要手段。欧洲债券的特点是债券发行者、债券发行地点和债券面值所使用的货币可以分别属于不同的国家。由于它不以发行市场所在国的货币为面值，故也称为“无国籍债券”。欧洲债券票面使用的货币一般是可自由兑换的货币，主要为美元，还有欧元、英镑、日元等，也有使用复合货币单位的，如特别提款权。

欧洲债券和外国债券在很多方面有一定的差异：

第一，发行方式方面。外国债券一般由发行地所在国的证券公司、金融机构承销，而欧洲债券则由一家或几家大银行牵头，组织十几家或几十家国际性银行在一个国家或几个国家同时承销。

第二，发行法律方面。外国债券的发行受发行地所在国有关法规的管制和约束，并且必须经官方主管机构批准，而欧洲债券在法律上所受的限制比外国债券宽松得多，它不需要官方主管机构的批准，也不受货币发行国有关法规的管制和约束。

第三，发行纳税方面。外国债券受发行地所在国的税法管制，而欧洲债券的预扣税一般可以豁免，投资者的利息收入也免缴所得税。

第四节　证券投资基金

一、证券投资基金概述

（一）证券投资基金的定义

证券投资基金是一种集合投资方式，是指通过发售基金份额，将众多投资者的资金汇集起来，形成独立财产，委托基金管理人进行投资管理，同时由基金托管人进行财产托管，基金投资人共享投资收益、共担投资风险。世界上不同国家和地区对证券投资基金的称谓有所不同。证券投资基金在美国被称为共同基金，在英国和中国香港特别行政区被称为单位信托基金，在欧洲一些国家被称为集合投资基金或集合投资计划，在日本和中国台湾地区则被称为证券投资信托基金。

（二）证券投资基金的特征

1.集合理财、专业管理

基金将众多投资者的资金集中起来，共同委托基金管理人进行投资，表现出一种集合理财的特点。通过汇集众多投资者的资金，积少成多，有利于发挥资金的规模优势，降低投资成本，基金由基金管理人进行投资管理和运作。

2.组合投资、分散风险

为降低投资风险，一些国家的法律法规规定基金除另有规定外，一般需以组合投资的方式进行基金的投资运作，从而使“组合投资、分散风险”成为基金的一大特色。

3.利益共享、风险共担

证券投资基金投资者之间实行利益共享、风险共担的原则。

4.严格监管、信息透明

为切实保护投资者的利益，增强投资者对基金投资的信心，各国（地区）基金监管机构都对证券投资基金业实行严格的监管，对各种有损于投资者利益的行为进行严厉的打击，并强制基金进行及时、准确、充分的信息披露。

5.独立托管、保障安全

基金管理人负责基金的投资操作，本身并不参与基金财产的保管，基金财产的保管由独立于基金管理人的基金托管人负责。这种相互制约、相互监督的制衡机制为投资者的利益提供了重要的保障。

（三）基金与股票、债券的区别

第一，所反映的经济关系不同。股票反映的是所有权关系，债券反映的是债权债务关系，而基金反映的则是信托关系，但公司型基金除外。

第二，所筹集资金的投向不同。股票和债券是直接投资工具，筹集的资金主要投向实业领域，而基金是间接投资工具，筹集的资金主要投向有价证券等金融工具。

第三，收益与风险水平不同。通常情况下，股票价格的波动较大，是一种高风险、高收益的投资品种；债券可以给投资者带来较为确定的利息收入，波动性也较股票要小，是一种低风险、低收益的投资品种；基金的投资收益和风险取决于基金种类以及其投资的对象，总体来说由于基金可以投资于众多金融工具或产品，能有效分散风险，是一种风险相对适中、收益相对稳健的投资品种。

二、证券投资基金的分类

（一）契约型基金与公司型基金

按基金组织形式的不同，可分为契约型基金和公司型基金。

1.契约型基金

契约型基金又被称为单位信托基金，是指将投资者、管理人、托管人三者作为信托关系的当事人，通过签订基金契约的形式发行受益凭证而设立的一种基金。契约型基金起源于英国，后来在中国香港、新加坡、印度尼西亚等地十分流行。契约型基金是基于信托原理而组织起来的代理投资方式，没有基金章程，也没有公司董事会，而是通过基金契约来规范三方当事人的行为。基金管理人负责基金的管理操作；基金托管人作为基金资产的名义持有人，负责基金资产的保管和处置，对基金管理人的运作进行监督。

2.公司型基金

公司型基金是依据基金公司章程设立，在法律上具有独立法人地位的股份投资公司。公司型基金以发行股份的方式募集资金，投资者购买基金公司的股份后，以基金持有人的身份成为基金公司的股东，凭其持有的股份依法享有投资收益。公司型基金在组织形式上与股份有限公司类似，由股东选举董事会，由董事会选聘基金管理公司，基金管理公司负责管理基金的投资业务。

3.契约型基金与公司型基金的区别

（1）资金的性质不同。

契约型基金的资金是通过发行基金份额筹集起来的信托财产；公司型基金的资金是通过发行普通股股票筹集的公司法人的资本。契约型基金不具有法人资格，公司型基金具有法人资格。

（2）投资者的地位不同。

契约型基金的投资者购买基金份额后成为基金契约的当事人之一，投资者既是基金的委托人，又是基金的受益人；公司型基金的投资者购买基金公司的股票后成为公司的股东。因此，公司型基金的投资者对基金运作的影响比契约型基金的投资者大。

（3）基金的营运依据不同。

契约型基金依据基金合同营运基金；公司型基金依据基金公司章程营运基金。由此可见，契约型基金和公司型基金在法律依据、组织形式以及有关当事人的地位等方面是不同的，但它们都是把投资者的资金集中起来，按照基金设立时所规定的投资目标和策略，将基金资产分散投资于众多的金融产品上，获取收益后再分配给投资者的投资方式。目前，我国公募证券投资基金全部是契约型基金，公司型基金则以美国的投资公司为代表。

（二）封闭式基金与开放式基金

按基金运作方式的不同，可分为封闭式基金和开放式基金。

1.封闭式基金

封闭式基金是指经核准的基金份额总额在基金合同期限内固定不变，基金份额可以在依法设立的证券交易场所交易，但基金份额持有人不得申请赎回的基金。由于封闭式基金在封闭期内不能追加认购或赎回，投资者只能通过证券经纪商在二级市场上进行基金的买卖。

2.开放式基金

开放式基金是指基金份额总额不固定，基金份额可以在基金合同约定的时间和场所申购或者赎回的基金。为了满足投资者赎回资金、实现变现的要求，开放式基金一般都从所筹资金中拨出一定比例，以现金形式保持。这虽然会影响基金的盈利水平，但作为开放式基金来说是必需的。

3.封闭式基金与开放式基金的区别

（1）期限不同。

封闭式基金有固定的存续期，通常在5年以上，一般为10年或15年，经受益人大会通过并经监管机构同意可以适当延长期限；开放式基金没有固定期限，投资者可随时向基金管理人赎回基金份额，若大量赎回甚至会导致基金清盘。

（2）发行规模限制不同。

封闭式基金的基金规模是固定的，在封闭期限内未经法定程序认可不能增加发行；开放式基金没有发行规模限制，投资者可随时提出申购或赎回申请，基金规模随之增加或减少。

（3）基金份额交易方式不同。

封闭式基金的基金份额在封闭期限内不能赎回，持有人只能在证券交易场所出售给第三者，交易在基金投资者之间完成；开放式基金的投资者则可以在首次发行结束一段时间后，随时向基金管理人或其销售代理人提出申购或赎回申请，绝大多数开放式基金不上市交易，交易在投资者与基金管理人或其销售代理人之间进行。

（4）基金份额的交易价格计算标准不同。

封闭式基金与开放式基金的基金份额除了首次发行价都是按面值加一定百分比的购买费计算外，此后的交易计价方式不同。封闭式基金的买卖价格受市场供求关系的影响，常出现溢价或折价现象，并不必然反映单位基金份额的净资产值；开放式基金的交易价格则取决于每一基金份额净资产值的大小，其申购价一般是基金份额净资产值加一定的购买费，赎回价是基金份额净资产值减去一定的赎回费，不直接受市场供求影响。

（5）基金份额资产净值公布的时间不同。

封闭式基金一般每周或更长时间公布一次基金份额资产净值；开放式基金一般在每个交易日连续公布。

（6）交易费用不同。

投资者在买卖封闭式基金时，在基金价格之外要支付手续费；投资者在买卖开放式基金时，则要支付申购费和赎回费。

（7）投资策略不同。

封闭式基金在封闭期内基金规模不会减少，因此可进行长期投资，基金资产的投资组合能有效地在预定计划内进行；开放式基金因基金份额可随时赎回，为应付投资者随时赎回兑现，所募集的资金不能全部用来投资，更不能把全部资金用于长期投资，必须保持基金资产的流动性，在投资组合上必须保留一部分现金和高流动性的金融资产。

（三）债券基金、股票基金、货币市场基金与混合基金

按基金的投资标的划分，可分为债券基金、股票基金、货币市场基金与混合基金。

1.债券基金

债券基金是一种以债券为主要投资对象的证券投资基金。由于债券的利率固定，因而这类基金的风险较低，适合于稳健型投资者。债券基金的收益会受市场利率的影响。除此以外，如果基金投资于境外市场，汇率也会影响基金的收益。债券基金投资风格主要依据基金所持债券的久期与债券的信用等级两两结合来划分债券基金的类别，共有9个类别，即短期高信用、中期高信用、长期高信用、短期中信用、中期中信用、长期中信用、短期低信用、中期低信用和长期低信用。

在我国，根据《公开募集证券投资基金运作管理办法》的规定，80%以上的基金资产投资于债券的，为债券基金。债券基金主要的投资风险包括利率风险、信用风险、提前赎回风险以及通货膨胀风险。

2.股票基金

股票基金是指以上市股票为主要投资对象的证券投资基金。股票基金的投资目标侧重于追求资本利得和长期资本增值。股票基金是最主要的基金品种，它的优点是资本的成长潜力较大，投资者不仅可以获得资本利得，还可以通过它将较少的资金投资于各类股票，从而实现在降低风险的同时保持较高收益的投资目标。在我国，根据《公开募集证券投资基金运作管理办法》的规定，80%以上的基金资产投资于股票的，为股票基金。

3.货币市场基金

货币市场基金是以货币市场工具为投资对象的一种基金，其投资对象期限较短，一般在1年以内，包括银行短期存款、国库券、公司短期债券、银行承兑票据及商业票据等货币市场工具。根据《公开募集证券投资基金运作管理办法》的规定，仅投资于货币市场工具的，为货币市场基金。货币市场基金的优点是资本安全性高、购买限额低、流动性强、收益较高、管理费用低，有些还不收取赎回费用。因此，货币市场基金通常被认为是低风险的投资工具。货币市场基金是厌恶风险、对资产流动性和安全性要求较高的投资者进行短期投资的理想工具。

4.混合基金

混合基金按其资产配置划分，可分为偏股型基金、偏债型基金、股债平衡型基金、灵活配置型基金等。偏股型基金对股票的配置比例较高，一般为50%~70%，债券的配置比例为20%~40%。偏债型基金对债券的配置比例较高，对股票的配置比例较低。股债平衡型基金对股票和债券的配置较为均衡，一般为40%~60%。灵活配置型基金对股票和债券的配置比例会依市场状况进行调整。

（四）主动型基金与被动型基金

按基金的投资理念划分，可分为主动型基金和被动型基金。

1.主动型基金

主动型基金是指基金管理人发挥主观能动性，依靠个人才智对基金实施科学、有效的管理，力图取得超越平均水平表现的基金。

2.被动型基金

被动型基金一般选取特定指数作为跟踪对象，因此通常又被称为“指数基金”。指数基金是20世纪70年代以来出现的新的基金品种。由于其投资组合模仿某一股价指数或债券指数，收益随着即期的价格指数上下波动，因此当价格指数上升时，基金收益增加；反之，收益减少。基金因始终保持即期的市场平均收益水平，所以收益不会太高，也不会太低。

指数基金的优势是：费用低廉、风险较小、在以机构投资者为主的市场中，指数基金可获得市场平均收益率，可以为股票投资者提供比较稳定的投资回报、指数基金可以作为避险套利的工具。由于指数基金收益率的稳定性、投资的分散性以及高流动性，特别适合于社保基金等数额较大、风险承受能力较低的资金投资。

（五）公募基金与私募基金

按基金的募集方式划分，可分为公募基金与私募基金。

1.公募基金

公募基金是可以面向社会公众公开发售的基金。公募基金可以向社会公众公开发售基金份额和宣传推广，基金募集对象不固定；基金份额的投资金额要求较低，适合中小投资者参与；基金必须遵守有关的法律法规，接受监管机构的监管并定期公开相关信息。基金招募说明书在初次发行后称为公开说明书。该说明书旨在充分披露可能对投资人作出投资判断产生重大影响的一切信息，包括管理人情况、托管人情况、基金销售渠道、申购和赎回的方式及价格、费用种类及比率、基金的投资目标、基金的会计核算原则、收益分配方式等。

2.私募基金

私募基金是向特定的投资者发售的基金。私募基金不能进行公开发售和宣传推广，只能采取非公开方式进行；基金份额的投资金额较高，风险较大，监管机构对投资者的资格和人数会加以限制；基金的投资范围较广，在基金运作和信息披露方面所受的限制和约束较少。

（六）增长型基金、收入型基金与平衡型基金

根据投资目标可以将基金分为增长型基金、收入型基金和平衡型基金。

1.增长型基金

增长型基金是指以追求资本增值为基本目标，较少考虑当期收入的基金，主要以具有良好增长潜力的股票为投资对象。

2.收入型基金

收入型基金是指以追求稳定的经常性收入为基本目标的基金，主要以大盘蓝筹股、公司债、政府债券等稳定收益证券为投资对象。

3.平衡型基金

平衡型基金是既注重资本增值又注重当期收入的基金。一般而言，增长型基金的风险大、收益高，收入型基金的风险小、收益较低，平衡型基金的风险、收益则介于增长型基金与收入型基金之间。根据投资目标的不同，既有以追求资本增值为基本目标的增长型基金，也有以获取稳定的经常性收入为基本目标的收入型基金和具备增长与收入双重目标的平衡型基金。不同的投资目标决定了基金的基本投向与基本的投资策略，以适应不同投资者的投资需要。

（七）在岸基金与离岸基金

根据基金的资金来源和用途可以将基金分为在岸基金和离岸基金。

1.在岸基金

在岸基金是指在本国募集资金并投资于本国证券市场的证券投资基金。由于在

岸基金的投资者、基金组织、基金管理人、基金托管人及其他当事人和基金的投资市场均在本国境内，所以基金的监管部门比较容易运用本国法律法规及相关技术手段对证券投资基金的投资运作行为进行监管。

2.离岸基金

离岸基金是指一国（地区）的证券投资基金组织在他国（地区）发售证券投资基金份额，并将募集的资金投资于本国（地区）、该国（地区）或第三国（地区）证券市场的证券投资基金。

（八）特殊类型的基金

1.ETF

ETF是英文“exchange traded funds”的简称，常被译为“交易所交易基金”，上海证券交易所则将其定名为“交易型开放式指数基金”。ETF是一种在交易所上市交易的、基金份额可变的一种基金。ETF结合了封闭式基金与开放式基金的运作特点，一方面可以像封闭式基金一样在交易所二级市场进行买卖，另一方面又可以像开放式基金一样申购、赎回。不同的是，它的申购是用一篮子股票换取ETF份额，赎回时也是换回一篮子股票而不是现金。这种交易方式使该类基金存在一级、二级市场之间的套利机制，可有效防止类似封闭式基金的大幅折价现象。

2.LOF

上市开放式基金（listed open-ended funds，LOF）是一种既可以在场外市场进行基金份额申购、赎回，又可以在交易所（场内市场）进行基金份额交易和基金份额申购或赎回的开放式基金。它是我国对证券投资基金的一种本土化创新。LOF结合了银行等代销机构和交易所交易网络两者的销售优势，为开放式基金销售开辟了新的渠道。LOF通过场外市场与场内市场获得的基金份额分别被注册登记在场外系统与场内系统，但基金份额可以通过跨系统转托管（即跨系统转登记）实现在场外市场与场内市场的转换。LOF获准交易后，投资者既可以通过银行等场外销售渠道申购和赎回基金份额，也可以在挂牌的交易所买卖该基金或进行基金份额的申购与赎回。LOF所具有的转托管机制与可以在交易所进行申购、赎回的制度安排，使LOF不会出现封闭式基金的大幅折价交易现象。

3.避险策略基金

避险策略基金是指通过一定的避险投资策略进行运作，同时引入相关保障机制，以在避险策略周期到期时，力求避免基金份额持有人投资本金出现亏损的公开募集证券投资基金。也可以说，避险策略基金是指通过采用投资组合保险技术，保证投资者在投资到期时至少能够获得投资本金或一定回报的证券投资基金。避险策略基金的投资目标是在锁定风险的同时力争有机会获得潜在的高回报。

4.QDII基金

QDII是qualified domestic institutional investors（合格境内机构投资者）的首字

缩写。QDII基金是指在一国境内设立，经该国有关部门批准从事境外证券市场的股票、债券等有价证券投资的基金。它为国内投资者参与国际市场投资提供了便利。2007年我国推出了首批QDII基金。

5.分级基金

分级基金又被称为“结构型基金”“可分离交易基金”，是指在一只基金内部通过结构化的设计或安排，将普通基金份额拆分为具有不同预期收益与风险的两类（级）或多类（级）份额并可分离上市交易的一种基金产品。

6.系列基金

系列基金又称为伞形基金，是指多个基金共用一个基金合同，子基金独立运作，子基金之间可以进行相互转换的一种基金结构形式。从基金公司经营管理的角度看，采取伞形结构比单一结构具有优势，表现在以下两方面：（1）简化管理、降低成本；（2）强大的扩张功能。

7.基金的基金

基金的基金是指以其他证券投资基金为投资对象的基金，其投资组合由其他基金组成。在基金业发达的国家，如美国，基金的基金已经成为一类重要的公募证券投资基金。目前，我国公募证券投资基金允许投资于公募基金本身。2014年8月生效的《公开募集证券投资基金运作管理办法》中规定，80%以上的基金资产投资于其他基金的，为基金的基金。

三、基金当事人

（一）基金份额持有人

基金份额持有人即基金投资者，是基金的出资人、基金资产的所有者和基金投资回报的受益人。基金份额持有人的基本权利包括对基金收益的享有权、对基金份额的转让权和在一定程度上对基金经营决策的参与权。对于不同类型的基金，持有人对投资决策的影响方式是不同的。在公司型基金中，基金份额持有人通过股东大会选举产生基金公司的董事会来行使对基金公司重大事项的决策权，对基金运作的影响较大。而在契约型基金中，基金份额持有人只能通过召开基金受益人大会对基金的重大事项作出决议，但对基金日常决策一般不能施加直接影响。

（二）基金管理人

基金管理人是负责基金发起设立与经营管理的专业性机构，不仅负责基金的投资管理，而且承担着产品设计、基金营销、基金注册登记、基金估值、会计核算和客户服务等多方面的职责。基金管理人通常由基金管理公司或者经证券监督管理机构按照规定核准的其他机构担任。基金管理人作为受托人，必须履行“诚信义务”。基金管理人的目标是受益人利益的最大化，因而，不得出于自身利益的考虑损害基金持有人的利益。

（三）基金托管人

基金托管人又被称为基金保管人，是根据法律法规的要求，在证券投资基金运作中承担资产保管、交易监督、信息披露、资金清算与会计核算等相应职责的当事人。基金托管人与基金管理人签订托管协议，在托管协议规定的范围内履行自己的职责并收取一定的报酬。

（四）基金当事人之间的关系

1.持有人与管理人之间的关系

在基金的当事人中，基金份额持有人通过购买基金份额或基金股份，参加基金投资并将资金交给基金管理人管理，享有基金投资的收益权，是基金资产的终极所有者和基金投资收益的受益人。基金管理人则是接受基金份额持有人的委托，负责对所筹集的资金进行具体的投资决策和日常管理，并有权委托基金托管人保管基金资产的金融中介机构。因此，基金份额持有人与基金管理人之间的关系是委托人、受益人与受托人的关系，也是所有者和经营者之间的关系。

2.管理人与托管人之间的关系

基金管理人与托管人的关系是相互制衡的关系。基金管理人是基金的组织者和管理者，负责基金资产的经营，是基金运营的核心；托管人由主管机关认可的金融机构担任，负责基金资产的保管，依据基金管理机构的指令处置基金资产并监督管理人的投资运作是否合法合规。对基金管理人而言，处理有关证券、现金收付的具体事务交由基金托管人办理，自己就可以专心从事资产的运用和投资决策。基金管理人和基金托管人均对基金份额持有人负责，他们的权利和义务在基金合同或基金公司章程中已预先界定清楚，任何一方有违规之处，对方都应当监督并及时制止，直至请求更换违规方。这种相互制约的运行机制，有利于基金信托财产的安全和基金运用的绩效。但是这种机制的作用得以有效发挥的前提是基金托管人与基金管理人必须严格分开，由不具有任何关联关系的不同机构或公司担任，两者在财务上、人事上、法律地位上应该完全独立。

3.持有人与托管人之间的关系

基金份额持有人与托管人的关系是委托与受托的关系，也就是说，基金份额持有人将基金资产委托给基金托管人保管。对持有人而言，将基金资产委托给专门的机构保管，可以确保基金资产的安全；对基金托管人而言，必须对基金份额持有人负责，监督基金管理人的行为，使其经营行为符合法律法规的要求，为基金份额持有人的利益而勤勉尽责，保证资产安全，提高资产的报酬。

四、证券投资基金的费用

（一）基金管理费

基金管理费是指从基金资产中提取的、支付给为基金提供专业化服务的基金管理人的费用，即管理人为管理和操作基金而收取的费用。基金管理费通常按照每个估值日基金净资产的一定比率（年率）逐日计提，累计至每月月底，按月支付。基金管理费率通常与基金规模成反比，与风险成正比。基金规模越大，基金管理费率越低；基金风险程度越高，基金管理费率越高。在美国等基金业发达的国家和地区，基金的管理年费率通常为1%左右。但在一些发展中国家或地区则较高，如我国台湾地区的基金管理年费率一般为1.5%；有的发展中国家或地区的基金管理年费率甚至超过3%。目前，我国股票基金大部分按照1.5%的比例计提基金管理费，债券基金的管理费率一般低于1%，货币市场基金的管理费率不高于0.3%。

（二）基金托管费

基金托管费是指基金托管人为保管和处置基金资产而向基金收取的费用。托管费通常按照基金资产净值的一定比率提取，逐日计算并累计，按月支付给托管人。基金托管费收取的比例与基金规模、基金类型有一定关系。在西方成熟基金市场中，通常基金规模越大，基金托管费率越低。新兴市场国家和地区的托管费收取比例相对要高。基金托管费年费率国际上通常为0.2%左右。目前，我国股票型封闭式基金按照0.25%的比例计提基金托管费；开放式基金根据基金合同的规定比例计提，通常低于0.25%；股票基金的托管费率要高于债券基金及货币市场基金的托管费率。

（三）基金销售服务费

基金销售服务费是指从基金资产中扣除的用于支付销售机构佣金以及基金管理人的基金营销广告费、促销活动费、持有人服务费等方面的费用。基金销售服务费目前只有货币市场基金和一些债券型基金收取，基金管理人可以按照相关规定从基金财产中持续计提一定比例的销售服务费，费率大约为0.25%。收取销售服务费的基金通常不再收取申购和赎回费。目前，我国的基金管理费、基金托管费及基金销售服务费均是按前一日基金资产净值的一定比例逐日计提，按月支付。

（四）基金交易费

基金交易费是指基金在进行证券买卖交易时所发生的相关交易费用。目前，我国证券投资基金的交易费用主要包括印花税、交易佣金、过户费、经手费、证管费。交易佣金由证券公司按成交金额的一定比例向基金收取，印花税、过户费、经手费、证管费等则由登记结算机构或交易所按有关规定收取。参与银行间债券交易的，还需向中央国债登记结算机构或银行间市场清算机构支付银行间账户服务费、向全国银行间同业拆借中心支付交易手续费等服务费用。

（五）基金运作费

基金运作费是指为保证基金正常运作而发生的应由基金承担的费用，包括审计费、律师费、上市年费、分红手续费、持有人大会费、开户费、银行汇划手续费等。按照有关规定，发生的这些费用如果影响基金份额净值小数点后第4位，应采用预提或待摊的方法计入基金损益。发生的费用如果不影响基金份额净值小数点后第4位，应于发生时直接计入基金损益。

（六）不列入基金费用的项目

不列入基金费用的项目主要有：

（1）基金管理人和基金托管人因未履行或未完全履行义务导致的费用支出或基金财产的损失。

（2）基金管理人和基金托管人处理与基金运作无关的事项发生的费用。

（3）基金合同生效前的相关费用，包括但不限于验资费、会计师费和律师费、信息披露费等费用。

五、基金收入的来源与利润分配方式

（一）证券投资基金的收入来源

证券投资基金收入是基金资产在运作过程中所产生的各种收入，主要包括利息收入、投资收益以及其他收入。基金资产估值引起的资产价值变动作为公允价值变动损益计入当期损益。

1.利息收入

利息收入指基金经营活动中因债券投资、资产支持证券投资、银行存款、结算备付金、存出保证金、按买入返售协议融出资金等而实现的利息收入，具体包括债券利息收入、资产支持证券利息收入、存款利息收入、买入返售金融资产收入等。

2.投资收益

投资收益是指基金经营活动中因买卖股票、债券、资产支持证券、基金等实现的差价收益，因股票、基金投资等获得的股利收益，以及衍生工具投资产生的相关损益，如卖出或放弃权证、权证行权等实现的损益，具体包括股票投资收益、债券投资收益、资产支持证券投资收益、基金投资收益、衍生工具收益、股利收益等。

3.其他收入

其他收入是指除上述收入以外的其他各项收入，包括赎回费扣除基本手续费后的余额、手续费返还、ETF替代损益，以及基金管理人等机构为弥补基金财产损失而支付给基金的赔偿款项等，这些收入项目一般根据发生的实际金额确认。

4.公允价值变动损益

公允价值变动损益指基金持有的采用公允价值模式计量的交易性金融资产、交易性金融负债等公允价值变动形成的应计入当期损益的利得或损失，并于估值日对基金资产按公允价值估值时予以确认。

（二）证券投资基金的利润分配

证券投资基金利润是指基金在一定会计期间的经营成果，利润包括收入减去费用后的净额、直接计入当期利润的利得和损失等，也被称为基金收益。证券投资基金取得投资收入，扣除费用后，须将利润分配给受益人。基金利润分配通常有以下方式：

第一，封闭式基金的分配方式。根据规定，封闭式基金只能采用现金分红。

第二，开放式基金的分配方式。开放式基金的分红方式有现金分红和红利再投资转换为基金份额两种。开放式基金的基金份额持有人可以事先选择将所获分配的现金利润转为基金份额，即选择分红再投资；基金份额持有人事先未作出选择的，基金管理人应当支付现金。

第三，货币市场基金分配方式。根据《货币市场基金监督管理办法》，对于每日按照面值进行报价的货币市场基金，可以在基金合同中将收益分配的方式约定为红利再投资，并应当每日进行收益分配。

第五节　金融衍生工具

一、金融衍生工具概述

（一）金融衍生工具的概念

金融衍生工具又被称为金融衍生产品，是与基础金融产品相对应的一个概念，指建立在基础产品或基础变量之上，其价格取决于基础金融产品价格（或数值）变动的派生金融产品。这里所说的基础产品是一个相对的概念，不仅包括现货金融产品（如债券、股票、银行定期存款单等），也包括金融衍生工具。作为金融衍生工具基础的变量种类繁多，主要是各类资产价格、价格指数、利率、汇率、费率、通货膨胀率以及信用等级等。近些年来，某些自然现象（如气温、降水量、霜冻、飓风）甚至人类行为（如选举、温室气体排放）也逐渐成为金融衍生工具的基础变量。

（二）金融衍生工具的基本特征

1.跨期性

金融衍生工具是交易双方通过对利率、汇率、股价等因素变动趋势的预测，约定在未来某一时间按照一定条件进行交易或选择是否交易的合约。要想获得交易的成功，必须能较准确地预测利率、汇率和股价的未来变化趋势。

2.杠杆性

金融衍生工具交易一般只需要支付少量的保证金或权利金就可签订合约或互换

不同的金融工具。

3.联动性

联动性是指金融衍生工具的价值与基础产品或基础变量紧密联系、按规则变动。

4.不确定性或高风险性

衍生工具的价值与合约标的资产紧密相关，合约标的资产的价格变化会导致衍生工具的价格变动。而且衍生工具通常存在较大的杠杆，所以常常会有比较大的风险，衍生工具主要有以下风险：

① 交易双方中的某方违约的风险。

② 因为资产价格或指数变动导致损失的价格风险。

③ 因为缺少交易对手而不能平仓或变现的流动性风险。

④ 因为交易对手无法按时付款或者按时交割的结算风险。

⑤ 因为操作人员人为错误或系统故障或控制失灵导致的运作风险。

⑥ 因为合约不符合所在国法律的法律风险。

二、金融衍生工具的分类

（一）独立衍生工具与嵌入式衍生工具

根据产品形态，金融衍生工具可分为独立衍生工具和嵌入式衍生工具。

1.独立衍生工具

独立衍生工具指本身即为独立存在的金融合约，如期权合约、期货合约或者互换交易合约等。

2.嵌入式衍生工具

嵌入式衍生工具指嵌入到非衍生合约（简称“主合约”）中的衍生工具，该衍生工具使主合约的部分或全部现金流量将按照特定利率、金融工具价格、汇率、价格或利率指数、信用等级或信用指数，或类似变量的变动而发生调整，如公司债券条款中包含的赎回条款、返售条款、转股条款、重设条款等。

（二）交易所交易的衍生工具与场外交易市场交易的衍生工具

按照交易场所分类，金融衍生工具可以分为交易所交易的衍生工具和场外交易市场交易的衍生工具。

1.交易所交易的衍生工具

交易所交易的衍生工具是指在有组织的交易所上市交易的衍生工具，例如在股票交易所交易的股票期权产品，在期货交易所和专门的期权交易所交易的各类期货合约、期权合约等。

2.场外交易市场交易的衍生工具

场外交易市场交易的衍生工具是指通过各种通信方式，不通过集中的交易所，实行分散的、一对一交易的衍生工具，如金融机构之间、金融机构与大规模交易者之间进行的各类互换交易和信用衍生品交易。

（三）股权类产品的衍生工具、货币衍生工具、利率衍生工具、信用衍生工具、商品衍生工具以及其他衍生工具

金融衍生工具从基础工具分类角度，可以划分为股权类产品的衍生工具、货币衍生工具、利率衍生工具、信用衍生工具、商品衍生工具以及其他衍生工具。

1.股权类产品的衍生工具

股权类产品的衍生工具是指以股票或股票指数为基础工具的金融衍生工具，主要包括股票期货合约、股票期权合约、股票指数期货合约、股票指数期权合约以及上述合约的混合交易合约。

2.货币衍生工具

货币衍生工具是指以各种货币作为基础工具的金融衍生工具，主要包括远期外汇合约、货币期货合约、货币期权合约、货币互换合约以及上述合约的混合交易合约。

3.利率衍生工具

利率衍生工具是指以利率或利率的载体为基础工具的金融衍生工具，主要包括远期利率合约、利率期货合约、利率期权合约、利率互换合约以及上述合约的混合交易合约。

4.信用衍生工具

信用衍生工具是指以基础产品所蕴含的信用风险或违约风险为基础变量的金融衍生工具，用于转移或防范信用风险，是20世纪90年代以来发展最为迅速的一类衍生产品，主要包括信用互换、信用联结票据等。

5.商品衍生工具

商品衍生工具指以商品为合约标的资产的金融衍生工具，主要包括各种大宗商品的期货合约。

6.其他衍生工具

除以上五类金融衍生工具之外，还有相当数量金融衍生工具是在非金融变量的基础上开发的，如用于基于天气变化风险的天气期货合约、基于政治风险的政治期货合约、基于巨灾风险的巨灾衍生产品等。

（四）金融远期合约、金融期货、金融期权、金融互换与结构化金融衍生工具

金融衍生工具从其自身交易的方法和特点可以分为金融远期合约、金融期货、金融期权、金融互换和结构化金融衍生工具。

1.金融远期合约

金融远期合约是指交易双方在场外市场上通过协商，按约定价格（即远期价格）在约定的未来日期（即交割日）买卖某种标的金融资产（或金融变量）的合约。金融远期合约规定了将来交割的资产、交割的日期、交割的价格和数量，合约

条款根据双方需求协商确定。金融远期合约主要包括远期利率协议、远期外汇合约和远期股票合约。

2.金融期货

金融期货是指交易双方在集中的交易场所以公开竞价方式进行的标准化金融期货合约的交易。金融期货是以金融工具（或金融变量）为基础工具的期货交易，主要包括货币期货、利率期货、股票指数期货和股票期货四种。

3.金融期权

金融期权是指合约买方向卖方支付一定费用（称为“期权费”或“期权价格”）在约定日期内（如3个月内任意一天）或确定的约定日（如3个月后当月最后一个周四）享有按事先确定的价格向合约卖方买卖某种金融工具的权利的契约，包括现货期权和期货期权两大类。除交易所的标准化期权、权证之外，还存在大量场外交易的期权，这些新型期权通常被称为奇异型期权。

4.金融互换

金融互换是指两个或两个以上的当事人按共同商定的条件，在约定的时间内定期交换现金流的金融交易。从交易结构上看，可以将金融互换交易视为一系列远期交易的组合。金融互换可分为货币互换、利率互换、股权互换、信用违约互换等类别。最常见的利率互换是在固定利率与浮动利率之间进行转换。当利率看涨时，可将浮动利率债务类金融工具转换成固定利率债务类金融工具，将固定利率资产类金融工具转换成浮动利率资产类金融工具；而当利率看跌时，做相反交易。

5.结构化金融衍生工具

前述四种常见的金融衍生工具通常也被称作“基础性衍生模块”，它们是最简单和最基础的金融衍生工具，而利用其结构化特性，通过相互结合或者与基础金融工具相结合，能够开发设计出更多具有复杂特性的金融衍生产品，后者通常被称为“结构化金融衍生工具”，或简称为“结构化产品”。

三、金融期货

金融期货是指在交易所内，以约定的时间和价格进行交易的标准化的金融商品合约，它以外汇、利率、个股和股票价格指数等为标的物，是一种衍生的金融工具。《金融期货投资者适当性制度实施办法》规定，期货公司会员只能为符合下列标准的自然人投资者申请开立股指期货交易编码：申请开户前连续5个交易日保证金账户可用资金余额不低于人民币50万元；具备金融期货基础知识，通过相关测试；具有累计10个交易日、20笔以上的股指期货仿真交易成交记录，或者最近3年内具有10笔以上的期货交易成交记录；不存在严重不良诚信记录；不存在法律、行政法规、规章和交易所业务规则禁止或者限制从事股指期货交易的情形。

（一）金融现货与金融期货的区别

1.交易对象不同

金融现货交易的对象是某一具体形态的金融工具，通常，它是代表着一定所有权或债权关系的股票、债券或其他金融工具。而金融期货交易的对象是金融期货合约。金融期货合约是由期货交易所设计的一种对指定金融工具的种类、规格、数量、交收月份、交收地点都作出统一规定的标准化书面协议。

2.交易目的不同

金融现货交易的首要目的是筹资或投资，即为生产和经营筹集必要的资金，或为暂时闲置的货币资金寻找生息获利的投资机会。金融期货交易与金融现货交易不同，它不能创造价值，不是投资工具，是一种风险管理工具。风险厌恶者可以利用它进行套期保值、规避风险，风险喜好者则利用它承担更大的风险。不论是风险厌恶者还是风险喜好者，金融期货的杠杆性都为他们提供了更高的风险管理效率。

3.交易价格的含义不同

金融现货的交易价格是在交易过程中通过公开竞价或协商议价形成的，这一价格是实时的成交价，代表在某一时点上供求双方均能接受的市场均衡价格。金融期货的交易价格也是在交易过程中形成的，但这一交易价格是对金融现货未来价格的预期，这相当于在交易的同时发现了金融现货（或金融变量）的未来价格。因此，从这个意义上看，期货交易过程也就是未来价格的发现过程。当然，期货价格并非时时刻刻都能准确地反映市场的供求关系，但这一价格克服了分散、局部的市场价格在时间上和空间上的局限性，具有公开性、连续性、预期性的特点。

4.交易方式不同

金融现货交易一般要求在成交后的几个交易日内完成资金与金融工具的全额结算，成熟市场中通常也允许进行保证金买入或卖空，但所涉及的资金或证券缺口部分是由经纪商出借给交易者，要收取相应利息。期货交易则实行保证金交易和逐日盯市制度，交易者并不需要在成交时拥有或借入全部资金或基础金融工具。

5.结算方式不同

金融现货交易通常以基础金融工具与货币的转手而结束交易活动。而在金融期货交易中，仅有极少数的合约到期进行交割交收，绝大多数的期货合约是通过做相反方向交易实现对冲平仓的。

（二）金融期货与普通远期的区别

1.交易场所和交易组织形式不同

金融期货必须在有组织的交易所进行集中交易，而远期交易在场外市场进行双边交易。

2.交易的监管程度不同

在世界各国，金融期货交易至少要受到一家监管机构监管，交易品种、交易行为均须符合监管要求，而远期交易则较少受到监管。

3.标准化程度不同

金融期货交易中，基础资产的质量、合约时间、合约规模、交割安排、交易时间、报价方式、价格波动限制、持仓限额、保证金水平等内容都由交易所明确规定，金融期货合约具有显著的标准化特征。而远期交易的具体内容可由交易双方协商确定，具有较大的灵活性。

4.违约风险不同

金融期货交易实行保证金制度和每日结算制度，交易者均以交易所（或期货清算公司）为交易对手，基本不用担心交易违约。而远期交易通常不存在上述安排，存在一定的交易对手违约风险。

（三）金融期货合约

金融期货合约是指由交易双方订立的、约定在未来某个日期按成交时所约定的价格交割一定数量的某种金融商品的标准化协议。按基础工具类别的不同，金融期货可分为外汇期货、利率期货和股权类期货。

1.外汇期货

外汇期货又称货币期货，是以外汇为基础工具的期货合约，是金融期货中最先产生的品种，主要用于规避外汇风险。

2.利率期货

利率期货是继外汇期货之后产生的又一个金融期货类别，其基础资产是一定数量的与利率相关的某种金融工具，主要是各类固定收益金融工具，利率期货主要是为了规避利率风险而产生的。

3.股权类期货

股权类期货是以单只股票、股票组合或者股票价格指数为基础资产的期货合约，其主要种类有：

（1）单只股票期货。单只股票期货是以单只股票作为基础工具的期货，买卖双方约定，以约定的价格在合约到期日买卖规定数量的股票。

（2）股票组合期货。股票组合期货是金融期货中最新的一类，是以标准化的股票组合为基础资产的金融期货。

（3）股票价格指数期货。股票价格指数期货是以股票价格指数为基础变量的期货交易，是为适应人们管理股市风险，尤其是系统性风险的需要而产生的。

（四）金融期货的主要交易制度

金融期货交易有一定的交易规则，这些规则是期货交易正常进行的制度保证，也是期货市场运行机制的外在体现。

1.集中交易制度

金融期货在期货交易所或证券交易所进行集中交易。期货交易所是专门进行期货合约买卖的场所，是期货市场的核心，承担着组织、监督期货交易的重要职能。

2.标准化的期货合约和对冲机制

期货合约是由交易所设计、经主管机构批准后向市场公布的标准化合约。期货合约设计成标准化的合约是为了便于交易双方在合约到期前分别做一笔相反的交易进行对冲，从而避免实物交割。实际上绝大多数的期货合约并不进行实物交割，通常在到期日之前即已对冲平仓。对冲机制是指交易者利用期货合约标准化的特征，在开仓和平仓的时段分别做两笔品种、数量和期限相同但方向相反的交易，并且不进行实物交割，而是以结清差价的方式结束交易的独特交易机制。

3.保证金制度

为了控制期货交易的风险和提高效率，期货交易所的会员经纪公司必须向交易所或结算所缴纳结算保证金，而期货交易双方在成交后都要通过经纪人向交易所或结算所缴纳一定数量的保证金。由于期货交易的保证金比率很低，因此有高度的杠杆作用，这一杠杆作用使套期保值者能用少量的资金为价值量很大的现货资产找到规避价格风险的手段，也为投机者提供了用少量资金获取盈利的机会。

4.结算所和无负债结算制度

结算所是期货交易的专门清算机构，通常附属于交易所，但又以独立的公司形式组建。结算所实行无负债的每日结算制度，又被称为“逐日盯市制度”，就是以每种期货合约在交易日收盘前规定时间内的平均成交价作为当日结算价，与每笔交易成交时的价格作对照，计算每个结算所会员账户的浮动盈亏，进行随市清算。由于逐日盯市制度以一个交易日为最长的结算周期，对所有账户的交易头寸按不同到期日分别计算，并要求所有的交易盈亏都能及时结算，从而能及时调整保证金账户，控制市场风险。

5.限仓制度

持仓限额是指交易所规定的会员或者客户对某一合约单边持仓的最大数量。这是交易所为了防止市场风险过度集中和防范操纵市场的行为，而对交易者持仓数量加以限制。

6.大户报告制度

大户报告制度是指，交易所建立限仓制度后，当会员或客户的持仓量达到交易所规定的数量时，必须向交易所申报有关开户、交易、资金来源、交易动机等情况，以便交易所审查大户是否有过度投机和操纵市场行为，并判断大户交易风险状况。

7.每日价格波动限制及断路器规则

为防止期货价格出现过大的非理性变动，交易所通常对每个交易时段允许的最大波动范围作出规定，一旦达到涨（跌）幅限制，则高于（低于）该价格的买入（卖出）委托无效。

8.强行平仓制度

强行平仓是指交易所按照有关规定对会员、客户持仓实行强制平仓的一种措施。《中国金融期货交易所风险控制管理办法》规定，会员、客户出现下列情形之一的，交易所对其持仓实行强行平仓：

（1）结算会员结算准备金余额小于零，且未能在第一时间补足。

（2）客户、从事自营业务的会员持仓超出持仓限额标准，且未能在交易日前平仓。

（3）因违规、违约受到交易所强行平仓处理。

（4）根据交易所的紧急措施应当予以强行平仓。

（5）交易所规定应当予以强行平仓的其他情形。

9.强制减仓制度

《中国金融期货交易所风险控制管理办法》规定，强制减仓是指交易所将当日以涨跌停板申报的未成交平仓报单，以当日涨跌停板价格与该合约净持仓盈利客户按照持仓比例自动撮合成交。由于强制减仓会导致投资者的持仓量以及盈亏发生变化，因此需要投资者特别注意。

（五）金融期货的基本功能

1.套期保值功能

套期保值功能是通过在期货市场进行与现货市场相反的操作，来规避现货市场价格波动带来的风险。当现货市场价格发生不利变动时，期货市场的盈利可以弥补现货市场的亏损，从而锁定成本或收益。

2.价格发现功能

价格发现功能是指在一个公开、公平、高效、竞争的期货市场中，通过集中竞价形成期货价格的功能。期货价格具有预期性、连续性和权威性的特点，能够比较准确地反映出未来商品价格的变动趋势。期货市场之所以具有价格发现功能，是因为期货市场将众多影响供求关系的因素集中于交易所内，通过买卖双方公开竞价，集中转化为一个统一的交易价格。这一价格一旦形成，立即向世界各地传播，并影响供求关系，从而形成新的价格。如此循环往复，使价格不断趋于合理。因为期货价格与现货价格的走势基本一致并逐渐趋同，所以今天的期货价格可能就是未来的现货价格。

3.投机功能

与所有有价证券交易相同，期货市场上的投机者也会利用对未来期货价格走势的预期进行投机交易，预期价格上涨的投机者会建立期货多头，反之则建立空头。投机者的存在对维持市场流动性具有重大意义，当然，过度的投机必须受到限制。

与现货市场投机相比较，期货市场投机有两个重要区别：一是目前我国股票市场实行T+1清算制度，而期货市场是T+0清算制度，可以进行日内投机；二是期货交易的保证金制度导致期货投机具有较高的杠杆率，盈亏相应放大，具有更高的风险性。

4.套利功能

套利的理论基础在于经济学中的一价定律，即忽略交易费用的差异，同一商品只能有一个价格。严格意义上的期货套利是指利用同一合约在不同市场上可能存在的短暂价格差进行买卖，赚取价差，被称为“跨市场套利”。行业内通常也根据不同品种、不同期限合约之间的比价关系进行双向操作，分别称为“跨品种套利”和“跨期限套利”，但其结果不一定可靠。对于股票价格指数等品种，还可以和成份股现货联系起来进行指数套利。当股指期货价格高于理论值时，做空股指期货，买入指数组合，被称为“正套”；反之，若股指期货价格低于理论值，则做多股指期货，做空指数组合，被称为“反套”。

拓展阅读3-2

我国的期货交易所

1.上海期货交易所

上海期货交易所于1999年12月正式运营，上市交易的主要有黄金、铜、铝、锌、燃料油、天然橡胶、钢材等7种期货合约。

2.大连商品交易所

大连商品交易所成立于1993年2月28日，交易品种主要有玉米、黄大豆1号、黄大豆2号、豆粕、豆油、棕榈油、线型低密度聚乙烯、啤酒大麦。

3.郑州商品交易所

郑州商品交易所成立于1990年10月12日，上市交易的期货合约有小麦、棉花、白糖、精对苯二甲酸（PTA）、菜籽油、绿豆等。

4.中国金融期货交易所

中国金融期货交易所（简称“中金所”）于2006年9月8日在上海成立，上市的期货品种为股指期货（沪深300股票指数期货）。

5.上海期货能源交易所

上海国际能源交易中心股份有限公司（简称“上期能源”）是经中国证监会批准，由上海期货交易所发起设立的、面向期货市场参与者的国际交易场所，根据《中华人民共和国公司法》和《期货交易管理条例》以及中国证监会等有关法律法规履行期货市场自律管理职能。2013年11月6日，上期能源注册于中国（上海）自由贸易试验区，经营范围包括组织安排原油、天然气、石化产品等能源类衍生品的上市交易、结算和交割，制定有关规则和提供相关服务。

6. 广州期货交易所

广州期货交易所成立于2021年1月22日，主要立足服务实体经济、服务绿色发展，秉持创新型、市场化、国际化的发展定位，对完善我国资本市场体系，助力粤港澳大湾区和国家“一带一路”建设，服务经济高质量发展具有重要意义。

四、金融期权

（一）金融期权的定义和特征

期权又被称为“选择权”，是指其持有者享有在规定的期限内按交易双方事先商定的价格购买或出售一定数量的基础工具的权利。金融期权是指以金融工具或金融变量为基础工具的期权交易形式。具体地说，金融期权购买者在向出售者支付一定费用后，就获得了能在规定期限内以某一特定价格向出售者买进或卖出一定数量的某种金融工具的权利。

与金融期货相比，金融期权的主要特征在于它仅仅是买卖权利的交换。期权的买方在支付了期权费后，就获得了期权合约所赋予的权利，即在期权合约规定的时间内，以事先确定的价格向期权的卖方买进或卖出某种金融工具的权利，但并没有必须买进或卖出该金融工具的义务。期权的买方可以选择行使他所拥有的权利也可以选择不行使，而期权的卖方在收取期权费后就承担着在规定时间内履行该期权合约的义务。由此可见，期权交易实际上是一种权利的单方面有偿让渡。

（二）金融期权与金融期货的区别

1. 基础资产不同

金融期权与金融期货的基础资产不尽相同。一般来说，凡可作期货交易的金融工具都可作期权交易。然而，可作期权交易的金融工具未必可作期货交易。在实践中，只有金融期货期权，而没有金融期权期货，即只有以金融期货合约为基础资产的金融期权交易，而没有以金融期权合约为基础资产的金融期货交易。一般而言，金融期权的基础资产多于金融期货的基础资产。

2. 交易者权利与义务的对称性不同

金融期货交易双方的权利与义务对称，即对任何一方而言，都既有要求对方履约的权利，又有自己对对方履约的义务。而金融期权交易双方的权利与义务存在着明显的不对称性，期权的买方只有权利没有义务，而期权的卖方只有义务没有权利。

3. 履约保证不同

金融期货交易双方均需开立保证金账户，并按规定缴纳履约保证金。而在金融期权交易中，只有期权出售者，尤其是无担保期权的出售者才需开立保证金账户，并按规定缴纳保证金，以保证其履约的义务。至于期权的购买者，因期权合约未规定其义务，无须开立保证金账户，也无须缴纳保证金。

4.现金流转不同

金融期货交易双方在成交时不发生现金收付关系，但在成交后，由于实行逐日结算制度，交易双方将因价格的变动而发生现金流转，即盈利一方的保证金账户余额将增加，而亏损一方的保证金账户余额将减少。当亏损方保证金账户余额低于规定的保证金时，亏损方必须按规定及时追加保证金。因此，金融期货交易双方都必须保有一定的流动性较高的资产，以备不时之需。而在金融期权交易中，在成交时，期权购买者为取得期权合约所赋予的权利，必须向期权出售者支付一定的期权费，但在成交后，除了到期履约外，交易双方将不发生任何现金流转。

5.盈亏特点不同

金融期货交易双方都无权不履约，也无权要求提前交割或推迟交割，而只能在到期前的任一时间通过反向交易实现对冲或到期进行实物交割。因此，从理论上说，金融期货交易中双方潜在的盈利和亏损都是无限的。在金融期权交易中，由于期权购买者与出售者在权利和义务上的不对称性，他们在交易中的盈利和亏损也具有不对称性。从理论上说，期权购买者在交易中的潜在亏损是有限的，仅限于所支付的期权费，而可能取得的盈利却是无限的；相反，期权出售者在交易中所取得的盈利是有限的，仅限于所收取的期权费，而可能遭受的损失却是无限的。

6.套期保值的作用与效果不同

金融期权与金融期货都是人们常用的套期保值工具，但它们的作用与效果是不同的。人们利用金融期货进行套期保值，在避免价格不利变动造成损失的同时，也必须放弃若价格有利变动可能获得的利益。人们利用金融期权进行套期保值，若价格发生不利变动，套期保值者可通过放弃期权来保护利益；若价格发生有利变动，套期保值者可通过执行期权来避免损失。这样，通过金融期权交易，既可避免价格不利变动造成的损失，又可在相当程度上保住价格有利变动而带来的利益。但是，这并不是说金融期权比金融期货更为有利。从保值角度来说，金融期货通常比金融期权更为有效，也更为便宜，而且要在金融期权交易中真正做到既保值又获利，事实上也并非易事。所以，金融期权与金融期货可谓各有所长、各有所短。在现实的交易活动中，人们往往将两者结合起来，通过一定的组合来实现特定目标。

（三）金融期权的基本功能

金融期权与金融期货有着类似的功能。从一定的意义上说，金融期权是金融期货功能的延伸和发展，具有与金融期货相同的套期保值和发现价格的功能，是一种行之有效的控制风险的工具。

（四）金融期权的分类

1.看涨期权与看跌期权

按照期权的性质划分，金融期权可以分为看涨期权和看跌期权。

（1）看涨期权。

看涨期权也称“认购权”，指期权的买方具有在约定期限内（或合约到期日）按协定价格（也称“敲定价格”或“行权价格”）买入一定数量基础金融工具的权利。交易者之所以买入看涨期权，是因为他预期基础金融工具的价格在合约期限内将会上涨。如果判断正确，按协定价格买入该项金融工具并以市价卖出，可赚取市价与协定价格的差额；如果判断失误，则放弃行权，损失期权费。看涨期权买方的亏损是有限的，其最大亏损额为期权费，而盈利可能是无限大的。相反，看涨期权卖方的盈利是有限的，其最大盈利为期权价格，而亏损可能是无限大的。期权的买方以较小的期权价格作为代价换取大幅盈利的可能性，而期权卖方则为赚取期权费而承担了大幅亏损的风险。

（2）看跌期权。

看跌期权也称“认沽权”，指期权的买方具有在约定期限内按协定价格卖出一定数量基础金融工具的权利。即，看跌期权的卖方在买方选择行使权利时，必须按期权合约规定的条件买入一定数量的基础金融工具。交易者买入看跌期权，是因为他预期基础金融工具的价格在约定期限内将会下跌。如果判断正确，可从市场上以较低的价格买入该项金融工具，再按协定价格卖给期权的卖方，将赚取协定价格与市价的差额；如果判断失误，将放弃行权，损失期权费。看跌期权卖方的盈亏状况与买方刚好相反，即看跌期权卖方的盈利是有限的期权费，其亏损的最大限度为协议价格减去期权价格后再乘以每份期权合约所包括的标的资产的数量。

2.欧式期权、美式期权和修正的美式期权

按照合约所规定的履约时间的不同，金融期权可以分为欧式期权、美式期权和修正的美式期权。欧式期权只能在期权到期日行权；美式期权则可在期权到期日或到期日之前的任何一个营业日行权；修正的美式期权也被称为“百慕大期权”或“大西洋期权”，可以在期权到期日之前的一系列规定日期行权。

3.股权类期权、利率期权、货币期权、金融期货合约期权、互换期权

按照金融期权基础资产性质的不同，金融期权可以分为股权类期权、利率期权、货币期权、金融期货合约期权、互换期权等。

（1）股权类期权。

与股权类期货类似，股权类期权也包括三种类型：单只股票期权、股票组合期权和股价指数期权。①单只股票期权（简称“股票期权”）指买方在交付了期权费后，即取得在合约规定的到期日或到期日以前按协定价买入或卖出一定数量相关股票的权利；②股票组合期权是以一篮子股票为基础资产的期权，代表性品种是交易所交易基金的期权；③股价指数期权是以股价指数为基础资产，买方在支付了期权费后，即取得在合约有效期内或到期时以协定指数与市场实际指数进行盈亏结算的

权利。股价指数期权没有可作实物交割的具体股票，只能采取现金轧差的方式结算。

（2）利率期权。

利率期权指买方在支付了期权费后，即取得在合约有效期内或到期时以一定的利率（价格）买入或卖出一定面额的利率工具的权利。利率期权合约通常以政府短期、中期、长期债券，欧洲美元债券，大面额可转让存单等利率工具为基础资产。

（3）货币期权。

货币期权又称“外币期权”“外汇期权”，指买方在支付了期权费后，即取得在合约有效期内或到期时以约定的汇率购买或出售一定数额某种外汇资产的权利。货币期权合约主要以美元、欧元、日元、英镑、瑞士法郎、加拿大元及澳大利亚元等为基础资产。

（4）金融期货合约期权。

金融期货合约期权是一种以金融期货合约为交易对象的期权，它赋予持有者在规定时间内以协定价格买卖特定金融期货合约的权利。

（5）金融互换期权。

金融互换期权是以金融互换合约为交易对象的期权，它赋予持有者在规定时间内以规定条件与交易对手进行互换交易的权利。此外，与标准的交易所交易相比，还存在奇异型期权的期权类产品，奇异型期权通常在期权性质、基础资产以及期权有效期等内容上与标准化的交易所交易期权存在差异，种类庞杂，较为流行的就有数十种之多。

4.实值期权、虚值期权和平值期权

按照执行期权所获得的收益情况的不同，可将期权分为实值期权、虚值期权和平值期权。

（1）实值期权。

如果看涨期权的协议价格低于相应金融工具的市场价格，或看跌期权的协议价格高于相应金融工具的市场价格，买方行使期权将有利可图，即具有内在价值。处于这样价差状态的期权，称为实值期权，也称价内期权。

（2）虚值期权。

如果看涨期权的协议价格高于相应金融工具的市场价格，或是看跌期权的协议价格低于相应金融工具市场价格，则期权不具有内在价值，买方不会行使权利。处于这样价差状态的期权，称为虚值期权，也称价外期权。

（3）平值期权。

如果期权的协议价与相应金融工具的市场价格相等，则称该期权为平价期权，也称价平期权。

复习与思考

1.货币市场和资本市场的区别是什么？货币市场与资本市场分别包括哪些具体市场？

2.根据不同的分类标准，股票可分为哪些类型？

3.股票票面价值、账面价值、清算价值、内在价值分别是什么？它们之间有什么联系？

4.影响股票价格变动的因素有哪些？

5.股票价格指数的编制步骤主要包括内容？

6.债券的票面要素有哪些内容？

7.根据不同的分类标准，债券可分为哪些类型？

8.债券与股票有哪些异同点？

9.欧洲债券和外国债券的有什么区别？

10.根据不同的分类标准，证券投资基金可分为哪些类型？

11.如何正确理解基金当事人之间的关系？

12.根据不同的分类标准，金融衍生工具可分为哪些类型？

第四章

证券分析

学习指南

1. 本章导读

证券分析可以帮助投资者选出发展前景好、投资收益高的投资对象，其主要分为基本面分析与技术分析。在实际的投资过程中，投资者经常将基本面分析与技术分析结合使用，以便提高自己的投资效率。本章第一节重点介绍了基本面分析的定义、特点以及假设。第二节介绍了技术分析的定义、特点、假设、基本要素以及分类，技术分析分为主观型技术分析、客观型技术分析和混合型技术分析。

2. 重难点

（1）道氏理论。

（2）K线理论。

（3）切线理论。

（4）形态理论。

（5）移动平均线理论。

3. 思政目标

（1）技术分析假设“历史会重演”，投资者经常会依据过去的经验与教训来指导当前的投资，以便获取收益。从这个角度，引导学生“吾日三省吾身”，总结成功经验，反思失败教训，更好地指导未来的学习与生活。

（2）股票是长期投资工具，基于辩证唯物主义抓主要矛盾的观点，引导学生保持良好的投资心态，不因暂时的涨跌大喜大悲，应重点关注主要趋势，追求长期价值增值。

第一节　基本面分析

一、基本面分析概述

（一）基本面分析的定义

基本面分析，是指以宏观经济形势、行业发展趋势、上市公司的基本财务数据为投资分析对象和投资决策依据的一种投资分析理论和方法，它是根据经济学、金融学、投资学等基本原理，对决定股票等证券的价值及价格的基本要素（如宏观经济指标、经济政策走向、行业发展状况、公司经营和财务状况等）进行分析，来评估证券的投资价值、判断证券的合理价位，并据此提出相应的投资建议和投资策略。

（二）基本分析的特点

第一，基本分析是以价值分析理论为基础，以统计方法和现值计算方法为主要分析手段，以正确选择投资对象为基本目标，它主要通过宏观经济分析、行业分析、公司分析来决定买进或者卖出证券。

第二，基本分析强调价值投资理念，崇尚物有所值，重视股票的内在价值及发展前景，强调选时（入市和出市的时机）不如选股。选股的重点就在于价值分析，因为基本面决定股价的中长期走势，其理论和方法常为中长期投资者所遵循和采用。

第三，基本分析在对待市场的态度上始终认为市场永远是错误的，这种错误具体表现在证券市场的价格经常会出现所谓的高估或低估现象，证券价格也会随着高估或低估的出现而发生剧烈的波动，这种价格波动在本质上是对证券价格与证券内在价值偏离的调整。因此，基本分析的任务就是要及时发现高估或低估情况，并从中获得相应的投资收益

第四，基本分析主要通过分析影响股票等证券供求关系的基本因素来判断证券市场的运行趋势，特别是判断股市的中长期走势。基本分析方法认为，股票作为一种金融商品，其价格的千变万化受到供求关系的深刻影响。在供求关系的背后，隐藏着错综复杂的因素，这些因素可以分为宏观因素、中观因素和微观因素。

第五，基本分析所使用的数据都是市场外的数据，不使用市场内的数据。这一点与技术分析正好相反。所以，在基本分析中，市场内的最高价、最低价、开盘价、收盘价以及成交金额、成交股数等数据一般都不使用，全部使用市场外的宏观经济、行业经济以及上市公司的相关数据。

第六，基本分析一般采用自上而下的分析框架，这种分析方法是先从宏观经济

环境入手，主要考察国内的整体经济环境，甚至包括全球经济环境，然后进行行业分析，在此基础上进一步深入研究上市公司，以便综合判断股票的买卖时机与投资价值。因此，基本分析方法比较适合于战略规模的投资活动以及系统风险和非系统风险的控制。

（三）基本分析方法的假设

第一，股票的价值决定其价格。股票的价值就是股票的真实价值或内在价值，而股票内在价值的大小取决于股票未来现金流贴现值的大小。

第二，股票的价格围绕内在价值波动，因此，内在价值成为测量价格合理与否的尺度。如果股票价格往上偏离内在价值幅度较大，就是所谓的高估；如果往下偏离内在价值幅度较大，就是所谓的低估。股票价格越是高估，投资的安全边界越小，风险越大；股票价格越是低估，投资的安全边界越大，风险越小。

二、宏观经济分析

（一）宏观经济分析的意义

宏观经济政策导向会影响证券投资收益，是证券分析的主要组成部分。

1.了解上市公司的商业环境

按照价值分析的理论，要确定上市公司股票的合理价格，必须先预测公司预期的股利和盈利，通常我们将分析预期收益等价值决定因素的方法称为基本面分析。但是，公司的股利和盈利以及受此影响的股票价格都将由公司的业绩决定，而公司未来的业绩与宏观经济因素相关，因为宏观经济状况关系到公司所处的商业环境，所以基本面分析也应该把公司所处的商业环境考虑进去。对于某些公司来说，在众多影响公司业绩的因素中，由宏观经济状况所决定的商业环境也许比其在该行业中的业绩好坏更重要。

2.把握证券市场的总体变动趋势

在证券投资的决策过程中，只有把握住宏观经济发展的大方向，才能把握住证券市场的总体变动趋势，从而作出理性、正确的投资决策。宏观经济的大方向，既包括国民经济的增长趋势，也包括国家宏观经济政策的运行趋势，主要是财政政策和货币金融政策。

3.判断证券市场的整体投资价值

证券市场的整体投资价值就是指整个市场的平均投资价值，证券市场的整体投资价值与国民经济的整体素质及结构变动有着密切的关系。由于证券市场的整体投资价值是整个国民经济增长质量和速度的反映，不同行业、不同部门企业发展情况的平均水平是充分体现在国民经济发展的综合情况之中的，所以，宏观经济分析是判断某一个证券市场的整体投资价值的一个重要环节。在资本市场完全开放的情况下，投资者如果要进行国际证券投资，就更离不开对想要投资的国家进行宏观经济基本面的分析，否则会遇到很大的风险。

4.掌握宏观经济政策对证券市场影响的力度和方向

证券市场与国家宏观经济政策的关系非常密切，无论是什么样的市场经济国家，都存在着或多或少的宏观调控，有的调控是针对经济周期的，也就是反经济周期的调控，有的是针对金融资本市场的，调控的目的是要处理好实体经济与虚拟经济的关系。这些宏观调控政策通过各种经济政策手段或工具的作用和传导机制，必然会直接或者间接地影响企业的收益状况，从而对证券市场产生影响。所以，宏观经济分析可以通过对国家宏观经济政策的分析，掌握此政策对证券市场的影响力度和方向，从而有利于掌握整个证券市场的运行趋势。

党的二十大报告将科教兴国、科技强国战略提高到更加重要的位置，实现科技自立自强，这定调了未来的投资方向，高水平科技创新发展将是当前和中长期投资主线之一。

（二）评价宏观经济形势的经济指标

一个国家或地区一定时期的经济形势反映了该国家或地区在该时期内整个国民经济活动的成果。这一成果可以用几个主要的综合经济指标表示出来，借以考察国民经济生产、分配和使用的情况，并可以对不同国家和不同时间进行对比，以区分出各国经济发展水平的高低和发展速度的快慢等。

1.国民经济总指标

（1）国内生产总值和国民生产总值。

国内生产总值（GDP），是指在一定时期一个国家的国土范围内，本国和外国居民所生产的最终商品和劳务的市场价值总和；国民生产总值（GNP），是指一个国家的国民在国内、国外所生产的最终商品和劳务的市场价值总和，现在称为国民总收入。

实践中，伴随着经济全球化进程，越来越多的国家（包括我国）在国民经济核算中选择使用GDP指标。一般采用GDP的增长率来表示经济增长速度。经济增长速度，也称经济增长率，是反映一定时期经济发展水平变化程度的动态指标，也是反映一个国家经济是否具有活力的基本指标。增长速度为正值，表示增长程度；增长速度为负值，表示下降程度，也称为负增长。

（2）失业率。

失业率是指劳动人口中失业人数所占的百分比。值得注意的是，通常所说的充分就业是指对劳动力的充分利用，但不是完全利用，因此在实际生活中不可能达到失业率为零的状态。在充分就业情况下，也会存在一部分“正常”的失业，如劳动力的结构不能适应劳动力需求所致的结构性失业。一般而言，失业率达到一个很低的水平就可以认为达到了充分就业。一直以来，失业率数字被视为资本市场的重要指标，属于滞后指标范畴。它是市场上最为敏感的月度经济指标。一般情况下，失业率下降，表示整体经济健康发展，失业率持续下降则意味着经济过热，可能形成通货膨胀，进而使银行收紧银根，减少货币投放；失业率上升，则表示经济发展放缓或衰退，最终可导致政府放松银根，刺激经济增长。

（3）通货膨胀。

在现代经济学中，通货膨胀被定义为一般物价水平持续、普遍、明显地上涨。与通货膨胀相反的现象为通货紧缩，无通货膨胀或极低度通货膨胀称为稳定性物价。在实际工作中，测量通货膨胀程度一般用价格指数的增长率来表示，常用指标主要有：消费者物价指数（CPI）、生产者物价指数（PPI）、批发物价指数、国内生产总值物价平减指数。由于以上几种指标在衡量通货膨胀时各有利弊，而且设计的计算口径不一致，即使在同一国家的同一时期，各种指数所反映的通货膨胀程度也不尽相同，因此，在衡量通货膨胀时选择指数要适当。通常在衡量通货膨胀时，使用得最多、最普遍的是消费者物价指数。

通货膨胀会从两个方面影响社会经济：第一，引导收入和财富的再分配；第二，扭曲价格信号，降低经济效率。投资者要了解通货膨胀可能产生的影响。首先，必须从了解通货膨胀产生的原因入手。需求拉动型通货膨胀通常比较温和，能增加企业利润、刺激就业、增加国民产出，而成本推动型和结构性通货膨胀可能会引致大量失业、经济衰退甚至崩溃。其次，在实践中，必须将它与经济增长的动态变化相结合，并考虑其他重要影响因素，如政治体制改革、经济体制改革、战争、国际收支状况以及其他突发性因素。最后，要关注政府为应对通货膨胀而采取的货币政策和财政政策，这些政策的抑制作用通常会导致高失业和国内生产总值的低增长。投资者如果能对通货膨胀的后果以及政府的宏观调控进行及时、准确的预测，并适时调整投资策略，就可以降低投资损失甚至险中求胜。

（4）国际收支。

国际收支是一国居民在一定时期内与非居民在政治、经济、军事、文化及其他往来中所产生的全部交易的系统记录。这里的“居民”是指在国内居住一年以上的自然人和法人。一国国际收支的状况主要取决于该国进出口贸易和资本流入流出状况，并主要反映在国际收支平衡表的经常账户、资本和金融账户两大账户当中。简单地说，涉及商贸服务的交易，在国际收支账户的经常项目中记录；涉及国际资产买卖的交易，在资本和金融账户中记录。当一国国际收入等于国际支出时，称为国际收支平衡；当国际收入大于国际支出时，称为国际收支顺差；当国际支出大于国际收入时，称为国际收支逆差。过度的顺差或逆差都不利于一国经济发展的稳定。在一国国际收支处于不平衡状态时，市场机制可以进行某种程度的调节，但这种调节的力度有限，尤其是在固定汇率制度下。为此，政府在很多情况下要实施不同的宏观经济政策以弥补市场对国际收支平衡调节力度的不足。因此，投资者既要关注国际收支的变化对进出口公司、国际资本流动的影响，也要及时把握政府可能出台的调控政策，两者都会影响证券市场的波动。

2.投资指标

投资规模是一个关系到国民经济全局的经济指标。投资规模过大或过小，都不利于国民经济的发展。投资规模过小，不利于为经济的进一步发展奠定物质技术基础；投资规模过大，超出了一定时期人力、物力和财力的可能，又会造成国民经济比例的失调，对国民经济造成影响和损失。投资规模是否适度，是影响经济稳定与增长的一个决定因素。全社会固定资产投资是衡量投资规模的主要指标，具体包括国有经济单位投资、城乡集体经济单位投资、其他各种经济类型的单位投资和城乡居民个人投资。

3.消费指标

生产的主要目的是消费，消费指标是进行宏观预测中重要的依据，消费指标多种多样，其中最重要的两个指标是社会消费品零售总额和城乡居民储蓄存款余额。

（1）社会消费品零售总额。

社会消费品零售总额的大小和增长速度能够反映出城乡居民与社会集团消费水平的高低和消费意愿的强弱，因此，它是研究国内零售市场变动情况、反映经济景气程度的重要指标。

（2）城乡居民储蓄存款余额。

城乡居民储蓄存款余额是居民可支配收入扣除消费支出后形成的，其大小与可支配收入水平、消费支出比例有直接关系，同时利率的变化、直接或间接投资品种的完善等也是影响人们储蓄意愿的主要因素。一方面，城乡居民储蓄存款余额增加，意味着居民消费需求和投资需求的减少，对经济发展的预测趋于谨慎；另一方面，如果银行的存贷比不变，居民储蓄增加，银行的资金来源扩大，对企业的贷款投放也会放宽，正常情况下又会扩大公司的投资需求。因此，对这一指标的认识要结合同期的金融政策。

4.金融指标

金融指标相对于其他经济指标更为敏感，能更早地展现经济发展趋势，是研究宏观经济趋势的重要指标。现代经济更加依赖金融业的支持，而且金融危机还可能引发经济危机，如1998年东南亚金融风暴、2008年美国次贷危机引发的全球金融危机，均对全球经济产生了深远的影响。

（1）总量指标。

① 货币供应量。货币供应量是计算具有不同变现能力的货币数量，表现货币总体结构的指标。货币供应量根据流动性划分为三个层次：流通现金（M0）、狭义货币供应量（M1）和广义货币供应量（M2）。通常所说的货币供应量，主要指M2。M0与消费变动密切相关，是最活跃的货币。M1反映居民和企业资金松紧变化，代表社会的直接购买能力，是经济周期波动的先行指标，商品的供应量应和M1保持

合适的比例关系，不然经济会过热或萧条。M2的流动性相对偏弱，但代表着现实购买力和潜在购买力，能够反映社会总需求的变化和未来通货膨胀的压力状况，研究M2构成的变化，对整个国民经济状况的分析和预测都有特别重要的意义。

② 金融机构各项存贷款余额。金融机构各项存贷款余额是指某一时点金融机构存款金额与金融机构贷款金额。其中，金融机构包括商业银行、政策性银行、非银行信贷机构和保险公司。

③ 金融资产总量。金融资产总量是指现金、银行存款、有价证券、保险等资产的总和。

（2）利率。

利率是指在借贷期内所形成的利息额与本金的比率，主要包括中央银行利率、商业银行利率和市场利率三个层次，基准利率、存款利率、贷款利率、国债利率属于中国人民银行指定利率。一国各种不同的利率相互联系而构成的有机整体称为利率体系。市场利率是指由借贷资金的供求关系所决定的利率，主要指贷款利率，其在基准利率上下浮动，幅度一般10%~50%，存款利率、国债利率一般不会浮动。各种利率中，存贷款利率对经济的影响表现最明显、最直接。在其他条件不变时，由于利率水平上升引起存款增加和贷款下降，一方面使居民消费支出减少；另一方面使企业的生产成本增加，它会同时抑制供给和需求。而利率水平的降低则会引起需求和供给的双向扩大。因此，现在所有国家都把利率作为宏观经济调控的重要工具之一。当经济过热、通货膨胀上升时，便提高利率、收紧信贷；当过热的经济和通货膨胀得到控制时，便会把利率适当地调低。因此，利率是重要的基本经济因素之一。

（3）汇率。

汇率也称“外汇行市或汇价”，是指一国货币兑换另一国货币的比率，也就是以一种货币表示另一种货币的价格。国际收支及外汇储备、利率、通货膨胀和政治局势等因素都会影响一国汇率的波动。发生国际收支顺差，会使该国货币汇率上升；反之，该国货币汇率下跌。利率水平直接对国际资本流动产生影响，高利率国家发生资本流入，低利率国家则发生资本外流，资本流动会造成外汇市场供求关系的变化，从而对外汇汇率的波动产生影响。通货膨胀影响本币的价值和购买力，会引发出口商品竞争力减弱、进口商品增加，还会对外汇市场产生心理影响，削弱本币在国际市场上的信用地位，最终导致本币贬值，而通货膨胀的缓解又会使汇率上浮。政治局势的变化一般包括政治冲突、军事冲突、政权更迭等，这些政治因素对汇率的影响有时很大。

汇率的波动会影响一国进出口额的变化。例如，美元升值、人民币贬值，将刺激中国商品的出口，同时制约外国商品对中国的进口；反之，美元贬值而人民币升值，会大大刺激进口，减少出口。汇率的波动又会影响国际资本的流动。汇率的变动对长期资本流动的影响较小，由于长期资本的流动主要受利润和风险因素影响，在利润有保证和风险较小的情况下，汇率变动不会直接引起长期资本巨大的波动。短期资本流动则常常受到汇率较大的影响。在本币对外贬值的趋势下，本国投资者和外国投资者就不愿意持有以本币计值的各种金融资产，并会将其转兑成外汇，发生资本外流现象。同时，投资者由于纷纷转兑外汇，加剧对外汇的需求，会促使本币汇率进一步下跌；反之，当本币对外处于升值的趋势，本国投资者和外国投资者就力求持有以本币计值的各种金融资产，并引发资本的内流。同时，由于外汇纷纷转兑本币，外汇供过于求，会促使本币汇率进一步上升。

（4）外汇储备。

国家外汇储备是指一国货币当局所持有的、可以用于对外支付的国外可兑换货币。并非所有国家的货币都能充当国际储备资产，只有那些在国际货币体系中占有重要地位，且能自由兑换其他储备资产的货币才能充当国际储备资产。世界各国在对外贸易与国际结算中经常使用的外汇储备主要有美元、欧元、日元、英镑，随着中国经济的持续增长和国际影响力的提升，人民币在全球外汇储备中的地位也在逐渐提升。IMF 有关数据显示，截至 2023 年 12 月底，全球外汇储备总额达到 12.33 万亿美元，其中美元以近 60% 的占比稳居榜首，欧元以 20% 的占比紧随其后，人民币占比约为 2.29%，位列第六位。

当国际收支顺差时，外汇的流入量大于流出量，外汇储备就会增加；当国际收支逆差时，外汇储备就会减少。外汇储备增加，赚取了外汇的公司或个人大多会兑换为本币，在国内进行消费或投资，这样就扩大了市场上本币的流通量，需求增加推动物价上升，可能形成通货膨胀。在实行浮动汇率制的国家，本币需求增大会导致本币升值，从而加大出口和外来投资的成本，进而使国际收支趋于平衡；在实行固定汇率制的国家，政府一般会采取提高利率的手段来抑制通货膨胀，这样同时也会抑制消费和投资，使经济发展速度减缓。

5.财政指标

财政收入的变动能反映经济运行状态，财政支出对经济的发展有重要的影响，财政赤字或结余可作为调节经济的重要手段，这些财政指标是研究宏观经济必不可少的条件。

（1）财政收入。

财政收入指国家财政参与社会产品分配所取得的收入和，是实现国家职能的财力保证。财政收入的内容主要包括各项税收、专项收入、其他收入、国有公司盈利等。

（2）财政支出。

财政支出是指在市场经济条件下，政府为提供公共产品和服务，满足社会共同需要而进行的财政资金的支付。财政支出按最终用途可分为积累性支出与消费性支出。积累性支出指最终用于社会扩大再生产和增加社会储备的支出，如基本建设支出、工业交通部门基金支出等，这部分支出是社会扩大再生产的保证；消费性支出指用于社会福利救济费等的支出，这部分支出对提高整个社会的物质文化生活水平起着重大的作用。在财政收支平衡的条件下，财政支出的总量并不能扩大和缩小总需求。但财政支出的结构会改变消费需求和投资需求的结构。在总量不变的条件下，两者是此多彼少的关系。扩大了投资，消费就必须减少；扩大了消费，投资就必须减少。

（3）赤字或结余。

财政收入与财政支出的差额即为赤字（差值为负时）或结余（差值为正时）。财政赤字有两种弥补方式：一是通过举债即发行国债来弥补；二是通过向银行借款来弥补。

（三）经济周期

科学研究和实践表明，宏观经济走势呈螺旋式上升、波浪式前进，具有周期轮回的特征。宏观经济的这种周期性波动，被称为经济周期。通常情况下，一个完整的经济周期划分为4个阶段：复苏—繁荣—衰退—萧条。与实体经济周期变化相对应，证券市场也会呈现出上升期、高涨期、下降期和停滞期的交替状况。

1.萧条阶段

该阶段是经济活动低于正常水平的阶段。此时，信用收缩，投资减少，生产下降，失业严重，消费萎缩，悲观情绪笼罩着整个经济领域。在股市中，利空消息满天飞，市场人气极度低迷，成交萎缩频创地量，股指不断探新低，一片熊市景象。当经济萧条到一定时期，人们压抑的需求开始显露，公司开始积极筹划未来，政府为了刺激经济增长，出台放松银根及其他有利于经济增长的政策。由于对经济复苏的预期，一些有远见的投资者开始默默吸纳股票，股价缓缓回升。

2.复苏阶段

该阶段是萧条与繁荣的过渡阶段。在这一阶段，各项经济指标显示，经济已开始回升，公司的经营转好，盈利水平提高，因经济的复苏使居民的收入增加，加之良好预期，流入股市的资金开始增多，对股票的需求增大，从而推动股价上扬。股市的获利效应使投资者对股市的信心增强，更多的居民投资股市，形成股价上扬的良性循环。

3.繁荣阶段

在这一阶段，信用扩张，投资增加，生产高涨，就业充分，消费旺盛，乐观情绪笼罩着整个经济领域。在股市中，投资者信心十足，交易活跃，成交剧增，股价指数屡创新高。当经济繁荣达到过热阶段时，政府为调控经济会提高利率实行紧缩银根的政策，公司业绩会因成本上升收益减少而下降，股价上升动力衰竭，此时股价所形成的峰位往往成为牛市与熊市的转折点。

4.衰退阶段

在该阶段，国内生产总值增长率开始下降，股价由繁荣末期的缓慢下跌变成急速下跌，由于股市的总体收益率降低甚至低于利率，加之对经济的预期看淡，人们纷纷离开股市，股市进入熊市。

三、行业分析

（一）行业分析的重要性

第一，虽然行业经济是宏观经济的构成部分，宏观经济是行业经济活动的总和，但是，国民经济各个组成部分的发展是不平衡的，有些行业的发展速度会快于国民经济的发展速度，而有一些行业的发展速度可能会慢于国民经济的发展速度，所以，宏观经济分析不能够代替行业分析。

第二，宏观经济分析的重要作用是要掌握证券投资的宏观环境，主要是分析经济周期的变化对证券市场的影响。但是，有些行业受经济周期的影响比较显著，而有些行业受经济周期的影响比较轻微，所以，宏观经济分析不能够代替行业分析。

第三，宏观经济分析虽然能够帮助投资者把握证券市场的总体趋势，但是并不能够提供具体的投资领域和投资对象的建议。行业是介于宏观经济和微观经济之间的中观经济，行业分析是连接宏观经济分析与公司分析的桥梁，是公司分析的前提，是基本面分析中重要的连接环节。为了科学、合理地确定投资领域和投资对象，需要进行深入的行业分析和公司分析。

第四，根据市场均衡理论，同行业企业相互竞争的结果会使收益率和风险水平趋于相同或者平均化。但是，由于行业有自己特定的生命周期，在某一个时期，不同行业企业之间的收益率和风险水平会有一定程度的差异，因此也就导致不同行业的企业之间产生投资价值的差别，所以公司的投资价值会由于所处的行业不同而产生明显的差异。

第五，行业的状况虽然千差万别，但是行业的发展和变化所受到制约的基本因素是大致相同的，可以从这些基本因素中分析行业的现状和发展趋势。这些基本因素主要是行业中的公司数量、产品性能、竞争程度、政府管制或者扶持程度、行业生命周期、技术变化速度、消费者偏好的变化等。

第六，行业分析可以帮助投资者解释行业所处的发展阶段以及在国民经济中的地位，分析影响行业发展的各种因素以及判断这些因素对行业影响的力度，预测行业未来的发展趋势，判断行业的投资价值，揭示行业的投资风险，从而提供投资的决策依据。

（二）行业的分类

1.我国政府的分类

根据国民经济行业分类和代码表（GB/T4754—2023），国民经济分成20个门类，20个门类用英文字母排序，门类下面分大类、中类、小类，进行编码。20个门类是：A.农、林、牧、渔业；B.采矿业；C.制造业；D.电力、热力、燃气及水生产和供应业；E.建筑业；F.交通运输、仓储和邮政业；G.信息传输、软件和信息技术服务业；H.批发和零售业；I.住宿和餐饮业；J.金融业；K.房地产业；L.租赁和商务服务业；M.科学研究和技术服务业；N.水利、环境和公共设施管理业；O.居民服务、修理和其他服务业；P.教育；Q.卫生和社会工作；R.文化、体育和娱乐业；S.公共管理、社会保障和社会组织；T.国际组织。

2.我国证监会对上市公司的行业分类

中国证监会将上市公司共分成以下19个门类：A.农、林、牧、渔业；B.采矿业；C.制造业；D.电力、热力、燃气及水生产和供应业；E.建筑业；F.批发和零售业；G.交通运输、仓储和邮政业；H.住宿和餐饮业；I.信息传输、软件和信息技术服务业；J.金融业；K.房地产业；L.租赁和商务服务业；M.科学研究和技术服务业；N.水利、环境和公共设施管理业；O.居民服务、修理和其他服务业；P.教育；Q.卫生和社会工作；R.文化、体育和娱乐业；S.综合。在证券行情表上，每一个上市公司都标注了它所归属的行业，一般都按门类标注，只有制造业的上市公司是按次类标注。

3.按行业发展与经济周期的关系进行分类

（1）增长型行业。

增长型行业的运动状态与经济活动总水平的周期及振幅无关，这些行业收入增长的速度相对于经济周期的变动来说，并没有同步，因为它们主要依靠技术的进步、新产品的推出及更优质的服务，使自身实现增长。在过去的几十年里，计算机、新能源、科技等行业表现出了这种状态。投资者对高增长的行业十分关注，因为这些行业在经济高涨时，它的发展速度通常高于平均水平，而在经济衰退时期，所受的影响比较小甚至仍然能保持一定的增长。

（2）周期型行业。

周期型行业的运动状态与经济周期直接相关。当经济处于上升时期时，这些行业会随之扩张；而当经济衰退时，这些行业也相应跌落。例如，房地产业因其具有基础性、先导性、连带效应等特点，在刺激经济复苏时，往往被作为经济增长点率先得到政策的鼓励而优先发展起来，而在经济过热时，又常常是最早受到紧缩调控的对象；又如，珠宝、旅游等需求收入弹性较强的行业，对这些行业相关产品的购买常被延迟到经济改善之后，而在经济衰退时又是人们减少开支的首选类别。

（3）防御型行业。

这些行业的产品需求相对稳定，受经济周期的影响比较小，不会因经济周期变化而出现大幅度的变动，甚至在经济衰退时也能取得稳步发展。这些行业的产品往往是生活必需品或是必要的公共服务，公众对其产品有相对稳定的需求，因而其盈利水平相对稳定，如食品业、医药业、公共事业等就属于这一类行业。

4.按行业的发展前景进行分类

（1）朝阳行业。

朝阳行业是指随着新技术革命的进展和社会需求的变化，在开发新产品、开辟新市场的竞争中处于兴盛状态的行业部门。比如，目前正在迅速发展的新兴技术、知识密集型行业，包括微电子、激光、新材料、新能源、空间开发、海洋开发、卫星通信、生物工程等行业。朝阳行业的特点是技术先进、知识密集、低能耗和高经济效益。近年来，随着各项新兴技术的发展和应用范围的扩大，朝阳行业对国家经济的发展起到了巨大的推动作用，促进了世界经济结构的调整和国际分工的深化。朝阳行业主要处于孕育、成长阶段，虽有比较大的远景，但公司现阶段盈利的稳定性很难保证，不确定因素很多，创业板、科创板公司多具有这样的特点。

（2）夕阳行业。

夕阳行业是指随着新技术革命的进展和社会需求变化，在开发创造新产品、开辟新市场的竞争中处于衰亡状态的行业部门。例如，发达国家的传统基础行业，如煤炭、纺织、钢铁、汽车、铁路等行业。夕阳行业的特点是主要以简单的电力机械原理为基础、消耗大量能源、产生大量废弃物和污染物，生产周期长，技术要求低，劳动作业重复，产品标准化，以及高度的集中控制。就世界范围来看，由于新技术革命浪潮的冲击，一些工业发达国家传统行业正在明显衰退，设备利用率低、生产能力过剩、就业人员减少。

5.按资源密集程度进行分类

（1）资源密集型行业。

资源密集型行业亦称土地密集型行业，是指在生产要素的投入中要使用较多的自然资源才能进行生产的行业。土地资源作为一种生产要素泛指各种自然资源，包括土地、原始森林、江河湖海和各种矿产资源。土地资源是人类进行生产活动所必需的物质条件和自然基础，与土地资源关系比较密切的是农矿业、种植业、林牧渔业、采掘业等。

（2）劳动密集型行业。

劳动密集型行业，是指在生产要素的配合比例中，劳动力投入比重较高的行业，是相对资金、技术密集型行业而言的。在社会发展过程中，随着生产的发展，科学技术的进步，资本有机构成的提高，行业出现劳动密集型和资金、技术密集型不同的类型。劳动密集型行业中物化劳动消耗比重较低，活劳动消耗比重较高，如纺织、服装、机械制造等行业。

（3）资金密集型行业。

资金密集型行业，是指在生产要素的配合比例中，资金（资本）投入比重较高的行业，如金融业。

（4）技术密集型行业。

技术密集型行业又称知识密集型行业，是指在生产要素的投入中需要使用复杂、先进甚至尖端的科学技术才能进行生产的行业，或者在作为生产要素的劳动中知识密集程度高的行业，如软件开发、生物制药等行业。

四、公司分析

（一）公司分析的意义

公司分析是证券投资基本分析的核心部分，因为无论是宏观经济分析还是行业分析最终都要落实到对公司经营活动的影响，从投资对象来说也最终要落实到某一个具体的上市公司。比如，当我们认为未来的经济活动将转强，宏观经济环境有利于证券投资，接下来就要选择具有良好前景的行业。但是，在某一行业内会有一批上市公司，究竟选择投资哪家上市公司，这就涉及公司分析，这也是公司分析最基本的意义。具体而言，公司分析的意义主要表现在以下几个方面：

第一，通过公司分析可以全面了解拟投资上市公司的基本面情况，包括公司的生产、经营、财务、管理等方面的基本状况，从而可以充分地把握相关公司的总体品质，知晓影响相关公司发展的各项因素，预测相关公司业绩增长的趋势以及可能面临的风险，并在此基础上作出投资判断和建议。因为，公司的基本面决定股价中长期走势，公司基本面的转折必然带来股价的转折。公司基本面转折一般有三种原因：一是由于行业复苏使公司基本面发生转折；二是由于重组等外部的原因导致公司基本面转折；三是由于公司内部的原因导致公司基本面发生反转。在公司基本面恶化时，如果市场处于牛市，还有可能获得比较从容应对的时间，如果市场处于熊市，则应该果断离场；反之，当公司基本面改善，如果市场处于熊市，还有可能从容吸筹，如果市场处于牛市，则应该迅速介入。

第二，通过公司分析有助于从前景良好的行业内挖掘出具有成长潜力的上市公司，作为长期投资的选择对象。在一般情况下，成长性公司都会通过内源性融资或外源性融资的方式扩大规模，同时其投资资金的资本收益率都会高于其融资成本。在这种情况下，公司的盈利将会持续增长，公司的市场价值也会随之提高，投资者投资这样的公司将获得良好的投资回报。

第三，通过公司分析可以在行业分析的基础上，进一步辨认良好的循环性公司和防守性公司，作为择时投资的选择对象。因为在经济活动转强时，循环性公司的销售及盈利将会随之明显增加，所以在经济活动转强时，应主要投资于循环性公司的股票，从而可以获得更大的利润。但经济活动转弱时，此类公司受到的冲击比一般公司更大，所以应在预期经济活动转弱时，及时卖出循环性公司的股票，以免遭受损失。而防守性公司在经济活动转弱时，其销售和利润下降的幅度相对较小，股价下降幅度也相应较小，因此持有防守性公司股票所受到的价格挫折就会比较小。但是，当经济活动转强时，防守性公司销售和利润的升幅会明显不及循环性公司，持有防守性公司股票的收益将会受到很大的限制。

第四，通过公司分析可以避免资金投向高风险的投机性股票，减轻证券投资中的非系统风险。如果说辨认循环性公司和防守性公司有助于化解证券投资中的系统风险，那么辨认投机性股票则有利于化解证券投资中的非系统风险。所谓投机性股票，是指受到损失的概率比较大，且获得正常或高回报率的概率比较小的股票，包括一些价格严重高估的股票和存在破产或退市风险的股票以及发展前景极具不确定性的股票。

（二）公司基本状况分析

1.公司在行业中的地位

公司在行业中的地位是公司竞争力的综合体现，如果我们能够很清楚地了解某一家上市公司在行业中的地位，那么对这家上市公司的竞争能力当然也就比较心中有数，因为在行业中的地位说到底就是公司的竞争力。公司在行业中的地位包括：

（1）公司在行业中的影响力，是否是领导企业；

（2）公司在行业中的盈利能力，是否高于同行业其他公司的平均水平；

（3）公司的知名度，是否明显超过行业内的其他公司；

（4）公司在行业内的排名，销售额、利润额等主要经济指标是否在行业内名列前茅；

（5）公司在行业内的市场占有率，是否比较高；

（6）公司在行业中的销售额增长率水平，是否快于行业内的其他公司。

2.公司所处的区位经济环境

分析公司所处的区位经济环境，主要是考察公司所在地区的外部环境给公司竞争能力带来的影响。一个很明显的事实是，在经济比较繁荣和自然基础条件比较优越的地区，通常公司的发展前景就相对好一些，相对于经济比较落后和自然基础条件比较差的地区，其在人才、服务等各方面都会具有竞争优势。具体可以从以下三方面进行分析：

（1）区位自然条件和基础条件。

自然条件和基础条件包括资源、能源、交通、通信等方面的条件，这些条件对区域内的公司的发展起着重要的限制或者促进作用，对公司的发展前景产生深刻的影响。如果公司所从事的行业与当地的自然条件和基础条件不符合，公司的发展就会受到很大制约。考察自然条件和基础条件，主要是分析公司的经济地理环境是否符合企业生存和发展的需要。一般而言，企业的选址应该考虑企业与消费地的距离、原材料供给等因素，由于企业的行业特征不同，选址的重点也不同，比如水泥工业偏重于原材料供给因素，所以厂址一般应设在原材料供应地。

（2）区位地方产业政策。

为了促进本地经济的发展，当地政府一般都会制定一些地区经济发展的战略规划和相关的产业政策，用地方财政等手段支持优先发展的行业，因此相关行业内的公司将因此受益。如果区域内的公司主营业务符合当地政府的产业政策，相对来说就会获得较多的政策支持，就有一定的竞争优势。

（3）区位经济特色。

区域内的经济特色主要是指区域内经济的发展环境、发展条件、发展活力、发展潜力以及发展水平等有别于其他地区的特点，还包括区域内经济与区域外经济的联系以及比较优势。如果区域内经济有明显的特色，在某种意义上也就意味着具有一定的比较优势。如果公司的业务与区域内的经济特色能够有机地结合起来，那么该公司无疑就会具有更大的竞争能力。

3.公司产品的竞争能力

（1）成本优势。

在质量一定的条件下，成本优势是公司的产品能够获得高于同行业其他企业利润的基本条件，成本优势在竞争中最终体现为价格优势，在很多行业中，成本优势是决定竞争优势的关键因素。影响成本的因素有很多，包括规模经济、管理水平、技术能力、原材料的采购、劳动力的价格等。例如，华为持续投入大量资金进行技术研发和创新，通过开发更高效能的芯片、通信技术和云计算解决方案，降低产品成本并提升产品性能。技术创新不仅帮助华为降低了生产成本，还提高了产品的市场竞争力。与此同时，华为与全球供应商建立紧密的合作关系，通过优化供应链管理来降低采购成本，采用集中采购、长期合作和战略供应商管理等方式，确保供应链的稳定性和成本效益。

（2）技术优势。

公司的技术优势是指公司拥有比同行业其他企业更高的技术水平和更强的产品研究开发能力。对公司技术水平的评价可以分为硬件部分和软件部分。硬件部分主要是指机械设备，软件部分包括生产工艺、知识产权等。技术水平的评价是比较静态的，反映公司目前的技术状况，而研究开发是比较动态的，反映公司将来技术进步的可能性。研究开发能力的高低是决定今后公司竞争成败的重要因素，所以要特别关注。因为，研究开发能力强，就有可能研究出新的重要技术，开发出新一代产品，实现产品创新；研究开发能力强，就可能研究出新的生产工艺，降低生产成本。对于研究开发能力的判断，可以从公司的研发费用的支出水平以及公司研发中心的状况等进行综合性的判断。

（3）质量优势。

质量优势是指公司的产品以高于同行业其他企业的产品质量赢得市场份额。在价格一定的条件下，质量好就可以明显地在竞争中占有优势，因为消费者在购买商品的时候，除了价格，质量始终是影响他们选择商品的一个重要因素。可以说质量是企业信誉的保证，只有质量好的产品，才会让消费者产生信任感。此外，公司产品质量的好坏，也反映了公司的技术水平和管理水平。对于质量的评价可以通过用户的反映得到证据，通常可以通过相应的调查活动来取得用户关于质量反映的第一手资料。

（4）品牌优势。

品牌是公司产品的商品名称和商标的总称，通过品牌可以与同行业企业的同类产品明确区别开来。品牌不仅仅是一个产品的标识，更重要的是它是产品信誉的综合体现，反映了消费者对某一产品的认同程度，也是企业竞争力的一个重要因素。品牌具有创造市场、开拓市场和巩固市场的功能，品牌可以超越使用价值的观念，具有提高产品附加价值的功能。因此，在公司分析中，一定要充分重视公司品牌的经济价值。

（5）范围优势。

范围优势主要是分析公司产品销售市场的地域分布情况，从这一角度可以将公司产品的销售市场分为地区型、全国型和世界型三种范围类型。从公司市场区域的范围大致可以估计一个公司的竞争能力，很显然，一个地区范围的公司其竞争能力肯定是比全国范围的公司要低的。

（6）规模优势。

规模优势也是公司竞争力的表现，规模优势主要体现在企业规模是否达到经济规模，如果没有达到经济规模，则很难与同行业企业进行竞争。比如，汽车生产的经济规模一般要达到30万辆。在需要很大规模才能够实现规模经济的行业，可以不考虑新企业加入竞争行列的可能性，因为新企业很难实现规模经营。在考察规模优势问题时，一定要注意各行业经济规模的可变性，一个时期的经济规模不等于另一时期的经济规模。比如，化工乙烯生产的经济规模曾经为年产10万吨，但后来变成了30万吨以上，还有火力发电，以前5万千瓦已经算是大型规模，后来60万千瓦才算达到经济规模。

4.公司管理层素质分析

公司的经营业绩与公司经营者的水平和能力有着密切的关系，正如美国通用电气公司原董事长米尔加斯所说，在影响工业企业未来成功与否的各要素中，领导力已经成为最关键的因素。一个优秀的企业家可以使一家濒临破产的企业起死回生；反之一个平庸的企业高管也可以使一家辉煌的企业走向没落。公司管理人员可以分为高层决策管理人员、职能管理人员和基层管理人员，其中以董事长、总经理为首的高层决策管理人员是公司获得良好经营效益的重要保证。

公司高层管理人员的素质主要反映在个人所具有的品德、能力、知识、修养和领导艺术等方面。行为科学提出了一整套评价企业高层管理人员的方法和标准。优秀的公司高层管理人员应该具备的基本条件有：

（1）积极进取、勇于承担重任、乐意接受挑战的精神；

（2）具有敏锐的洞察力，善于发现问题；

（3）创造性的思维能力，不断改革的胆量，给公司以新的活力；

（4）逻辑分析能力，善于抓住问题的关键，并找出解决问题的方法；

（5）充满自信，能够果断地作出决策；

（6）具有号召力和说服力以及影响和鼓励别人的能力，能够调动下属的积极性；

（7）锲而不舍的精神，在困难和挫折面前不却步；

（8）协调组织能力，能够处理好上下级关系，发挥团队合作的力量；

（9）尊重、关心他人，富有同情心，正确对待自己，虚心接受别人的意见，勇于纠正自己的错误。

由于公司高层管理人员的素质不是天生的，是在学习和实践中不断提高升华的。所以，高层管理人员的学历和经历对于评价他们的素质有一定的参考作用，较高的学历和丰富的经历是反映管理人员素质的一个不可缺少的要素。此外，员工的总体素质也对公司的发展起着重要的作用，包括员工整体学历层次、专业技术能力、对企业的忠诚心、团队精神、企业文化等。

（三）公司财务状况分析

1.公司财务状况分析概况

公司财务状况分析是对公司进行量的分析，上市公司的获利能力、偿债能力、资金流动状况等财务状况是上市公司股价的基础。通过对上市公司财务数据的比较和分析，投资者可以基本掌握公司的运营情况，预测公司未来的经营前景，判断公司股票的投资价值，作出合理的投资决策。

财务状况分析也叫作财务报表分析，就是将公司财务报表中的会计资料予以适当的安排，使之显示各项信息之间有意义的相互关系，进而分析和解释这些关系，以帮助投资者了解和评价公司过去的经营业绩，衡量公司目前的财务状况，并预测公司未来的发展前景。在公司财务状况的分析中，主要是以比率分析为最主要的分析工具，可以将比率进行纵向比较、横向比较、与标准比较以及综合比较。对于投资者来说，财务分析的资料主要来自于上市公司的招股说明书、上市报告书、定期公布的财务报表等公司的信息披露资料。

2.财务报表中的比率分析

财务报表中的比率分析就是将同一时期的相关联的项目进行对比，计算其比值，揭示它们之间的内在关系，以此来评价公司的财务状况和存在的问题，其特点是将同一时期的财务报表中的不同项目进行对比，既可以在同一张财务报表中的不同项目之间进行对比，也可以在两张财务报表中（比如资产负债表和利润表）的有关项目之间进行对比，用比率来反映它们的相互关系，并据此发现公司经营中存在的问题，评价公司财务状况的优劣。在证券投资分析中，经常用各种财务比率来分析公司的资本结构、偿债能力和盈利能力。

当我们获得了一些财务比率的数据，并据此对某一公司的业绩进行评估时，肯定需要有一个比较的基准。通常比较的基准来自于横向与纵向的关系。就纵向关系而言，主要是同一指标的历史数据；就横向关系而言，则主要是同行业中其他公司的同一指标。此外，从证券投资分析的需要出发，大致可以将财务报表的分析分为五大类，简称“五力分析”，即安定力分析、收益力分析、活动力分析、成长力分析和生产力分析。

（1）安定力分析。

安定力分析就是测试企业的经营基础是否稳固，企业的财务结构是否合理，偿债能力是否充足。一个企业如果没有足够的偿债能力，那么即使获利能力再高，也是很危险的，如果企业应对突发事件的能力很弱，那么企业的经营是潜伏着危机的。一个企业只有在安定力上过了关，才能有条件和基础去发展。安定力分析包括短期偿债能力分析和长期偿能力分析。

①短期偿债能力分析。

企业短期偿债能力又称短期周转能力，是指企业以流动资产支付流动负债的能力，一般用于衡量短期偿债能力大小的指标有：

第一，流动比率。流动比率又称运营资金比率，是衡量企业短期偿债能力最常用的一种比率，它以流动资产除以流动负债而得。计算公式为：

$$流动比率 = \frac{流动资产}{流动负债} \times 100\% \tag{4-1}$$

计算流动比率所需要的数据，在资产负债表中就能够得到。由于企业的流动负债经常是依靠流动资产来偿付的，所以，通过计算流动资产与流动负债的关系，可以测量公司短期偿债能力的强度。一般来说，流动比率越高，企业短期偿债能力越强，根据经验数据，流动比率达到200%以上才符合标准。但是比率太高，表示资金运用发生呆滞，没有有效运用。一般认为，流动比率达到600%以上，表示资金运用过于呆滞。总体而言，某一公司计算出来的流动比率，只有和同行业平均流动速率、本公司历史的流动比率进行比较，才能知道这个比率是高还是低。

第二，速动比率。由于流动资产中各项目的变现能力不尽相同，所以在衡量企业短期偿债能力时，除流动比率以外，还应对流动资产的构成加以分析，这就需要计算速动比率指标，速动比率也被称为酸性比率。之所以要在计算流动比率的基础上进一步计算速动比率，是因为在流动资产中包括存货，它不是易变现的资产。这一是因为有些存货容易过时或腐败而失去价值；二是因为有些存货是预留给某些特定债权人的不能变现。计算公式为：

$$速动比率 = \frac{速动资产}{流动负债} \times 100\% \tag{4-2}$$

$$速动资产=流动资产-存货-预付费用 \tag{4-3}$$

速动资产是流动资产的一部分，是流动资产中能够比较容易变现的资产。它把流动资产中不能够立即变现的存货和无法变现的预付费用加以剔除，仅包含流动资产中的现金、银行存款、短期投资、应收票据及应收账款等较容易变现的资产。一般认为，速动比率等于100%比较适当，不宜太高，也不能太低。在分析流动性时，流动比率与速动比率通常可以配合使用。在单期财务报表中，如果流动比率大于200%，看上去流动性应该没有问题，但是如果速动比率小于100%，说明公司的存货或预付费用过多，实际的流动性存在一定的问题。

②长期偿债能力分析。

长期偿债能力分析又称公司资本结构或财务结构分析，这是因为，企业未来的长期偿债能力有很多不可控制的因素，只能通过间接的方式即公司资本结构分析的方式予以评估。所谓资本结构，无非是指企业自有资金与借入资金的比重，如果企业拥有的自有资本比重比较高，说明企业结构比较健全，长期偿债能力比较可靠；反之，则说明企业资本结构脆弱，长期偿债能力比较差。用于衡量企业长期偿债能力的指标有以下几种：

第一，负债率（负债比率）。公司的资产总额等于负债总额加上股东权益总额，负债总额除以资产总额就是负债率，负债率实际上就是借入资本比率。计算公式为：

$$负债率 = \frac{负债总额}{资产总额} \times 100\% \tag{4-4}$$

负债率在70%~75%以上，一般认为指标值太高，长期偿债能力有问题。但是，负债率太低也未必是好事，它会降低财务杠杆作用的发挥，对股东未必有利。一般认为，负债率在25%~30%这一区间以下时，指标值太低，不利于财务杠杆作用的发挥。总之，对于负债率指标不能够极端化，过高或者过低都会产生负面作用。

第二，权益率（权益比率）。既然公司的资产总额等于负债总额加上股东权益总额，负债总额除以资产总额就是负债率，那么股东权益总额除以资产总额就是权益率。计算公式为：

$$权益率 = \frac{股东权益总额}{资产总额} \times 100\% \tag{4-5}$$

权益率实际上就是公司的自有资本比率，权益率和负债率之间存在着此消彼长的关系，1减去负债率就等于权益率。负债率太高，就是权益率太低；负债率太低，就是权益率太高。在金融业特别是银行业，权益比重一般要比其他行业低很多，也就是负债率可以比其他行业高很多。国际清算银行的《巴塞尔协议》规定，商业银行的自有资本比率不能低于8%。

第三，固定资产对股东权益比率。计算公式为：

$$固定资产对股东权益比率 = \frac{固定资产}{股东权益} \times 100\% \tag{4-6}$$

此项比率除可以测试企业的长期偿债能力以外，也可以显示企业固定资产投资是否适当，企业是否存在短期资金长期使用而可能造成的财务风险。该比率如果小于100%，表示企业购置的固定资产所需资金全部来自股东，公司经营比较稳健；此比率如果大于100%，则表示企业购置固定资产所需的资金有一部分来自于债权人，公司经营不太稳健。

第四，固定资产对长期资金比率。计算公式为：

$$固定资产对长期资金比率 = \frac{固定资产}{长期资金} \times 100\% \tag{4-7}$$

$$长期资金=股东权益+长期负债 \tag{4-8}$$

这个比率在分析意义上与固定资产对股东权益比率相同，如果该比率大于100%，表示企业长期资金尚不足以购置固定资产，还必须动用一部分短期债权人（流动负债）的资金，存在着短期资金长期使用的现象。

第五，有形资产净额对长期负债比率。计算公式为：

$$有形资产净额对长期负债比率 = \frac{有形资产净额}{长期负债} \times 100\% \tag{4-9}$$

$$有形资产净额=资产总额-无形资产 \tag{4-10}$$

这个比率主要衡量公司的资产清算价值对长期负债的保障程度，这是因为考虑到一般企业在取得长期性借款或发行债券时，必须要以其有形资产作担保品。很显然，这个比率大于100%，表示长期负债的债权人有较好的保障。

第六，固定资产对长期负债比率。计算公式为：

$$固定资产对长期负债比率 = \frac{固定资产}{长期负债} \times 100\% \tag{4-11}$$

该指标的意义和前面的有形资产净额对长期负债比率基本相同，也是用于衡量长期负债的保障程度。如果该比率大于100%，表示长期负债的债权人有较好的保障。

第七，利息保障倍率。计算公式为：

$$利息保障倍率 = \frac{息税前利润}{本期利息支出} \times 100\% \tag{4-12}$$

这是测试公司用所获得的纯利承担应支付利息的能力。很显然，倍率越大，说明公司越有雄厚的盈利来支付利息费用，公司债权人的利息越有保障。而且，即使债务到期，也很容易被银行允许再度延长借款期限，而不必立即偿还本金。一般来说，利息保障倍率应至少大于2，代表公司具有良好的长期偿债能力。在分析此倍率时，也应考察最近5年来的变动情况，如果5年来倍数高而且稳定，则公司的长期偿债能力比较强；如果5年来不稳定，则说明该公司的长期偿债能力不是很可靠。

第八，固定支出保障倍率。利息保障倍率只是分析公司盈利对利息的支付能力，并没有考虑其他的固定支出，所以有必要将保障范围进一步延伸至资本化租金等固定支出，这个新倍率就是所谓的固定支出保障倍率。计算公式为：

$$固定支出保障倍率 = \frac{税前利润 + 利息 + 资本化租金}{利息 + 资本化租金} \times 100\% \qquad (4-13)$$

资本化租金是指公司承租长期性的生产或销售设备所必须支付的租金，在证券投资分析中，一般以3.5倍作为标准来判断公司对长期固定支出的保障能力。如果公司的固定支出保障倍率大于3.5，表示对固定支出债权人有雄厚的保障；如果低于3.5，则表示对长期固定支出的保障能力较弱；如果低于2，则说明该项保障能力很薄弱；如果进一步低于1，可以认定公司将无力支付长期固定支出。

（2）收益力分析。

收益力又叫获利能力，是公司持续存在和发展的必要条件，也是决定和影响公司股票投资者获得股息、红利和资本利得的主要因素。所以，收益力是与证券投资关系比较直接的主要分析要素。公司获利能力的分析可以从股东及公司两方面来进行，有些财务指标直接反映股东投资企业所能够获得的投资报酬水平，称为股东获利能力；有些财务指标则反映公司经营中的整体获利能力。

①每股盈余。每股盈余是指公司普通股每股在一年中所获得的盈余，是投资者评价股票价值时的重要指标。计算公式为：

$$每股盈余 = \frac{税后利润 - 优先股股利}{发行在外的普通股股数} \qquad (4-14)$$

每股盈余的计算关键在于普通股股数的确定，一般来说，如果年度中的股数未发生变化，则以年终股数计算；如果年度中增发新股，新股要按实际流通期间占全年度的比率折合计算；年度中如果发放股票股利或者实施股票分割，不论在一年中何时发生，均应看作期初发生，以发放股票股利和股票分割后的股数作为计算基础。

②本益比。本益比又称市盈率，是指投资者获得每股盈余所付出的成本，每股盈余一般都是指每股的税后利润。一般来说，市盈率的倍数越低，说明股价越是被低估，投资的风险越小，今后股价上涨的潜力越大；反之，说明股价越是被高估，投资的风险越大，今后股价上涨越困难。计算公式为：

$$本益比（市盈率）= \frac{每股市价}{每股盈余} \qquad (4-15)$$

在运用市盈率指标的时候，可以用存款利率的倒数来大致估算当前市盈率水平是否过分偏离投资价值。假如，当前银行存款的年实际利率为1.8%，以其倒数计算，股市相对应的参考市盈率在55倍左右。此外，对市盈率是否高低的判定不存在千篇一律的标准，特定市场市盈率的高低受多种因素影响。从各国经济发展的历史经验来看，资本市场在各国经济的快速增长期中，发挥了为经济发展提供低成本直接融资的重要作用，其中必然伴随高市盈率现象，所以发展中国家新兴市场的市盈率通常会高于发达国家成熟市场的市盈率水平。就同一个市场而言，在不同的板块之间也会存在市盈率水平的差异，比如中小企业板以及创业板市场的股票，由于上市公司盘子的规模相对比较小，所以其平均市盈率水平要高于主板市场的平均市盈率水平。

③本利比。本利比与本益比的道理相近，只是用每股股利代替每股盈余。计算公式为：

$$本利比=\frac{每股市价}{每股股利} \tag{4-16}$$

因为公司的盈余不可能全部派发股利，所以本利比要比本益比高。但是，判断的原理是一致的，即本利比越高，说明股价越是高估；反之，则说明存在低估现象。

④普通股权益报酬率。普通股权益报酬率是指普通股股东的投资回报率，如果公司没有发行优先股，那么普通股权益报酬率就等于股东权益报酬率或者自有资本报酬率，该比率当然越高越好。计算公式为：

$$普通股权益报酬率=\frac{税后利润-优先股股利}{平均普通股权益}\times 100\% \tag{4-17}$$

上述平均普通股权益是指期初普通股权益与期末普通股权益的平均。

权益报酬率也可以称为股本收益率（ROE），是衡量一家公司收益增长前景的重要指标之一，通常我们可以假设未来的权益报酬率与过去是近似合理的，因此可以将当前的数据作为判断未来收益水平的依据。但是，过去的权益报酬率高不等于公司未来的权益报酬率也一定高。此外，如果权益报酬率在下降，说明公司新的投资提供了一个比过去投资偏低的权益报酬率，在这种情况下我们可以预期未来的股本收益率可能会低于现在的股本收益率。在收益能力分析的时候，一定要牢记不要把历史价值看成未来价值的指示器，应该把关注的重点放在未来，因为未来的收益预期决定了股票的内在价值以及价格的走向。

⑤现金收益率。现金收益率也可以称为股利收益率，是衡量股东按当前市场价格买入所能够实现的股利报酬率。计算公式为：

$$现金收益率=\frac{每股现金股利}{每股市价}\times 100\% \tag{4-18}$$

在一般情况下，可以将现金收益率与银行存款利率进行比较，如果现金收益率超过银行存款利率，则说明投资价值比较明显；反之，如果低于银行存款利率，在股价缺乏上涨动力、难以获得资本利得的前提下，表明投资价值不明显。

⑥毛利率。在商品生产行业，毛利是销售收入减去销售成本的余额，在服务行业，毛利是劳务收入减去劳务成本的余额。毛利减去管理费等各种费用就是营业收

益，营业收益加上营业外收入减去营业外支出，就是税前纯益。计算公式为：

$$毛利率=\frac{毛利}{销售收入}\times 100\% \tag{4-19}$$

⑦总资产报酬率。总资产报酬率是衡量公司全部资源运用效果的指标，可以综合地反映公司的获利能力，可以分税前总资产报酬率和税后总资产报酬率。计算公式为：

$$税前总资产报酬率=\frac{税前息后纯利润+利息收入}{平均总资产}\times 100\% \tag{4-20}$$

$$税后总资产报酬率=\frac{税息后纯利润+利息收入}{平均总资产}\times 100\% \tag{4-21}$$

$$平均总资产=\frac{期初总资产+期末总资产}{2} \tag{4-22}$$

在上述计算公式里，分子部分都加了利息收入，主要是考虑利息也是企业运用总资产获得的收入，而资产报酬率作为衡量企业利用全部资源所取得利润大小的指标，并不考虑资源的来源是股东还是债权人，当然，对于股东来说，只有当税前总资产报酬率高于企业举债时的利率时，他们才能够从公司债务经营中获得财务杠杆的好处。

（3）活动力分析。

公司活动力分析可以反映公司资产运用的效率和公司经营的能力，通过活动力分析可了解一家公司是否能够充分地运用其现有的资产。一家公司资产运用的效率，归根结底是各种资产的周转状况。周转率越高、周转期越短，表明资产运用的效率越高；反之，则表明资产运用的效率越低。分析活动力的指标主要有：

①总资产周转率。总资产周转率是衡量公司总资产运用效率的指标，具体的衡量方法是以销售收入为基准，将公司全年的销售收入除以公司平均总资产，它表示公司总资产全年的周转次数或者每1元的总资产能够带来多少销售收入。计算公式为：

$$总资产周转率=\frac{销售收入}{平均总资产}\times 100\% \tag{4-23}$$

$$平均总资产=\frac{年初总资产+年末总资产}{2} \tag{4-24}$$

根据总资产周转率的高低，可以判断公司的总资产是否得到充分的利用。总资产周转速度越快，意味着总资产的利用效率越高；反之，则越低。另外，我们也可以得到总资产平均周转天数。

$$总资产平均周转天数=\frac{365天}{总资产周转率} \tag{4-25}$$

②固定资产周转率。与总资产周转率的原理相同，固定资产周转率就是销售收入与平均固定资产之间的比率，表示固定资产全年的周转效率。计算公式为：

$$固定资产周转率 = \frac{销售收入}{平均固定资产} \times 100\% \quad (4-26)$$

$$平均固定资产 = \frac{年初固定资产 + 年末固定资产}{2} \quad (4-27)$$

根据固定资产周转率的高低，可以判断公司固定资产的利用效率，固定资产周转率越高，表明固定资产的周转速度越快，固定资产的闲置越少；反之，则表明固定资产的闲置比较严重。同样，根据固定资产周转率也可以算出固定资产平均周转天数。

$$固定资产平均周转天数 = \frac{365天}{固定资产周转率} \quad (4-28)$$

③流动资产周转率。流动资产周转率就是销售收入与平均流动资产之间的比率，表示流动资产全年的周转效率。计算公式为：

$$流动资产周转率 = \frac{销售收入}{平均流动资产} \times 100\% \quad (4-29)$$

$$平均流动资产 = \frac{年初流动资产 + 年末流动资产}{2} \quad (4-30)$$

流动资产周转率越高，表明流动资产的利用效率越高。根据流动资产周转率也可以计算出流动资产平均周转天数。

$$流动资产平均周转天数 = \frac{365天}{流动资产周转率} \quad (4-31)$$

④资本周转率。资本周转率是销售收入与股东权益的比率，反映的是公司自有资本的利用效率。计算公式为：

$$资本周转率 = \frac{销售收入}{平均股东权益余额} \times 100\% \quad (4-32)$$

$$平均股东权益余额 = \frac{年初股东权益余额 + 年末股东权益余额}{2} \quad (4-33)$$

这一比率的高低关系到股东投入的资本是否得到充分的利用。资本周转率越高，表示自有资本运用效率越高。但是，资本周转率过高，也反映公司可能过度依赖举债经营，自有资本过少。同样，我们也可以算出资本平均周转天数。

$$资本平均周转天数 = \frac{365天}{资本周转率} \quad (4-34)$$

⑤应收账款周转率。应收账款是指未得到现金的销售收入，其变现的速度反映了资金使用的效率，应收账款周转率就是销售收入与平均应收账款的比率。计算公式为：

$$应收账款周转率 = \frac{未得到现金的销售收入}{平均应收账款} \times 100\% \quad (4-35)$$

$$平均应收账款 = \frac{年初应收账款 + 年末应收账款}{2} \quad (4-36)$$

同样可以运用应收账款平均回收天数来判断应收账款的变现能力。

$$应收账款平均回收天数 = \frac{365天}{应收账款周转率} \tag{4-37}$$

应收账款周转率越高，周转天数越短，表明公司收账越快；反之，则说明公司应收账款的变现过于缓慢，应收账款的管理缺乏效率。

⑥存货周转率。存货周转率是指销货成本与平均存货余额的比率，用来衡量公司存货周转的速度，可以检测公司销售商品的能力。计算公式为：

$$存货周转率 = \frac{销货成本}{平均存货余额} \times 100\% \tag{4-38}$$

$$平均存货余额 = \frac{期初存货 + 期末存货}{2} \tag{4-39}$$

$$存货平均周转天数 = \frac{365天}{存货周转率} \tag{4-40}$$

存货周转速度与公司的获利能力直接相关，应加以重点关注。存货周转率越高，说明公司控制存货的能力越强，利润率也越高；存货周转率越低，说明公司存货过多，不仅会占用资金，影响资金的流动性，而且会增加仓储费用，使产品损耗和过时。

⑦现金周转率。现金周转率是指销售收入与现金的比率，可以衡量公司运用现金效率的高低，也可以据以分析公司是否保持足够的现金以应付经营的需要。计算公式为：

$$现金周转率 = \frac{销售收入}{平均现金余额} \times 100\% \tag{4-41}$$

$$平均现金余额 = \frac{年初现金 + 年末现金}{2} \tag{4-42}$$

$$现金平均周转天数 = \frac{365天}{现金周转率} \tag{4-43}$$

一般而言，无论何种企业，其销售收入与现金之间必须保持某种适当的关系。如果比率太低，说明公司有闲置资金和不必要的现金存在；如果比率太高，显示公司有可能出现现金短缺情况，从而发生流动性危机。

⑧营运资金周转率。营运资金周转率就是销售收入与平均营运资金的比率，是衡量营运资金运用效率的指标。计算公式为：

$$营运资金周转率 = \frac{销售收入}{平均营运资金} \times 100\% \tag{4-44}$$

$$平均营运资金 = \frac{年初营运资金 + 年末营运资金}{2} \tag{4-45}$$

$$营运资金=流动资产-流动负债 \tag{4-46}$$

$$营运资金平均周转天数 = \frac{365天}{营运资金周转率} \tag{4-47}$$

营运资金周转率与现金周转率的内在原理是基本相同的，比率太低说明公司营运资金使用的效率不高，但是太高则可能隐含着营运资金不足的问题。

（4）成长力分析。

成长力分析主要是考察反映公司发展状况的各项指标的增长情况，以此来判断公司的发展前景。

①股东权益增长率。计算公式为：

$$股东权益增长率 = \frac{本期股东权益 - 基期股东权益}{基期股东权益} \times 100\% \tag{4-48}$$

②每股净资产增长率。计算公式为：

$$每股净资产增长率 = \frac{本期每股净资产 - 基期每股净资产}{基期每股净资产} \times 100\% \tag{4-49}$$

③固定资产增长率。计算公式为：

$$固定资产增长率 = \frac{本期固定资产 - 基期固定资产}{基期固定资产} \times 100\% \tag{4-50}$$

④销售收入增长率。计算公式为：

$$销售收入增长率 = \frac{本期销售收入 - 基期销售收入}{基期销售收入} \times 100\% \tag{4-51}$$

⑤税后利润增长率。计算公式为：

$$税后利润增长率 = \frac{本期税后利润 - 基期税后利润}{基期税后利润} \times 100\% \tag{4-52}$$

成长力的相关指标都是同一个财务指标的本期数据与前几期数据进行比较，用于反映公司的发展趋势。比较的方式可以分为同比和环比。同比是指本期与上一年度的同一时间进行比较，比如今年3月与去年3月进行比较就是同比；环比是指本期与前一相隔时间进行比较，比如今年3月与今年2月进行比较就是环比。

（5）生产力分析。

生产力分析就是对公司为了维持其永续生存，从事生产活动所创造的经济附加价值的大小进行分析。虽然在公司的财务分析中，普遍都用各种利润率来衡量公司的业绩，但是仅利用利润率来测度公司业绩是很不全面的，因为一家公司只有在其收益率超过投资者在资本市场中的期望收益率时，其经营活动才算是成功的。也就是说，只有在公司得到的扩大再生产资金的收益率高于资本的机会成本，即市场的资本化利息时，这些扩大再生产的资金才能够增加公司股票的市净率（股票市价与每股净资产的倍率）水平。用来测试公司生产力的指标主要有以下几个：

①附加价值率。计算公式为：

$$附加价值率 = \frac{附加价值}{营业收入} \times 100\% \tag{4-53}$$

经济附加价值就是公司所创造出的新的价值。

②人均附加价值。计算公式为：

$$人均附加价值 = \frac{附加价值}{平均从业人员} \tag{4-54}$$

$$平均从业人员 = \frac{年初从业人员 + 年末从业人员}{2} \tag{4-55}$$

③资本投资效率。计算公式为：

$$资本投资效率 = \frac{附加价值}{资本总额} \times 100\% \tag{4-56}$$

④人力使用效率。计算公式为：

$$人力使用效率 = \frac{附加价值}{用人费} \times 100\% \tag{4-57}$$

⑤人均产值。计算公式为：

$$人均产值 = \frac{总产值}{平均从业人员} \tag{4-58}$$

第二节　技术分析

一、技术分析概述

（一）技术分析的定义

所谓技术分析，就是以图形和统计方法，对过去和当前证券市场上的价格、成交量、价和量的变化，以及完成这些变化所经历的时间和扩展的空间等市场行为的不同方面进行记录和加工，总结证券市场的价格运行规律，并在此基础上对证券价格走势进行预测的证券投资分析方法。

（二）技术分析的主要特点

第一，技术分析是以价格为核心的市场行为来作为投资分析的对象和投资决策的基础，因此，在分析的数据采用方面，只使用市场内的数据，对市场以外的数据一概不加以采用。所谓市场内的数据，主要是指价格和成交量方面的信息。

第二，技术分析在对待市场的态度上始终认为，市场永远是正确的，当全世界都在发疯的时候，过早清醒的人是不幸的。因此，技术分析强调证券市场的价格已经充分反映了相关的信息，分析的侧重点在于以价格判断为基础，以正确的投资时机抉择为目标。所以，技术分析的理论和方法常为短期投机者们所信奉。

第三，技术分析是应用图形和统计等方法对过去和现在的市场行为数据进行记录和加工，然后在记录和加工的基础上总结和归纳出一些典型的、有规律的形态，这些形态可以用图形或指标表示出来，并将图形或指标作为基本工具来预测证券市场未来的变化趋势。因为技术分析认为，尽管投资大众是由各种各样的人所组成，他们之间对行情的判断永远不可能一致，任何人都不可能了解所有市场参与者的想法，但是股价的走势却遵循一定的统计规律性，通过统计图表和有关的计算，可以了解大众的投资心理及其变化。英国著名经济学家兼成功投资者凯恩斯对技术分析作了选股如选美的概括，他以当时英国流行的报刊美女评选为例来加以说明，在这种评选中，只有把选票投给最终得票最多的人才能得奖。因此，选美者个人对美丑的判断标准并不重要，不能作为自己的投票依据，关键是要了解社会大众对美丑的看法，这样才能够使自己的选择与票数最多的选择保持一致。凯恩斯的理论更是被后人发展成为“妻子要选自己中意的，股票要选别人喜欢的”。

第四，技术分析的信条是，一样东西值多少钱取决于人们认为它值多少钱，股票价格波动的根本原因是市场对供求均衡状态偏离的调整。因此，股价无所谓高低，能涨的股票就是好股票，投资成功的关键在于分析出价格变化的趋势，并且在大众采取行动之前抢先行动。所以，技术分析还被人们称为更大傻瓜理论。因为他们认为，不论买了价格多么高的股票，都不一定是傻瓜，关键是要看后面还有没有比你更傻的人愿意用更高的价格买进你手中的股票。

第五，技术分析虽然可以使投资者从市场行为的微妙状态中获得有价值的信息，从而帮助投资者进行投资决策。但是，技术分析只是一种经验的判断和规律的总结，并不强调对因果关系的探寻，它虽有一定的科学性，但又有一定的艺术性，所得出的判断或结论带有某种程度上的主观性。因此，技术分析比较适合于战术性的投资。

（三）技术分析的理论基础

技术分析的理论是建立在三项假设基础之上的，尽管这三项假设并没有在理论上得到完全的证明，但是从历史和经验的角度来看具有一定的合理性。

1.市场行为包含一切信息

该假设认为，任何一个因素对股价的影响最终都必然体现在股票价格的变动上，外在的、内在的、基础的、政策的、心理的因素等都已经在市场的行为中得到了反映，市场永远是正确的。技术分析人员只需要关心各种因素对市场行为的影响效果，而不必对影响证券价格的具体因素是什么做过多的关心。影响证券价格的因素是多种多样的，包括政治和经济环境，也包括供求关系、投机情况以及市场情绪等。但是人们不可能将这些因素按其对市场影响大小的顺序进行排序，在判断价格运动方向时，也不可能知道哪个因素对市场产生了多大的推动力量，各种因素对市场的综合影响导致了市场价格的变化。所以技术分析强调，各种因素对市场的影响已经通过价格运动的形式反映出来，分析的重点应该是各种因素作用的结果，而不必去探究这些因素究竟是什么。

2.价格沿趋势变动并保持趋势

该假设认为，股票价格的变动按一定规律进行，并具有保持原来运动方向的惯性。如果一段时间内股票价格一直是上涨或下跌，那么在今后的一段时间里，只要股价没有调头的内部或外部因素，股票价格会按这一方向继续上涨或下跌，没有理由改变这一既定的运动方向。因此，技术分析的任务就是要尽量找出股价变动的趋势，并按照趋势指导证券投资的实践活动。“顺势而为”是技术分析的信条。

3.历史会重演

该假设认为，证券市场的历史信息包含着对市场未来趋势的某种提示，投资者可以根据对过去市场的分析得出未来市场运行趋势的某种预期。因为，在证券市场上，一个人在某种情况下按一种方法进行操作并取得成功，那么在以后遇到相同或相似情况时，就会按同一方法进行操作。所以，在进行证券投资分析时，一旦遇到与过去某一时期相同或相似的情况，应该与过去进行比较，过去的结果是已知的，这个已知的结果应该作为现在预测未来的参考，因为历史会重演。

以上三项假设是相辅相成的，为技术分析奠定了理论基础。第一项假设使技术分析的对象得到了明确，一切分析全部围绕以价格为中心的市场行为，使用的分析数据全部是市场内的数据。第二项假设使技术分析的任务得到了明确，分析的最终目标是发现价格运行的趋势。第三项假设使技术分析的手段得到了明确，即用图形和统计的方法对已经过去的市场历史资料进行记录和加工，从中找出能够发现未来走势的蛛丝马迹。

（四）技术分析的基本要素

证券的成交价、成交量、时间和空间是进行技术分析的基本要素。技术分析的第一个假设是市场行为涵盖一切信息，而市场行为的最基本表现就是成交价和成交量，所以成交价和成交量就成为技术分析的基本要素。此外，技术分析的第二个和第三个假设是价格沿趋势变动以及历史会重演，在从历史中寻找趋势的过程中，必然涉及时间和空间问题，时间关系到趋势的长短，空间关系到趋势的方向，所以时间和空间也是技术分析的基本要素。

1.成交价

技术分析中使用的成交价包括过去和当前的成交价。在连续交易的市场里，由于成交价在每个时点上都发生变化，所以为了便于分析，通常都选用最有代表性的成交价数据作为分析的对象。最有代表性的成交价数据主要包括开盘价、收盘价、最高价、最低价四种，这四种数据的采用可以分别以日、周、月、年为时间单位，也可以用某一自定的周期作为时间单位，如1分钟、5分钟、30分钟、60分钟。通常在图形分析中以日、周、月、年为时间单位的居多，比如K线图中根据数据采用的时间单位不同，可以分为日K线、周K线、月K线和年K线，而在指标分析中经常会采用自定的周期为时间单位，比如以5日、10日、20日等为周期进行指标的计算。此外，如果要对大盘进行技术分析，那么其相对应的成交价数据应该是股价指数，因为股价指数代表市场的平均价格水平，代表性的数据理所当然就是开盘指数、收盘指数、最高指数、最低指数四种，其数据采用的时间单位与对个股进行技术分析时完全相同。

2.成交量

技术分析中使用的成交量同样也包括过去和当前的成交量。成交量通常有三种代表性的数据，即成交股数、成交金额、成交笔数，这三种数据的采用也同样可以根据分析的需要选用不同的时间单位，如一日的成交量、一周的成交量或一个月的成交量。通常在分析个股行情的时候，采用成交股数的较多；而在分析大盘行情的时候，采用成交金额的较多。成交量之所以成为技术分析的基本要素，是因为证券市场的参与者对证券价格的认同程度是通过成交量的大小表现出来的。如果买卖双方对证券价格的认同程度低、分歧大，那么成交量将会很大；如果对证券价格的认同程度高、分歧小，那么成交量将会很小。比如，当价格持续上升时，通常会伴随成交量的扩大，而一旦成交量达到所谓的“天量”水平时，就意味着买卖双方的分歧在加大，尽管买方还在认同价格上升而继续买进，但是卖方已经不再认同价格会持续上升所以拼命出货，“天量”的出现往往是价格上升的趋势将要发生变化的信号。反之，在价格持续下跌时，通常会伴随成交量的萎缩，而一旦成交量萎缩到所谓的“地量”水平时，就意味着买卖双方的分歧缩小到极致，卖方已经不再认同价格会继续下跌而开始停止出货，而买方尽管也不认同价格会继续下跌从而想买入，但由于卖方停止出货，在目前的价位上已经买不到股票，所以结果就是成交量很低。因此，“地量”的出现往往也是价格下跌的趋势将要发生变化的信号。总之，某一时点上的成交量反映了买卖双方对该时点价格水平的态度，成交量的变化会导致市场均衡不断发生变化，这就是分析成交量以及价量关系的合理性所在。

3.时间

技术分析中使用的时间要素是指完成某一趋势所需要经过的时间长度，通常是指一个波段或一个升降周期所经过的时间长度。时间要素在技术分析中同样占有重要地位，因为无论是上涨还是下跌，每一轮趋势都要经过一段时间才会结束。而且，从一个趋势开始到另一个趋势结束的时间长短，与证券价格下一步的变动幅度会有密切的关系。一个已经形成的趋势在短时间内不会根本改变，中途出现的反方向波动对原来的趋势不会产生大的影响。一个形成了的趋势又不可能永远不变，经过一段时间又会出现新的趋势。在技术分析理论中，道氏理论和循环周期理论对时间要素给予了更多的关注。道氏理论通过对趋势类型的划分，提出了不同类型的趋势具有不同时间长度的观点。循环周期理论则提出了时间窗口的概念，力图找出股价运行过程中从一个低点到下一个低点或者从一个高点到下一个高点时间变化的规律性。

4.空间

技术分析中的空间要素通常是指证券价格波动的方向和范围，或者说是价格上下波动所能够达到的低点和高点的极限。如果说时间要素主要是解决价格有可能在何时出现上升或下降的问题，那么空间要素主要是解决价格有可能上升或下降到什么位置的问题。如果说时间要素主要反映市场波动周而复始的周期性特征，那么空间要素主要反映市场波动中能量变化的规律性。我们可以看到寻找阻力位或支撑位的方法贯穿在各种技术分析方法之中，这是因为证券价格在波动中可能上升或下降到什么位置是证券投资决策中必须了解的问题。

（五）技术分析方法的分类

技术分析方法经过一百年左右的发展和演变已经形成了众多的学派和门类，但是如果按照分析原则来划分，可以分为三大类，即主观型技术分析方法、客观型技术分析方法和混合型技术分析方法。用历史的眼光来看，技术分析方法正呈现出一种由主观型技术分析方法向客观型技术分析方法逐步转变的趋势。

1.主观型技术分析方法

主观型技术分析方法是指，对目标分析模式的定义不建立100%的客观定义标准而依靠主观的界定方法。早期（20世纪初—20世纪50年代）的技术分析方法主要是主观型技术分析方法，擅长用图表的方法来进行分析。主观型技术分析方法的代表性理论主要有道氏理论、切线理论、形态理论、K线理论等。

2.客观型技术分析方法

客观型技术分析方法，是指对目标分析模式的定义建立100%的客观定义标准，完全排斥主观的界定方法。过渡期（20世纪50年代—20世纪80年代初）的技术分析方法，对分析的客观化的努力已经明显加强，一些客观化的技术分析方法也已经成形。近期（20世纪80年代以来）的技术分析方法，其客观化的进程明显加快，已成为技术分析流派的主导型方法，这是因为电脑技术的发展为其创造了良好的条件。客观型技术分析方法主要包括各种技术指标分析理论，如MACD指标、KDJ指标、RSI指标等。

3.混合型技术分析方法

混合型技术分析方法是指介于主观型和客观型两者之间的分析方法，既有一定的客观定义标准，也不排斥主观界定方法。混合型的技术分析方法主要包括循环周期理论、波浪理论等。

（六）应用技术分析方法时应注意的问题

如前所述，技术分析方法虽然有一定的科学性，但它不是一门纯粹的科学，不能对其过于迷信，在应用技术分析方法的时候，应该注意以下问题：

第一，技术分析必须与基本面的分析结合起来才能提高其准确程度，单纯的技术分析是不全面的。从理论上来看，技术分析方法和基本分析方法虽然分析的侧重点有很大不同，有些分析的出发点甚至是相反的，但是实际上大多数分析家都同时运用这两种方法进行预测活动。基本分析方法是预测的基础，技术分析方法往往不能够取代它，只能作为它的补充。

第二，注意多种技术分析方法的综合研判，切忌片面使用某一技术分析方法和结果。每种技术分析方法都是从不同角度去分析和预测市场发展趋势的，它们都具有一定的合理性和有效性，但同时也具有各自的不足之处和局限性，偏信某一种方法就容易出错。实践证明，单独使用一种技术分析方法有相当的局限性和盲目性，如果多种方法都得出相同的结论，一般来说出错的可能性就比较小。另外，在同时使用不同的技术分析方法时，可能会得到大相径庭、互相矛盾的预测结果，在这种情况下，做判断应该特别谨慎。

第三，任何一种技术分析方法的买入或者卖出信号的临界值是因时因地因对象而异的，投资者应根据市场环境的变化及时加以修正。修正的时机和幅度更多地依赖于投资者的经验，不同的投资者运用同样的技术分析方法有时候会对股价趋势作出截然不同的判断，使用的效果不同也是屡见不鲜的。所以，投资者个人经验的积累在技术分析中也是至关重要的。

第四，技术分析并非灵丹妙药，不是万能的，不可过分崇拜这一方法，也不应迷信它的分析结论，特别是不能够走火入魔。任何一种技术分析方法的准确性都是有限的，任何图形和指标都不可能对未来的股价变动全部作出精确的预测。如果真的有一种能够准确预言未来股价的图形或指标，那么股票投资的风险就荡然无存了，股票投资也就因此失去了它的魅力。

二、主观型技术分析

（一）道氏理论

1.道氏理论的主要内容

从证券投资操作的角度来看，在迄今为止的众多证券投资理论中，道氏理论占有最重要的地位。因为道氏理论首先是一种关于投资的哲学，其次才是一种技术分析方法体系，道氏理论的主要内容可以概括为以下几个方面：

（1）单只股票与市场整体关系的理论。

在道氏理论提出以前，投资人普遍认为，股票价格的波动没有相关性，是个别股票的个体行为。因此，投资人只关心作为投资对象的个别股票的背景分析，而不关心整个股票市场的动向。道氏理论提出了与当时流行的观点截然相反的观点，认为个别股票的波动受到整个市场状况的强烈影响，这个看法是道氏理论对证券市场的重大贡献。道氏理论关于单只股票与市场整体关系的理论观点主要有如下几点：

① 个别股票的价格波动与整个股票市场的价格波动密切相关，绝大多数股票的价格总是跟随市场整体走势而波动。尽管个别股票的股价会逆势而动，但从中长期看，仍然会受市场整体走势的影响。

② 个别股票的投机性越高，它与股票市场的关联性就越低；个别股票的投机性越低，它与股票市场的关联性就越高。投机性与整个股票市场的关联性成反比。

③ 市场价格指数可以解释和反映整体股票市场的大部分行为，因此，可以采用股价指数作为衡量股票市场整体波动的尺度。道氏通过科学地建立道·琼斯指数体系，为衡量整体市场波动提供了一套科学的方法。目前，世界上所有的证券交易所都采用一个本地市场的价格指数，目的就是给投资者提供一个衡量本地市场整体状况的指标，各种指数的计算方法大同小异，都源于道氏理论。

④ 股价指数是国民经济的晴雨表，股价指数的重大变化领先于国民经济的重大变化。此观点目前已成为证券市场公认的真理，显然它来源于道氏理论。这一观点的重要性在于我们可以根据股价指数来预判国民经济的变化，而国民经济的变化又将影响股票市场的整体趋势，最终影响个别股票的走势。

单只股票与市场整体的关系，是由道氏最先正确提出并成为当代投资理论家深入探讨的重大理论问题，同时也是一个事关正确投资决策策略的实务问题。

（2）市场波动的三种趋势理论。

市场波动的三种趋势理论是道氏理论中最精华的部分。道氏理论认为，价格波动尽管表现不同，但是最终可以将它们划分成三种趋势，即主要趋势、次要趋势和短暂趋势。这三种趋势既互相独立又互相影响，构成了完整的市场走势。

①主要趋势。

主要趋势也可称为基本趋势或原始波动，它是指股价的长期趋势，可以持续十几个月甚至几年之后才会改变原来的波动方向。主要趋势可以分为两种形态，即多头市场形态和空头市场形态，前者一般称为牛市，后者一般称为熊市。牛市是上升趋势，熊市是下降趋势，判断主要趋势是上升还是下跌的基本标准就是，只要下一个高点超过前一个高点，且次级回档的低点也上移，即高于前一个低点，那么主要趋势就是上升的；反之，只要下一个低点低于前一个低点，且次级反弹的高点也下移，即低于前一个高点，那么主要趋势就是下跌的。道氏理论认为，投资者分析的目的和重点应该是判定市场中主要趋势的变动，因为一旦主要趋势形成，就会在较长的时间里继续下去，直至发生反转为止。所谓反转，是指主要趋势发生了方向性的改变，与反弹或回档有本质的区别。反弹和回档是主要趋势发展过程中与主要趋势方向相反的次级波动。

②次要趋势。

次要趋势又称中期趋势或次级波动，它是指在多头市场或空头市场期间分别提供矫正和复苏的趋势，是对主要趋势做反向的修正。具体来说，就是在上升趋势中出现的中期性回档调整行情和在下降趋势中出现的中期性反弹上涨行情，所以次级波动的力度通常被称为中级行情。对次级波动的看法主要有三点：

第一，次级波动的周期一般为3个星期至几个月的时间，任何逆主要趋势而行的3个星期以上的价格变化都被认为是次要趋势。当然，次级波动的周期不具有绝对性，显然它不会长于主要趋势，通常为前一段主要趋势时间的1/3或1/2。

第二，波动的幅度或者力度，在多头市场趋势中，回档调整通常会跌去涨升部分的1/3、1/2甚至是2/3，但以1/2为最多，反弹情况的比例也基本相似。

第三，通常在一个多头或空头市场中会出现好多次次级波动，但究竟会出现多少次，事先无法断定。在主要趋势中出现逆向的次级波动的修正，与投资者的心理和市场供求平衡的特点有密切的关系。在多头或空头趋势维持一段时间以后，就会有越来越多的人认为上涨或下跌得差不多了，因而有人获利回吐，有人捕捉反弹，于是就会出现上涨趋势中的回档和下跌趋势中的反弹。此外，从供求关系来说，上涨趋势需要更多新资金的推动，下跌趋势需要更多抛售筹码的打压，但是无论上涨还是下跌趋势，新进入资金和新抛出筹码不可能无限增大或无限缩小，达到平衡以后又会出现新的不平衡，这也是产生逆向次级波动的原因。次要趋势虽然对长线投资者无关紧要，但是对于中短线的投机者来说非常重要，他们可以利用次要趋势的变化进行高抛低吸或低吸高抛的波段操作，从中获取可观的超额利润。不过，由于判断很难，真要抓住波段操作机会并不容易。

③短暂趋势。

短暂趋势也叫日常波动，相当于通常所说的短期行情，一般在三五天至一两个星期。道氏理论认为，短暂趋势都是因各种偶然因素所致，如传闻、市场情绪、机构操纵等。由于短暂趋势的干扰因素太多、偶然性太大，再加上可操纵性，因而很难找出规律性的东西。日常波动就像大海的细浪一样，本身并无重要性可言，但是集中起来就形成了次要趋势。在现实的证券市场，短期波动很难预测，因而带有一些神秘色彩，也会经常扰乱人们的判断，所以有远见的投资者不应对短暂趋势予以关注。

道氏理论把三种趋势比喻为大海中的潮涨潮落，原始波动就像大海中的海潮，长久而稳定；次级波动就像大海中的海浪，十分壮观，但是没有节奏和方向感；日常波动就像平静海面中的涟漪，小而不定。其中，多头市场好比是涨潮，一浪高过一浪，而空头市场好比是退潮，一浪低于一浪。三种趋势的理论是道氏理论的精华，它揭示了股市运动的基本规律，对股市运动作了比较准确的概括，开创了技术分析的先河，为后来出现的很多技术分析方法奠定了基础。

2.道氏理论的缺陷和在应用时应注意的问题

第一，道氏理论是以重视长期趋势而著称的，对于大趋势的判断有较大的作用，但是对于短暂波动甚至是次级波动的判断作用不大。道氏理论的中心在于主要趋势，对于次级趋势关注较少，日常运动更是无足轻重，因此适用于中长期分析，对中长期投资者帮助较大，对于短期投资者的帮助很小。

第二，道氏理论的可操作性比较差，判断信号滞后，落后于价格变化，使投资者在进行行情判断时会因为得不到明确的信号而产生困惑。比如，道氏理论强调要通过两种股价指数的互证来确认主要趋势，但是实际上两种股价指数的互证有不确定性，当一种股价指数显示为一浪高过一浪的运行态势，此时人们可能要等几天甚至几个月才能得到另一个股价指数的验证。尤其是买入和卖出信号通常发生在指数到达峰位或谷底后的20%~25%的位置，丧失了最佳的获利机会。

第三，三种趋势在理论上很容易被人接受，但是实际划分非常困难，很容易混淆，导致判断错误。

（二）K线理论

1.K线的画法和表示方式

K线图上，以纵轴表示价格，以横轴表示时间。K线图也叫阴阳烛线图，它由影线和实体两部分构成，实体部分反映开盘价和收盘价的价格水平和相互关系，影线反映最高价和最低价的价格水平和相互关系。就影线而言，在实体上方的部分叫上影线，在实体下方的部分叫下影线。实体根据开盘价和收盘价的相互关系，又分成阳线和阴线两种。收盘价高于开盘价的叫阳线，用白色或红色表示；收盘价低于开盘价的叫阴线，用黑色或绿色表示。总之，K线图是根据开盘价、收盘价、最高价、最低价这四个价格来进行绘制的，K线总体的大小代表一天、一周或一个月股价的波动幅度。每天的开盘价一般是指当天第一笔成交价格，这是传统的开盘价定义，但是为了克服机构和庄家故意人为地制造一个不符合实际的开盘价，目前中国的证券交易所通过集合竞价的方式产生开盘价；最高价和最低价是每个交易日成交股票的最高价格和最低价格，它反映当天股票价格上下波动的幅度大小；收盘价一般是指每个交易日最后一笔成交价格，是多空双方在经过一天争斗之后所达成的共识，是一个比较重要的价格指标。为了防止对收盘价的操纵，中国的证券交易所目前是通过集合竞价的方式来确定收盘价。要注意的是，在四个价格里，收盘价是最重要的价格，很多技术分析方法都采用收盘价。比如，移动平均线是用收盘价计算的，一般讲起某一天的股价时都是指那一天的收盘价。图4-1和图4-2分别是K线中阳线和阴线的画法和表示方法。

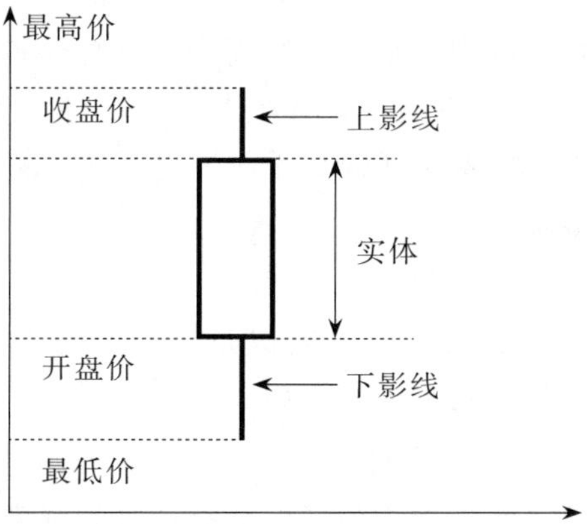

图4-1　阳线

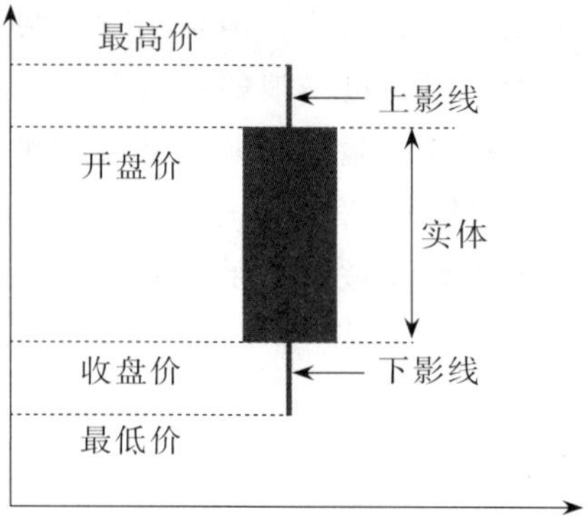

图4-2　阴线

K线图通常有日K线、周K线和月K线三种。日K线是以日为计算单位，将一天的四个价格用K线表示出来；周K线是以周为时间单位，将一周内的四个价格用K线表示出来；月K线是以月为时间单位，将一个月内的四个价格用K线表示出来。通常为了防止庄家故意制造K线形态，提高K线判断的准确性，应该参考周K线或月K线。从K线图中我们可以看出买卖双方力量的强弱，以此判断股价未来的发展趋势，把握买进或卖出时机。K线图经过长时期的整理，已经形成一套比较完整的分析理论，当出现某些经典的图形后，就可以预测未来股价的涨落。

2.K线分析的基本要素

（1）阴阳关系。

按照开盘价和收盘价的相互位置，可以确定某天、某周或某月的K线是阴线还是阳线，它们代表了一天、一周或一个月的总体趋势方向，阴线表示总体的趋势方向为下跌，阳线表示总体的趋势方向为上升。

（2）实体大小。

开盘价至收盘价之间的距离，在K线图上是用蜡烛形来表现的，这是它另一名称烛线图的来历，这一段距离被称为实体。实体距离的大小反映了市场内的供求关系，通过实体距离的大小可以判断某天、某周或某月总体趋势的程度。阴线实体越大，表明供过于求，越有利于下跌；阳线实体越大，表明供不应求，越有利于上涨。比如在多头市场上，K线的图谱就会连连拉出阳线，资金入市越强烈，市场动能就越大，大阳线就拉得越长。

（3）影线长度。

K线的上下影线代表了趋势是否受阻以及阻力的大小，可以作为一种转折信号。影线越长，代表转折信号越强烈。一般来说，指向一个方向的影线越长，表明往该方向受到的阻力越大，越不利于股价今后朝这个方向变动。比如在多头市场上，阳线上的上影线越长，代表多头市场的转折信号越强烈。在实践中，一般以两倍于实体以上的上影线代表强烈见顶信号，以两倍于实体以上的下影线代表强烈的见底信号。由于影线越短转折的可能性越小，影线越长转折的可能性越大，所以在同一条K线的上下影线中，应该重点考察参考那条较长的影线，它代表了趋势的走向，这样可以简化K线的研判。

根据上述三个基本要素，K线的阴阳转换、实体的大小变化、影线的长短变化是无限丰富的，所以K线的变化也是无限丰富的。虽然K线的变化是无限丰富的，但是只要从以上三个基本要素出发进行理解和分析，一些复杂的问题就能够迎刃而解。

（三）切线理论

切线理论是传统图形分析方法中的一种，属于主观型技术分析方法，它是按照一定的方法和原则，在根据股价数据所绘制的图表中画出一些直线，然后根据这些直线的情况来判断和预测股票价格的未来趋势，这些直线也叫作切线，所以被称为切线理论。切线当中有趋势线、轨道线、压力线、支撑线等不同的种类。切线理论为我们提供了很多价格移动可能存在的支撑线和压力线，这些直线有一定的作用。但是这些直线的来源并非有严格的科学依据，在很大程度上带有主观性，它们只是一种参考，不能把它们当成万能的工具。

1.趋势线

趋势线是将股价波动一段时间内的低点或高点依次连接而形成的一条向上或向下的直线，分为上升趋势线和下降趋势线。当股价下跌到某一低点时，立即回升，过了一段时间以后随即又下跌，但是没有跌破前一个低点，然后再度上升，我们可以将这两个低点连接成直线，就得到上升趋势线。也就是说，在上升趋势中，两个低点连成的直线，就是上升趋势线。反之，当股价上升到某一高点后开始下跌，过了一段时间以后股价又回升但是没有能够突破前一个高点，然后再度下跌，将这两个高点连接成一条直线，就得到下降趋势线。也就是说，在下降趋势中，两个高点连成的直线，就是下降趋势线。图4-3与图4-4分别为上升趋势线和下降趋势线。

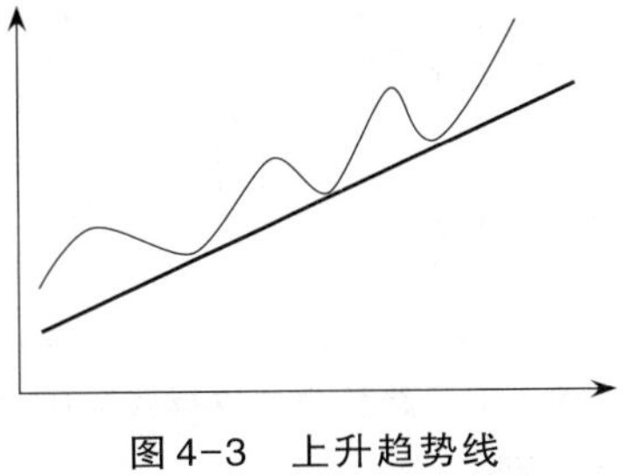

图4-3　上升趋势线

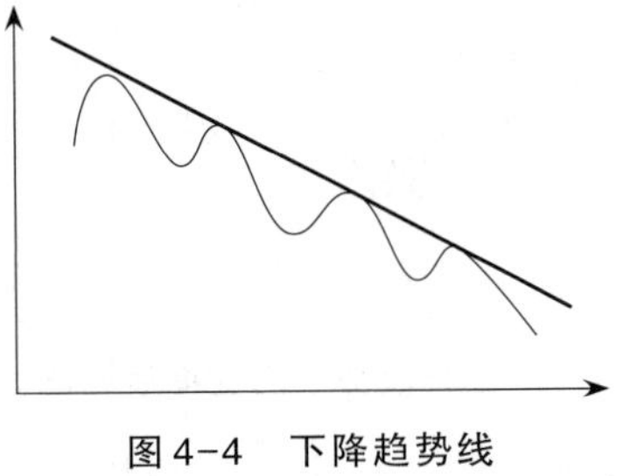

图4-4　下降趋势线

2.轨道线

轨道线又称通道线或管道线，是由趋势线所派生出来的一种切线。在已经得到了趋势线后，可以通过第一个峰或谷作出一条与趋势线相平行的直线，这条平行线就叫作轨道线。趋势通道就是由轨道线与趋势线这两条平行线所构成的一个股价运行区间，分为上升通道和下降通道。前者是由上升趋势线与在其上方的轨道线所构成的股价运行区间，后者是由下降趋势线与在其下方的轨道线所构成的股价运行区间。图4-5与图4-6分别为上升通道和下降通道。

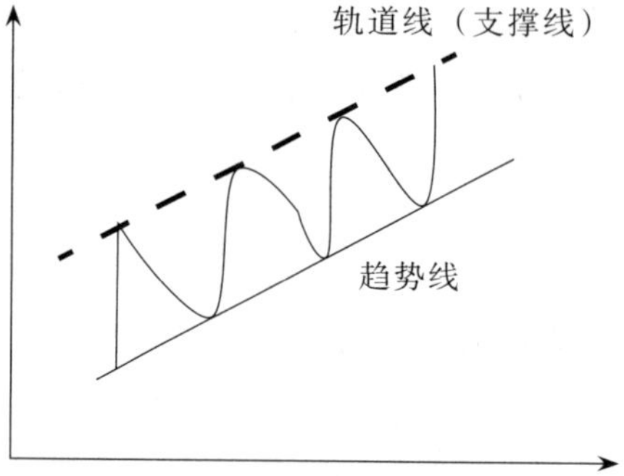

图4-5　上升通道

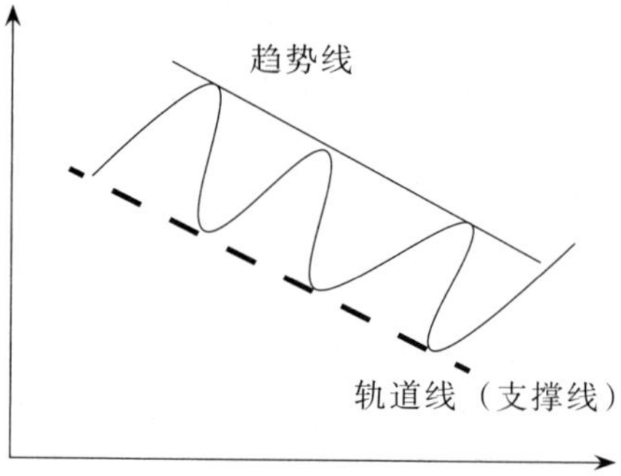

图4-6　下降通道

3. 支撑线和压力线趋势线

在实践中，当股价上升到一定价位时，会遇到某种阻力，使股价在此区域内盘旋多时；而当股价下降到一定价位时，会遇到某种支撑，使股价很难再下跌。这就是技术分析中经常使用的支撑和压力的概念。支撑线一般又叫作抵抗线，是指当股价跌落到某一价位区域附近时，会出现买方增加、卖方减少的情况，从而使股价下跌趋势得到阻止甚至反弹上升。这一价位区域称为支撑区。在支撑的价位区附近画出的直线就是支撑线。压力线又称为阻力线，是指当股价上升到某一价位区域附近时，会出现卖方增加、买方减少的情况，从而使股价涨势受到阻止甚至反转下跌，这一价位区域称为压力区或阻力区。在阻力的价位区附近画出的直线就是压力线。图4-7与图4-8分别为上升趋势及下降趋势中的支撑线和压力线。

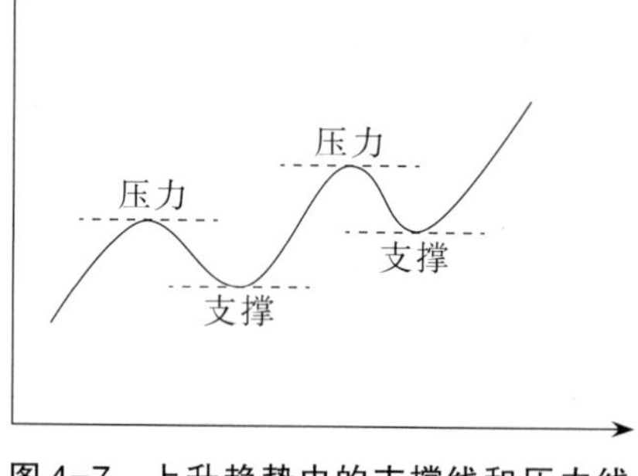

图4-7　上升趋势中的支撑线和压力线

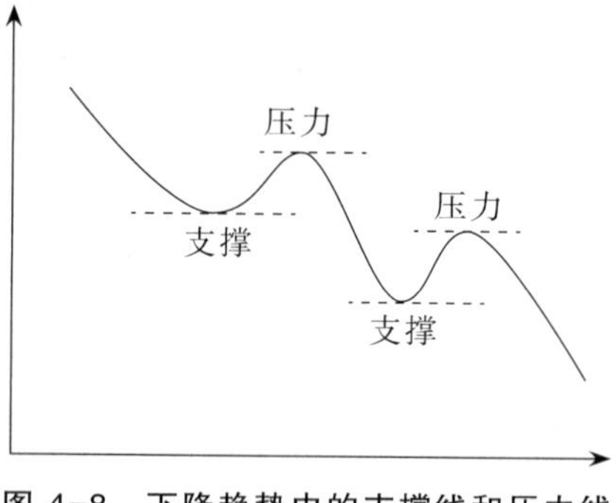

图 4-8　下降趋势中的支撑线和压力线

4. 支撑线、压力线、趋势线、轨道线的联系和区别

支撑线和压力线与前面所讲的趋势线和轨道线有共同之处，也有不同之处。从共同点来说，股价遇到这些切线都会掉头，在上面是受到压力掉头，在下面是受到

支撑而掉头，因此，我们可以将上升趋势线看成一种特殊的支撑线，将下降趋势线看成一种特殊的压力线；也可以将上升通道的轨道线看成一种特殊的压力线，将下降通道的轨道线看成一种特殊的支撑线。但是，我们通常所说的支撑线和压力线是与趋势线和轨道线有一定区别的。趋势线和轨道线是受制于两个或两个以上的价位，趋势线和轨道线形成后，随着时间的不同，支撑或阻力的价位会随时改变，显示出动态的变化，是一种动态的支撑线和压力线。而支撑线和压力线则不同，一般是在股价盘旋的区域附近形成，是围绕着某一个价位运行的，属于静态的图形。这里还要消除一个误解，有些人认为，只有在下跌行情中才有支撑线，在上升行情中才有压力线。其实，在下跌行情中也有压力线，在上升行情中也有支撑线。但是，由于在下跌行情中人们最关注的是跌到什么地方，所以就关心支撑线多一些；而在上升行情中人们更多关注的是涨到什么地方，所以关心压力线就多一些。

5.支撑线和压力线的作用

第一，阻止股价朝某一方向继续运动。支撑线和压力线一旦确立，可以阻止或暂时阻止股价朝某一个方向继续运动，投资者可以据此预期在未来一段时间内股价走势的界限和区间。因为支撑线起着阻止或暂时阻止股价继续下跌的作用，而压力线起着阻止或暂时阻止股价继续上升的作用，所以，就必然会形成一个价格往复运动的区间，这种区间，在技术分析里被称为箱体，股价在箱体内的运行叫作箱体运行，投资者可以利用箱体运行进行短线的高抛低吸操作。

第二，互换支撑和压力角色。由于股价运动有趋势特征，因此一般情况下支撑线和压力线阻止股价朝某一方向运动的作用是暂时的，它们只能使股价变动暂时停顿。股价运动要维持某种趋势，保持原来的运动方向，就必须冲破阻碍其继续发展的障碍。要维持下跌行情就必须突破支撑线的阻力和干扰，创造出新的低点；要维持上升行情就必须突破压力线的阻力和干扰，创造出新的高点。所以，支撑线和压力线经常存在着被突破的可能性。但是支撑线和压力线具有互换性，压力线一旦被突破就会转变成上升行情的支撑线，即未来的股价回落到此会遇到一定的支撑；支撑线一旦被突破就会转变为下跌行情的压力线，即将来股价上升到此会遇到一定的阻力。

第三，预示中长期趋势的终结。支撑线和压力线的突破是研判股价中期趋势和长期趋势的重要信号。在上升趋势中如果下一次波动未创出新高，即未突破压力线，这个上升趋势就已经处于很关键的位置，如果往后的股价又向下突破了这个上升趋势的支撑线，这就产生了一个趋势有变的强烈信号，通常意味着一轮上升趋势已经结束，下一步的走势是下降趋势。反之，在下降趋势中，如果下一次的波动未创新低，即未突破支撑线，那么这个下降趋势已经处于很关键的位置，如果后来股价又向上突破了这个下降趋势的压力线，这就发出了这个下降趋势将要结束的强烈信号，股价的下一步走势将是上升趋势。在这种趋势终结的情况下，支撑线和压力线就成为趋势转向的最低点和最高点。

（四）形态理论

1.形态理论的定义和基本前提

形态理论和切线理论一样，也是传统图形理论的一种。形态理论主要是根据股价走势图上所体现出来的股价在某一段时间内的移动轨迹来研究、判断股价的未来走势。在股价走势图上的曲线波动中包含着多空双方争斗的信息，形态理论就是通过研究股价移动的轨迹线路形态来进行投资决策。由于在股价的移动轨迹中可以总结出一些特定的形态，这些特定的形态又代表了特定趋势或方向，所以被称为形态理论。

形态理论有两个基本的前提：第一个前提是，股价的变动是有规律的，这种规律就是股价是随着多空力量的消长，从平衡到打破平衡，再到新的平衡，处于周而复始、循环往复的过程之中。因此，在处于平衡的时候，股价应在多空双方取得均衡的位置上上下下来回波动，而在原有的平衡被打破时，股价就会产生突破，寻找新的平衡。第二个前提是，由于股价变动的规律是从平衡到打破平衡，再到新的平衡的循环，因此，股价的移动也就可以分为两种最基本的形态，一种是保持平衡的形态，另一种是打破平衡的形态。保持平衡的形态我们把它称为持续整理形态；而打破平衡的形态，我们把它称为反转突破形态。在这两种最基本的形态中，都会有一些典型的图形，可以根据这些典型的图形判断是处于持续整理状态，还是处于反转突破状态。

2.持续整理形态的典型图形

（1）矩形形态。

矩形形态也叫箱形，是最典型的一种持续整理形态。股票价格在两条横着的水平线之间上下波动，在方向上作横向延伸的运行态势。矩形形态一般出现在上涨或下跌过程的中段，它是多空双方全力交战的结果。多空双方在主力的支持下，互不相让，股价涨到压力线就遭到空方抛压，股价回到支撑线又被买盘托起，时间一长就形成两条明显的上下界线。随着时间的推移，双方的热情会逐步减弱，市场趋于平淡。在经过拉锯以后，谁的力量强，谁就会获胜。矩形形态的图形就是将高点和低点分别用直线连接起来，便可以得到两条平行的矩形形态线，如图4-9和图4-10所示。

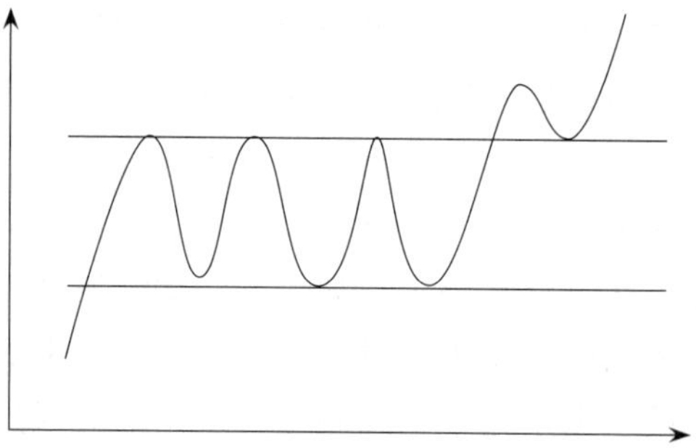

图4-9　向上突破的矩形形态

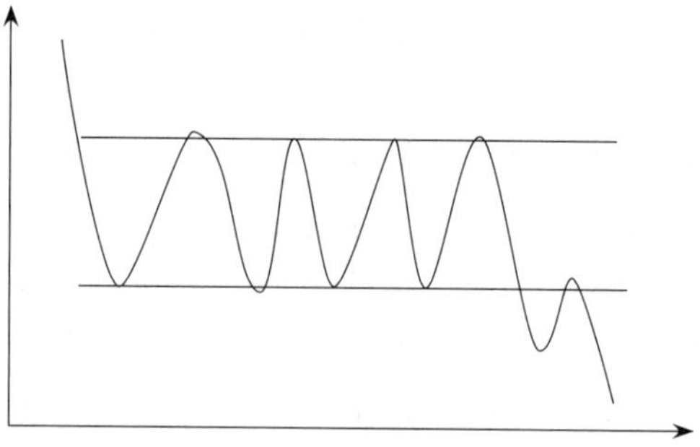

图4-10　向下突破的矩形形态

（2）三角形态。

三角形态是指在一系列的股价变动中每次股价变动的幅度都比前一次小，变动距离都比前一次短，从而使股价变动日趋收敛的形态。因为股价变动越来越收敛，所以在股价图形上就形成了逐渐紧缩的三角形。

①对称三角形。

对称三角形的特征是每一次上涨的高点无法达到前一次上涨高点的高度，而每一次下跌的最低点又比前一次下跌的最低点要高。对称三角形有两条聚拢的直线，上面的向下倾斜，起压力作用，下面的向上倾斜，起支撑作用，两条直线最后形成交点。另外，对称三角形至少要有四个转折点，因为每条直线的确定至少需要两个点，上下两条直线就至少要有四个转折点。如果要确认和验证，应该有六个转折点。图4-11和图4-12分别为上升趋势和下降趋势中的对称三角形。

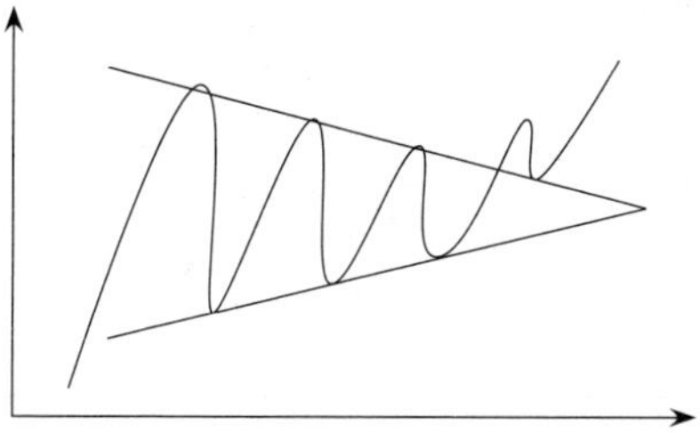

图4-11　上升趋势对称三角形

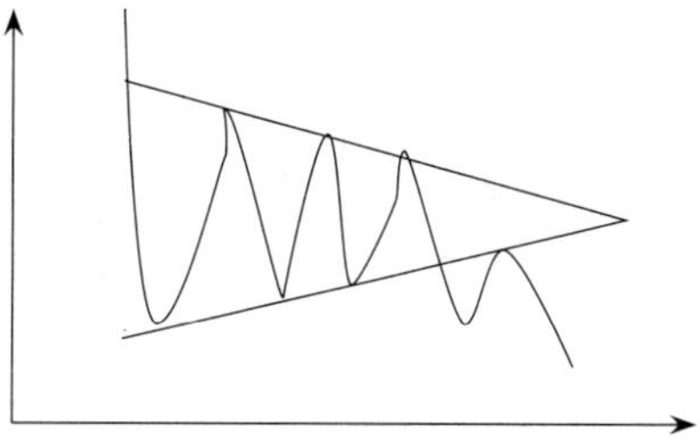

图4-12　下降趋势对称三角形

②上升三角形。

上升三角形是对称三角形的变体，将对称三角形上面倾斜的直线变成水平方向就能得到上升三角形。除了上面的直线是水平直线以外，上升三角形与对称三角形在形状上没有太大的区别。在对称三角形中，压力和支撑都是逐步加强的，一方是越压越低，另一方是越撑越高，看不出谁强谁弱。但是在上升三角形中，上面的直线起压力作用，压力是水平的，始终都一样，没有变化，下面的直线起支撑作用，支撑却越撑越高。上升三角形参见图4-13。

③下降三角形。

在上升三角形中，压力是水平的，始终都一样，没有变化，支撑却越撑越高。而在下降三角形中，压力是往下倾斜的，压力线越来越低，但是下边的支撑线是水平的，始终都一样，没有变化。下降三角形参见图4-14。

（3）旗形形态。

①上升旗形。

上升旗形看上去像一个往右下方倾斜的平行四边形，其顶部和底部均依次下降。上升旗形上下两条平行线分别起着压力和支撑的作用，两条平行线的某一条线被突破是旗形完成的标志。上升旗形参见图4-15。

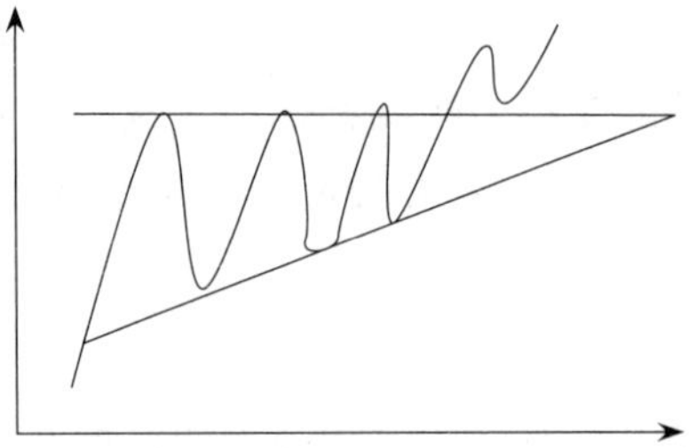

图 4-13　上升三角形

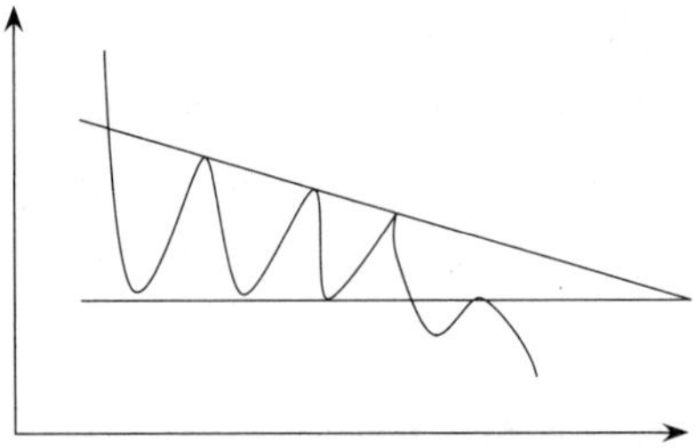

图 4-14　下降三角形

②下降旗形。

下降旗形看上去像一个往右上方倾斜的平行四边形，其顶部和底部均依次抬高。下降旗形的上下两条平行线分别起着压力和支撑的作用，两条平行线的某一条线被突破是旗形完成的标志。下降旗形参见图 4-16。

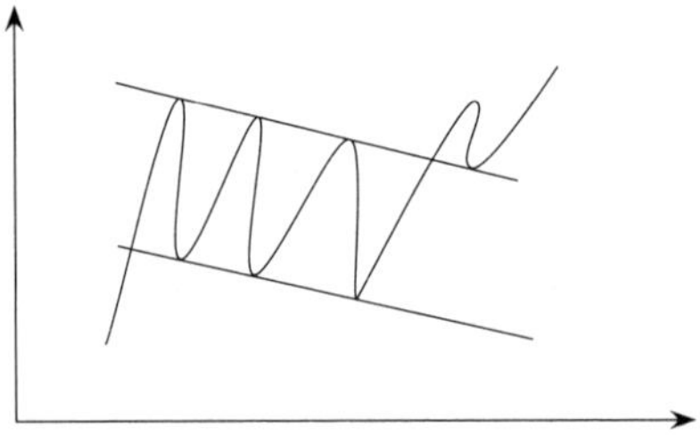

图 4-15　上升旗形

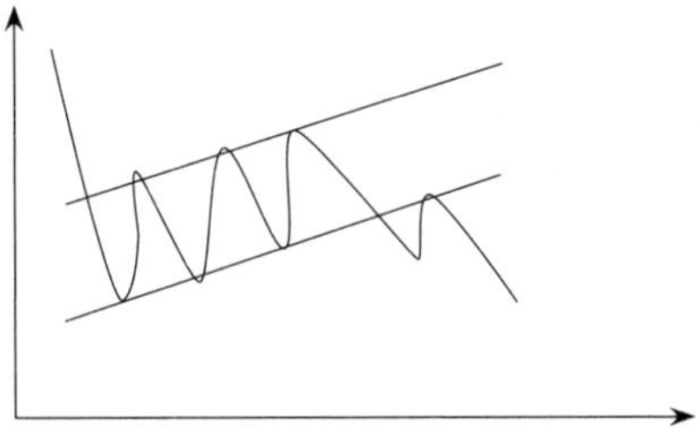

图 4-16　下降旗形

（4）楔形形态。

①上升楔形。

上升楔形一般出现在上升过程的中途或下跌过程的结束段。因为股价上涨或下跌一段时间后，主力开始部分抛售和吸纳，因此就有拉高和回落的来回拉锯，特点是来回拉锯中的顶部和底部都逐渐放低，同时拉锯的距离逐渐收敛。上升楔形参见图 4-17。

②下降楔形。

下降楔形一般出现在下跌过程的中途或上升过程的结束段。因为股价下跌或上涨一段时间后，主力开始部分抛售和吸纳，因此就有拉高和回落的来回拉锯，特点是拉锯中的顶部和底部都逐渐抬高，同时拉锯的距离也逐渐收敛。下降楔形参见图 4-18。

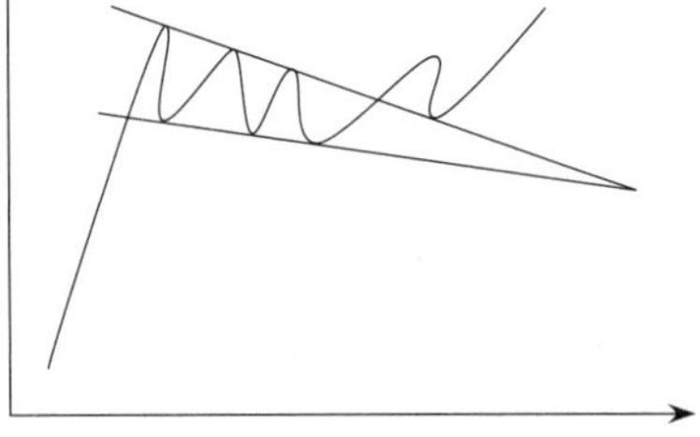

图 4-17　上升楔形

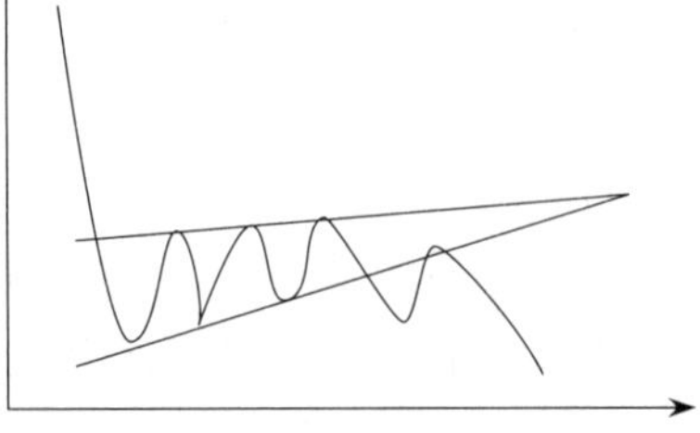

图 4-18　下降楔形

3.反转突破形态的典型图形

（1）头肩形。

①头肩顶。

头肩顶形态是一种常见的、重要的、可靠度较高的反转向下形态。当股价经过一段时间的上涨后，成交量堆积了很多，此时买卖双方的力量逐渐发生了变化，买方的获利回吐压力在增加，股价开始回档，形成第一个低点，这样就形成了左肩，在这个过程中成交量会减少许多。但是由于空头力量此时尚未占据优势，主动权仍掌握在多头主力手中，因此股价在受到支撑后，便被多头主力奋力拉起，成交量可能大幅增加，甚至创下纪录，股价超越左肩，并形成新的高点。这时，有经验的炒手和投资者开始抛售，短线投机分子更是抓紧抛售，这样就造成股价急速滑落，形成了第二个低点。两个回合斗争下来，买方显出疲态，当第三次股价被主力拉起来时，已不再出现庞大的成交量，涨势也没有前面凶猛，股价还没有达到头部高点就被空方打压下来，这样就形成了右肩。在多头翻空的支持下，股价一举跌破支撑颈线。最后，经过反弹受阻又回落，反转下跌的形态成立。头肩顶形态中，两个低点所连成的直线即为颈线，如图4-19所示。颈线在形态中是支撑线，头肩顶形态出现右肩并调头向下，只能说是原有的上升趋势已经转化为横向延伸，还不能说已经反转向下，只有当股价向下突破颈线，才能说头肩顶反转形态已经形成。

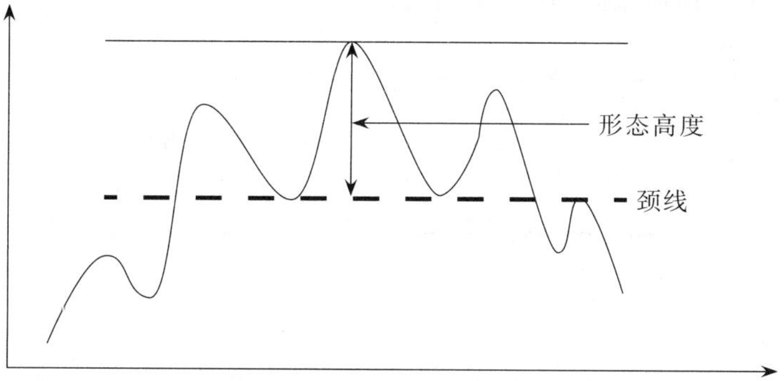

图4-19　头肩顶

②头肩底。

头肩底是一种常见的、重要的、可靠度较高的反转向上形态。当股价经过一段时间的下跌时，供求关系发生变化，卖方力量逐渐消耗殆尽，买方力量逐步加强。初期，成交量并没有显著增加，买方就完成一次反弹，在图形上构成左肩。由于买方还处于恢复期，因此在力量对比方面仍然处于次要地位，股价在颈线处受到压力后，买方就开始动摇，卖方只用很少的抛压就能让买方吓破胆，从而创出新低，形成第二个底时成交量迅速增加，大于左肩的力量。在第二个低点，买方力量进一步壮大，再一次将股价拉升到压力处附近，买方中的短线投机者和空方力量又一次将股价抛压下去，但是已经无力再创新低，买方力量看准时机在主力带领下，一举突破颈线压力位，形成右肩向上突破的局势。头肩底形态的图形如图4-20所示。

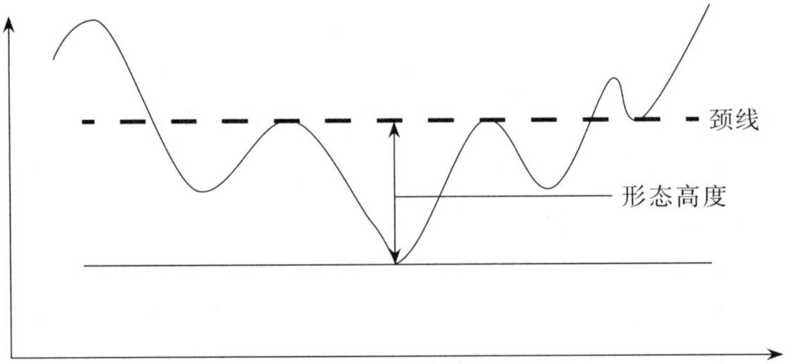

图4-20　头肩底

（2）双重顶底形。

①双重顶。

双重顶又称M头，是在上升趋势过程的末期，股价经过长期上涨后创下新的高点，这时买方跟风减弱，进行正常的回落，然后受到上升趋势线的支撑，买方再度发力将股价拉升到前一高点的密集成交区，当股价达到前期高点时卖方马上抛售，还引起先前的多头翻空，形成第二次下跌。当跌破颈线位后，股价会形成一轮原始下跌趋势或中级下跌行情。刚下跌时成交量并不是很大，日后继续下跌时成交量才会扩大。双重顶形态的图形如图4-21所示。

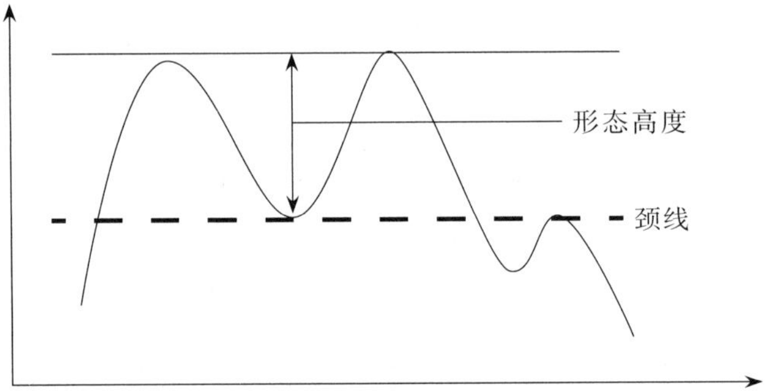

图4-21　双重顶（M头）

②双重底。

双重底又称W底，由于它的可靠性比较高，容易辨认和掌握，所以也是股价形态分析中常见的一种底部形态。双重底是股票经过一段时间的下跌后，股价已经处在一定的低位，卖方的抛压已经逐渐衰竭，买方的力量在积聚，一旦买方力量超过卖方，必然导致股价回升。当股价跌至第一个谷底时，买方发起反攻，成交量有所放大。回升到达颈线附近，多头力量出现犹豫，短线空头力量又将股价打压到前期的低点附近。这时做空的能量充分释放，根本无力再往下打压，买方在此点位附近聚集了大量做多力量，纷纷抄底买入，迫使空方投资者转向多头，从而加速了股价放量上涨，最终突破颈线压力位，形成双重底。双重底的图形如图4-22所示。

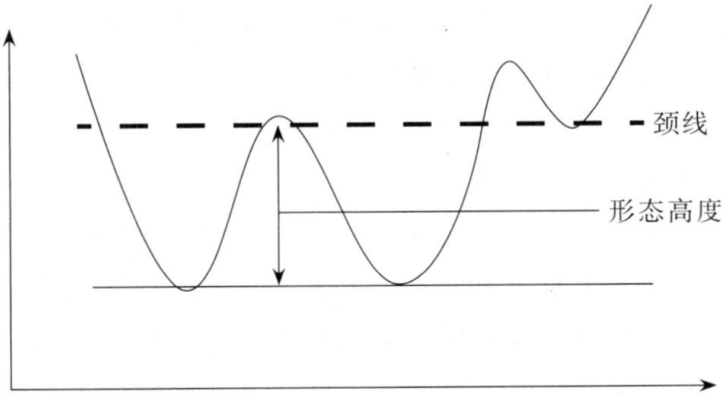

图4-22 双重底（W底）

（3）圆弧形态。

圆弧形态也是一种重要的反转形态，圆弧形态在实际的盘面中出现的机会较少，但是一旦出现则是绝好的机会。不过，作为一种反转形态，它的反转深度和高度是不可测的，这一点与前面几种形态有所区别。

①圆弧顶。

圆弧顶是将股价在一段时间内的顶部高点用折线连接起来所得到的一条类似于圆弧的弧线，这条弧线盖在股价走势图的上方。顶部的高点没有明显的头和肩的感觉，呈现出顶部依次抬高然后又依次降低的状态。股价在经过一段时间的上涨后，速度由快变慢，幅度由大变小，这时股价仍然保持缓慢的上升运行节奏，到达顶点后，股价开始缓慢往下运行，速度由慢变快，幅度由小变大，形成一道圆弧顶。圆弧顶的出现表明买方力量逐步趋弱，卖方力量在不断加强，最后买方力量彻底瓦解。圆弧顶形成的原因在很大程度上与主力掩护撤退有关。主力手中有足够的股票，如果一下子抛出太多，股价下落太快，手里的筹码可能不能够全部出手，于是只能一点一点往外抛，形成来回拉锯，直到手中的股票接近抛完时，才会大幅度打压，一举使股价下降到很深的位置。圆弧顶的图形如图4-23所示。

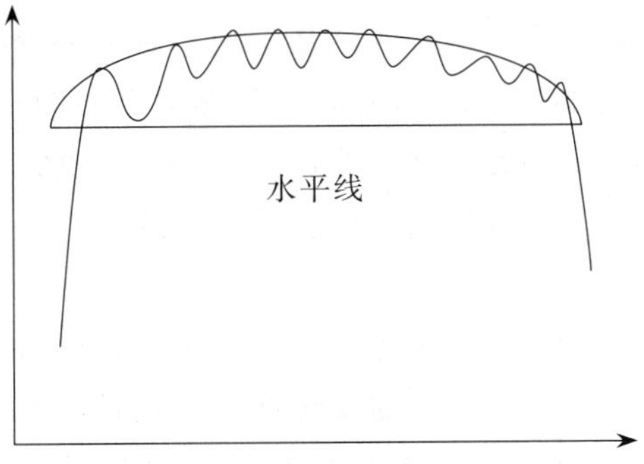

图4-23 圆弧顶

②圆弧底。

圆弧底是将股价在一段时间内的底部低点，用折线连接起来所得到的一条类似于圆弧的弧线，这条弧线托在股价走势图的下方。底部的低点也没有明显的头和肩的感觉，呈现出底部依次降低然后又依次抬高的状态。股价经过一段时间的下跌，速度越来越慢，下跌的幅度也越来越小，呈圆弧状跌势，到达最低点时，成交量稀少，股价跌无可跌，买盘开始逐渐介入，股价开始渐渐回升，上升幅度由小变大，上涨速度由慢转快，随着买盘力量的不断放大，股价走势完成圆弧底，最终放量向上快速冲击。圆弧底是空方由强到弱、量能彻底耗尽，多方由弱转强、量能日益聚积的结果。随着买方力量的增强，成交量不断放大，股价攀高，最终形成反转。圆弧底的形成也与主力掩护入场有关。如果主力手中持有足够的资金，一下子吃得太多，股价涨得太快，不利于今后的买入。因此，为了掩护吸收筹码，就让股价一点一点来回拉锯，等到筹码吸收得差不多时，才会大幅拉升，使股价一举提到一个很高的高度。圆弧底形态的图形如图4-24所示。

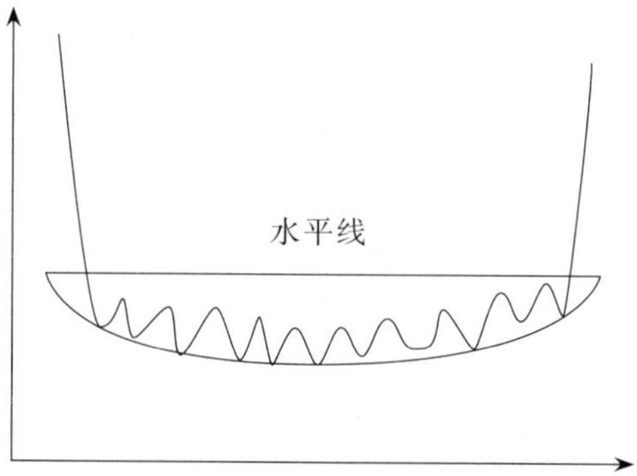

图4-24　圆弧底

（4）菱形形态。

菱形的另一个名称叫钻石形，是另一种出现在顶部的看跌形态。菱形形态出现的机会很少，一般多见在顶部，市场主力采取不规则的震荡来完成出货的目的。其图形的特点是，整个图形分成两部分，左边是一个开放三角形，右边是一个收敛三角形。前半部分的喇叭形之后，趋势应该是下跌，后半部分的对称三角形使这一下跌暂时推迟，但终究没能摆脱下跌的命运。菱形形态的图形如图4-25所示。但要注意菱形上面两条直线的交点有可能并非正好是一个高点，技术分析中的菱形并非严格几何意义上的菱形，这一点与别的形态是一样的。

（5）V形形态。

V形形态出现在市场剧烈的波动之中，它的顶和底只出现一次，与其他的反转形态有较大的区别。大部分主要趋势的反转都需要较长的时间，但是有些次要趋势的反转是快速的，影响是短期的，V形反转形态是反映这种情况的代表性形态。V形形态的出现往往是主力刻意打压或者拉抬的结果，股价几乎是直上直下地变

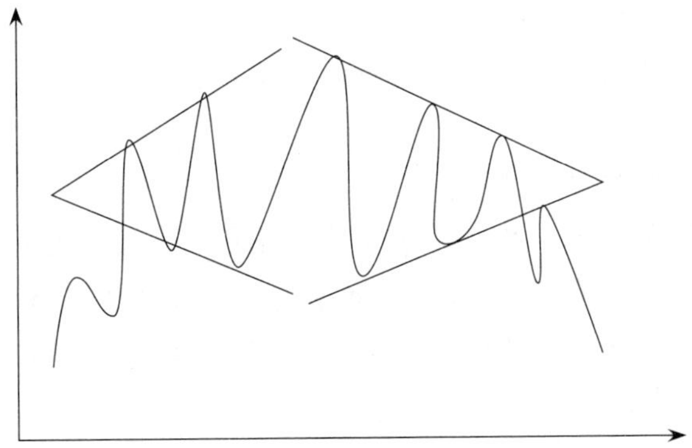

图 4-25　菱形形态

化，可以分为V形顶和V形底，如图4-26和图4-27所示。

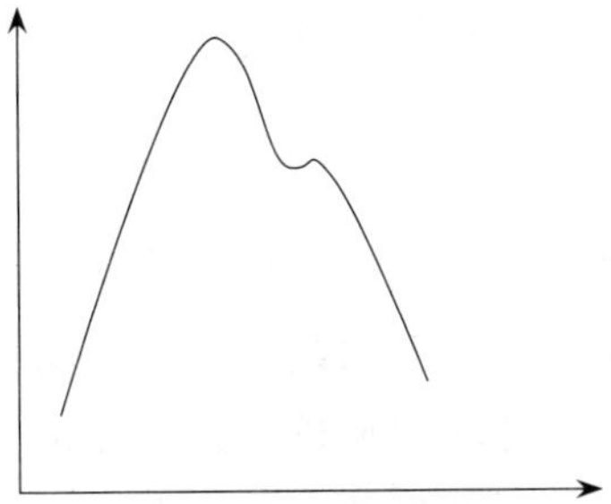

图 4-26　V形顶

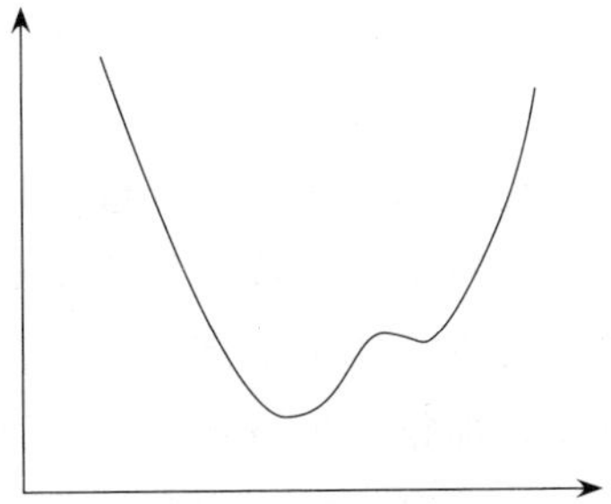

图 4-27　V形底

（五）移动平均线理论

1.移动平均线的定义

移动平均线（MA）是指利用事先设定的连续日数的收盘价之和除以连续日数，并将所得到的平均数标在股价走势图所形成的曲线上。移动平均线是一种重要的技术分析工具，它将道氏理论中的长期、中期、短期的波动加以量化，更形象地描绘趋势走向。移动平均线的重点在于"平均"两字上，虽然在股价图形上有价格走势曲线，但是股市中的价格波动非常剧烈，短期震荡会使股价上下差异很大，为了克服上述困难，有人就将某一段时间的价格综合起来，算出一个平均价，这样经过数学方法处理的各种长中短移动平均线可以缓和价格的波动性，使价格的运动趋势变得平滑，使价格的各种扭曲减至最小，更具有参考价值。因为，在某一段时间内的平均价代表了这段时间内的合理价格，也是多空双方的暂时平衡点，所以，移动平均线的基本思想是消除股价随机波动的影响，寻找股价波动的趋势。我们从移动平均线上可以得到判断大势趋向的信号，投资者可以利用移动平均线的原理，随时修正对市场的看法，决定进出的时机，或者计算利润和风险。

2.移动平均线的计算方法

移动平均线根据计算周期的长短有短期、中期、长期之分。短期移动平均线有

5日线、10日线、15日线、30日线等，中期移动平均线有60日线、90日线、半年线等，长期移动平均线有年线等。在根据需要确定计算周期的前提下，移动平均线的计算方法可以分为以下几种：

（1）简单算术平均移动平均线。

到目前为止，简单算术平均移动平均线应用最为广泛。它是通过将观测周期内的每天收盘价数据加总，然后除以观测周期的天数得到。以5日移动平均线为例，就是以5天作为计算移动平均线的时间周期，把5天的收盘价的总和除以周期的天数5即得。计算公式为：

$$MA_5 = \frac{C_1 + C_2 + C_3 + C_4 + C_5}{5} \tag{4-59}$$

公式中的C_1代表第一天的收盘价，其余符号依此类推。为了使平均数能够移动，在将一项新的观测数据加入求和数据序列时，必须将原来数据序列中的第一项去掉，所得新和数再除以周期天数即得到新的平均数，重复上述过程即可得到移动的平均数，连接起来便成为移动平均线。

（2）线性加权移动平均线。

为了使移动平均线能够更准确地反映未来趋势，有必要加大最近日期在移动平均线中的权重，体现最近日期的重要性，这就是加权移动平均线。加权移动平均线主要有线性加权和平方系数加权两种。线性加权是一种均匀加权方式，分别按计算周期的日数顺序给每日收盘价乘以一个加权系数，即可调整各日价格在平均价格中所占的权重。以5日移动平均线为例，从第一天到第五天分别将各天的收盘价乘以不同的加权系数，计算出移动平均线。计算公式为：

$$MA_5 = \frac{C_1 \times 1 + C_2 \times 2 + C_3 \times 3 + C_4 \times 4 + C_5 \times 5}{1 + 2 + 3 + 4 + 5} \tag{4-60}$$

这样，每天价格对平均价的影响发生了变化，第一天的影响比例是1/15，第二天是2/15，第三天是3/15，第四天是4/15，第五天是5/15，越接近分析时间，其价格的影响力越大，第五天的影响从算术平均方式的1/5提高到1/3，充分显示了顺序的重要性。线性加权移动平均线的一般公式为：

$$MA_n = \frac{C_1 \times 1 + C_2 \times 2 + C_3 \times 3 + \cdots + C_n \times n}{1 + 2 + 3 + \cdots + n} \tag{4-61}$$

线性加权移动平均线的一般公式中，C_n表示周期中按天数顺序排列的各天的收盘价，n表示周期的天数。

（3）平方系数加权移动平均线。

它与线性加权方式类似，只是各日价格所乘权数是平方系数。以5日移动平均线为例，计算公式为：

$$MA_5 = \frac{C_1 \times 1^2 + C_2 \times 2^2 + C_3 \times 3^2 + C_4 \times 4^2 + C_5 \times 5^2}{1^2 + 2^2 + 3^2 + 4^2 + 5^2} \tag{4-62}$$

这样第一天到第五天所占的比例分别是1/55，4/55，9/55，16/55，25/55，比起线性加权方式，平方系数加权方式进一步缩小了较远日期价格的影响，扩大了近期价格的影响。在5日移动平均线中，第一天的比例由1/15缩小为1/55，第五天的比例由5/15扩大为25/55。平方系数加权移动平均线的一般公式为：

$$MA_n = \frac{C_1 \times 1^2 + C_2 \times 2^2 + C_3 \times 3^2 + \cdots + C_n \times n^2}{1^2 + 2^2 + 3^2 + \cdots + n^2} \tag{4-63}$$

公式中符号的意义与前面相同。

3.移动平均线的作用

（1）显示股价运动方向和追踪趋势。

移动平均线的主要作用是减少短期震荡对趋势的干扰，显示股价运动的方向和趋势。移动平均线不仅能够表示股价的波动趋势，而且能够追随这个趋势，不会轻易改变。当移动平均线向上移动时，股价为上升趋势；当移动平均线向下移动时，股价为下降趋势。因此，如果投资者把握好移动平均线的变动趋势，就等于把握了股价运动的方向。

（2）充当支撑线和压力线。

移动平均线可以起到支撑和压力的作用，期限越长的移动平均线其支撑和压力的力度也越大。股价在移动平均线的上方向下回调时，移动平均线具有支撑作用；而股价在移动平均线的下方向上反弹时，移动平均线具有压力作用。同时，移动平均线被突破往往意味着支撑线和压力线被突破，期限越长的移动平均线被突破，其突破的有效性越大。股价向上或向下有效突破移动平均线，会产生助涨助跌的效果，期限越长的移动平均线一旦被突破，其助涨助跌的效果也越强。

（3）提示价格运行转向的信号。

移动平均线具有提示价格运行转向的信号作用，由于移动平均线走势比较缓慢，所以一般不会像股价线那样产生锐角形反转，移动平均线一般以圆弧形拐点转势的形式，提示投资者头部或底部的来临，移动平均线出现弧形拐点是投资者逃顶或抄底的好机会。

（4）体现市场平均成本。

移动平均线的数值代表了市场的平均成本，虽然实际上还不是真正的平均成本，只是接近平均成本，但是理论上可以这样推测。有了移动平均线，我们就可以知道目前股价的平均成本在哪里，并从股价的变动中分析出平均成本的增加或减少。当移动平均线逐渐接近头部股价时，买入成本不断增加，获利相对减少，短期想继续上涨，需要买方更大的能量。同样，当移动平均线接近底部股价时，买入成本越来越小，稍有一点买气入场，股价就会上扬。

4.黄金交叉和死亡交叉

在形成多头排列的过程中，周期短的移动平均线在股价线的下方自下而上穿越周期长的移动平均线，与周期长的移动平均线发生交叉现象，这种交叉通常称为黄金交叉，表示行情看好，市场正在形成多头趋势；反之，在形成空头排列的过程中，周期短的移动平均线在股价线的上方自上而下穿越周期长的移动平均线，与周期长的移动平均线发生交叉现象，这种交叉通常叫作死亡交叉，表示行情看坏，市场正在形成空头趋势。黄金交叉和死亡交叉分别如图4-28和图4-29所示。

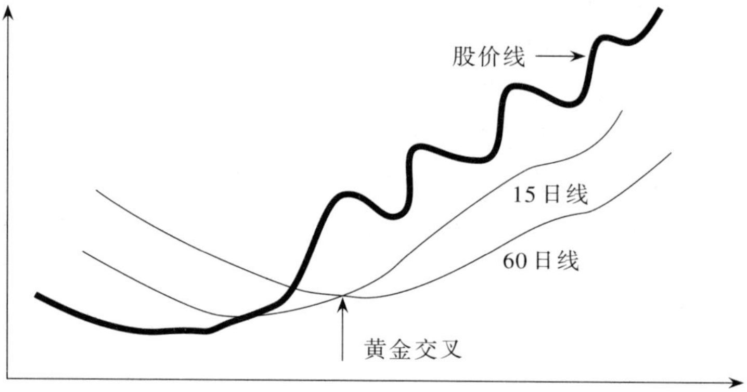

图4-28　黄金交叉

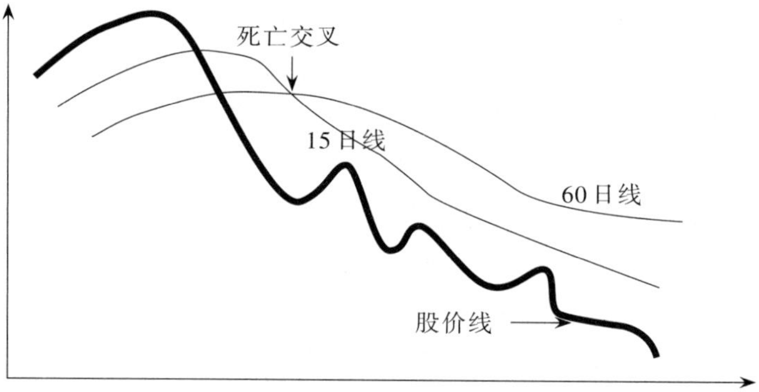

图4-29　死亡交叉

三、客观型技术分析

（一）客观型技术分析方法简介

1.客观型技术分析方法的定义

所谓客观型技术分析方法，是指按照事先规定好的固定方法对证券市场中的原始数据以及派生数据进行处理，并将处理之后的结果用数值和图表的方法表示出来，据此对行情进行判断，进而预测未来的市场趋势的分析方法。这里的原始数据主要是指开盘价、收盘价、最高价、最低价、成交量、成交金额，有时还包括成交笔数，一共有六七种。除了原始数据以外，也可以使用派生数据。派生数据必须是以原始数据为基础计算出来的，比如中间价就是一个派生数据。由于对原始数据或派生数据进行处理要采用一种事先固定的方法，因此不同的处理方法会产生不同的技术指标。从这个意义上讲，有多少种原始数据或派生数据的处理方法，就会产生多少种技术指标。

2.客观型技术分析指标的主要类型

目前，从大的方面来看，技术指标可以分为能量型指标、趋势型指标、超买超卖型指标、成交量型指标和大势型指标五大类。能量型指标主要是从多空双方的力量对比去考察股价变动规律；趋势型指标是一种引入趋势分析的指导思想并以平滑移动平均线为基础的指标；超买超卖型指标是一种采集部分原始数据并通过一定的数学公式推导出一个在一定波动区间内波动的数值，以此确定多空双方所处的地位是否正常的指标；成交量型指标着重从成交量的角度考察股价的变动，强调成交量对股价变动的指导意义，专门对成交量的数据进行处理；大势型指标是一种主要对整个证券市场的多空情况进行判断的指标，一般只用于研判证券市场的整体形势，而不能应用于个股。

（二）能量型指标

能量型指标以心理线PSY为代表。

（1）基本原理。

心理线是从英文 psychological line 直译而来，简称PSY，是一个用一段时间内股票上涨天数的比率来衡量投资者心理状态的指标。心理线作为情绪指标的一种，主要是从股票投资者的买卖趋向的心理方面，对多空双方的力量对比进行分析。所以，它是建立在投资者心理趋向的基础之上，将一定时期内投资者倾向买方或卖方的心理与事实转化为数值，形成测定人气的指标，用以分析股价未来的走势。具体而言，它是根据一段时间内收盘价涨跌天数的多少来探究市场交易者的内心趋向，以此作为买卖股票的参数，能够比较准确地显示股价的高峰和谷底。我们可以简单地认为，在一段时间内，上涨是多方的力量大，下跌是空方的力量大，心理线就是计算在某一个既定的周期内上涨天数占该段时间内总天数的比率，并将该比率画在股价走势图上形成曲线，这样，多空力量的对比就可以简单地描述出来。心理线指标只考虑每天的收盘价，并加以对比，买卖双方谁获胜一天就为谁记上一分，在一个周期内，以获胜次数多者为胜者。在这个指标中，当股价上涨一天视为多方人气增加一分，反映投资者在心理上买入意愿大于卖出意愿。心理线在较长时间内保持在50以上，表示在较长时间内上涨天数大于下跌天数，买入意愿大于卖出意愿，股价自然会上涨。反之，当股价下跌一天就视为卖方人气增加一分，反映投资者在心理上卖出意愿大于买入意愿，股价自然会下跌。

（2）计算公式。

心理线的计算公式为：

$$PSY = \frac{A}{N} \times 100 \tag{4-64}$$

上式中，N为所选择的周期的天数，是心理线的参数；A为在周期内股价上涨的天数。心理线参数的选择是人为的，没有硬性规定，但是不能太小或太大。因为选择的参数太小，心理线取值范围的上下波动就会很大，敏感度太高；而选择的参数太大，取值的范围就会太集中、太平稳，敏感度太低。所以，参数过长或过短，指标的精确度都会降低，达不到预期的效果。根据经验，一般将周期天数定为12天，最长不超过24天。这里，判断上涨和下跌都以收盘价为标准。如果某一天的收盘价比前一天的收盘价要高，则当天就定为上涨；如果比前一天低，则当天就定为下降。PSY的计算只考虑上涨天数，股价持平或下跌均不予考虑。

（三）成交量型指标

成交量型指标以成交量比率（VR）指标为代表。

（1）VR指标的概念和基本原理。

VR（volume ratio）指标一般称为成交量比率指标，也叫作容量比率指标，它是通过分析一段时间内股价上升日成交量与股价下降日成交量的比值，来掌握市场买卖趋势，其实质是成交量大小包含着买卖力量强弱的信息。该指标通常用于分析个股较多，其理论基础是量价关系理论，根据成交量的变化，确认股票是处于低价位区还是高价位区，从而把握买卖时机。

（2）VR指标的计算方法。

第一步：根据每天的收盘价确定当天是上涨还是下跌。如果当日收盘价比上一日收盘价高就确定当日为上涨日，从而将当日的成交量计入上涨成交量；如果当日的收盘价比上一日收盘价低，就确定当日为下跌日，从而将当日的成交量计入下跌成交量。

第二步：确定计算指标的参数N。参数就是计算指标时所使用的周期的天数。VR指标的计算周期通常在10~30天内选择，一般都设定为26天。因为周期设定太短，波动太频繁，趋势不明确；而周期设定太长，波动太缓慢，反应迟钝。

第三步：计算周期N天内上升日成交量的总和以及N天内下降日成交量的总和。

第四步：计算VR指标。计算公式为：

$$VR = \frac{N\text{天内上升日成交量总和}}{N\text{天内下降日成交量总和}} \times 100 \tag{4-65}$$

VR指标自身没有固定的数值范围，是一个无限指标。总体而言，VR指标数值越大，说明买方力量越强、卖方力量越弱；数值越小，说明卖方力量越强、买方力量越弱。从具体的取值范围来看，可以将其划分成一定的区间，根据不同的区间来确定买卖时机。当VR指标数值在80~200之间时为均衡区域，可采取观望态度；当VR指标数值在40~80之间时为超卖区域，0~40属于严重超卖，买方力量很弱，股价远离了均衡区，短期可望反弹，应采取买进策略。当VR指标数值在200~350时，为超买区域，求稳的投资者可以考虑获利了结；如果VR指标数值在350以上，属于严重超买，股价随时可能下跌，应该及时退出。

（四）超买超卖型指标

1.乖离率

（1）乖离率的基本原理。

乖离率（BIAS）是一个描述股价与移动平均线距离远近的指标，通过这个指标可以判断股价与移动平均线的距离是否正常。如果股价线在移动平均线的上方，而且乖离率很大，就是卖出信号；如果股价线在移动平均线的下方，而且乖离率也很大，就是买入信号。

（2）乖离率的计算方法。

乖离率的计算周期应该与想要衡量的移动平均线的周期一致，由于移动平均线有5日均线、10日均线、30日均线、60日均线之分，所以与此相对应，乖离率也有5日乖离率、10日乖离率、30日乖离率、60日乖离率等。另外，乖离率有正负之分，股价在移动平均线的上方为正乖离率，股价在移动平均线的下方为负乖离率。

（3）乖离率的计算公式。

乖离率的计算公式为：

$$N\text{日乖离率} = \frac{\text{当日收盘价} - N\text{日移动平均价}}{N\text{日移动平均价}} \times 100\% \tag{4-66}$$

或者：

$$N\text{日乖离率} = \left(\frac{\text{当日收盘价}}{N\text{日移动平均价}} - 1\right) \times 100\% \tag{4-67}$$

（4）乖离率的研判要点。

在一般情况下，如果5日乖离率小于-3%，是买入时机；大于3.5%，是卖出时机。如果10日乖离率小于-4.5%，是买入时机；大于5%，是卖出时机。如果60日乖离率小于-10%，是买入时机；大于15%，是卖出时机。如果是强势市场，可以将乖离率的绝对值适当调高些。比如，5日乖离率的绝对值可以调到10%左右，10日乖离率的绝对值可以调到15%左右，60日乖离率的绝对值可以调到20%左右。在设置乖离率的信号值时，通常要求正乖离率的绝对值大于负乖离率的绝对值。

2.相对强弱指标

（1）相对强弱指标的基本原理。

相对强弱指标（relative strength index，RSI）是由美国技术分析学者魏尔德在1978年提出的，又叫力度指标。魏尔德认为，一段时间内上涨幅度的平均数与一段时间内下降幅度的平均数可以反映多空双方力量的对比。因此，根据这样的想法，提出了相对强弱指标。相对强弱指标是一种根据一定时间内每天股价涨跌幅度的变动来分析市场相对强弱趋势的分析工具，它具有领先于股价或者指数显示未来走势的特征。正确使用相对强弱指标，有助于掌握买卖时机和规避市场风险。

（2）相对强弱指标的计算方法。

相对强弱指标的计算公式为：

$$RSI = \frac{N\text{天内上涨幅度平均数}}{N\text{天内上涨幅度平均数} + N\text{天内下跌幅度平均数}} \times 100 \tag{4-68}$$

此公式可以演变为：

$$RSI = 100 - \frac{100}{1 + RS} \tag{4-69}$$

式中的RS为相对强度，计算公式为：

$$RS = \frac{N\text{天内上涨幅度平均数}}{N\text{天内下跌幅度平均数}} \tag{4-70}$$

计算相对强弱指标的时候要注意以下两点：

第一，每天的上涨幅度或者下降幅度都是根据收盘价计算，当天收盘价高于前一天收盘价的差额就是当天的上涨幅度，当天收盘价低于前一天收盘价的差额就是当天的下降幅度。

第二，计算上涨幅度平均数或者下降幅度平均数的时候，分别用周期内的每一天上涨幅度之和或者下降幅度之和去除以周期的天数，周期的天数有9天、14天、20天等，如果是以14天为周期，都要分别除以14。

（3）相对强弱指标的研判要点。

RSI指标的变动范围在0~100之间，属于摆动指标。指标数值在20~80之间，为均衡状态，可以采取观望态度。指标数值超过80以上，表示市场力度过强，处于超买状态，后市行情有可能出现回调，此时，投资者应卖出股票。指标数值低于20以下，表示市场力度过弱，跌幅过大，有可能出现反弹，投资者可以适当买进股票。但是，RSI指标在0~20的超卖区和80~100的超买区时，有时候会因超强势或超弱势行情而变得钝化，导致指标失真，此时应配合其他技术指标进行研判。

（五）大势型指标

1.单位指数成交量

（1）单位指数成交量指标的基本原理。

单位指数成交量（total amount per wright stock index，TAPI）也叫每一股价指数点成交量，是将量价关系理论用于大势分析的一种方法。该指标的设计者认为，成交量是股市发展的源泉，成交量的变化会反映出股市的强弱程度以及市场对未来股价的展望，因而可以通过分析每天成交量和股价指数的关系来研判大势的变化。所以，单位指数成交量的实质就是计算股价指数每一点上的成交量。这个指标也没有固定的区间范围，主要是通过指标曲线的变动方向进行走势研判。

（2）单位指数成交量指标的计算方法。

单位指数成交量指标的计算公式为：

$$TAPI = \frac{当天成交总值}{当天股价指数} \tag{4-71}$$

得出每天的TAPI以后，连接起来就形成TAPI曲线。

（3）单位指数成交量指标的研判要点。

单位指数成交量曲线的上升和下降与股价指数应该是同步的，如果发生背离，则提示买卖时机。如果指数上升、TAPI下降，是卖出时机；如果指数下跌、TAPI上升，是买进时机。特别要注意的是在股价指数连续上涨过程中，如果TAPI异常缩小，是向下反转的信号；在股价指数连续下跌的过程中，如果TAPI异常放大，是反转向上的信号。

（六）趋势型指标

1.平滑异同移动平均线

（1）平滑异同移动平均线的基本原理。

平滑异同移动平均线（moving average convergence and divergence，MACD）是由查拉尔·阿佩尔所创造的，它的原理是运用平滑移动平均线的快速线和慢速线的聚合与分离的征兆来研判买进和卖出的时机。具体来说，就是对快速线和慢速线这两条平滑异同移动平均线进行双重平滑运算，计算出离差值，再根据离差值来进一步作出判断。

（2）平滑异同移动平均线的计算方法。

在计算MACD的时候，通常要先计算出两条平滑移动平均线：一条是快速线，通常是12天的平滑移动平均线；另一条是慢速线，通常是26天的平滑移动平均线。然后，再以这两条平滑移动平均线的数值为依据，测量快速线与慢速线的离差值。

第一步：计算快速线12天平滑移动平均值EMA（12）。计算公式为：

$$EMA(12) = 前一日EMA(12) \times \frac{11}{13} + 当日收盘价 \times \frac{2}{13} \tag{4-72}$$

第二步：计算慢速线26天平滑移动平均值EMA（26）。计算公式为：

$$EMA(26) = 前一日EMA(26) \times \frac{25}{27} + 当日收盘价 \times \frac{2}{27} \tag{4-73}$$

第三步：计算离差值DIF。计算公式为：

$$DIF=当日EMA（12）-当日EMA（26） \tag{4-74}$$

第四步：计算DIF的移动平均值DEA。单独的DIF也能够进行预测，但是为了使信号更加可靠，又引进了DEA指标。DEA通常为9天平滑移动平均值。计算公式为：

$$DEA = 前一日DEA \times \frac{8}{10} + 当日DIF \times \frac{2}{10} \tag{4-75}$$

在计算的时候，如果没有前一日的数据，可以用其他数据作为替代。一般可以用起始日的收盘价作为EMA的初值，以起始日的DIF作为DEA的初值。从性质上来说，DIF为快慢线之差，DEA为快慢线之间的平均距离。

（3）平滑异同移动平均线的研判要点。

第一，DIF和DEA的取值是以0线为中心上下波动的，属于摆动指标。两个指标都在0线以上，或者说均为正值时，属于多头市场；而两个指标均在0线以下，或者说均为负值时，属于空头市场。

第二，当DIF与DEA在0线之上交叉向上时，即DIF在0线之上向上突破DEA线时，为买入信号；当DIF线在0线之上向下突破DEA线时，预示股市涨势将告一段落，为卖出信号。

第三，当DIF与DEA在0线之下交叉向下时，即DIF在0线之下向下突破DEA线时，表示股市已经进入熊市，是卖出信号；当DIF线在0线之下向上突破DEA线时，预示股市跌势将要结束，是买入信号。

第四，背离原则在这里也同样适用。如果DIF和DEA线在形态上出现一顶比一顶低的头部，而股价线出现一顶比一顶高的头部，表明股市即将转入跌势。同样，如果DIF和DEA线在形态上出现一底比一底高的底部，而在股价线上出现一底比一底低的底部，表示股价将要止跌回升。

四、混合型技术分析

（一）循环周期理论

1.循环周期理论的定义

循环周期理论是一种利用时间的循环周期来推测股市趋势的理论和方法。技术分析最主要是研究股价、成交量和时间三者之间的关系。股价是涨跌变化，成交量是大小变化，而时间是长短变化。投资者不仅关心股价会涨跌到什么价位，也需要知道在多长时间内能够达到这个价位。在很多技术分析理论中，一般对股价与成交量的关系讨论得比较多，但是对时间研究得相对比较少。循环周期理论就是从时间因素来探讨股市运动规律的一种比较有代表性的理论。

2.伯恩斯坦关于循环周期理论的基本思想

循环周期理论的创始人是伯恩斯坦。伯恩斯坦关于循环周期理论的基本思想可以概括为以下两点：

第一，时间在自然界或生物界是一个永远无法超越的客观存在，在时间面前，人世间的万物变化都有稳定的周期规律，都会按一定的周期循环出现。因此，股市也逃脱不了时间的循环周期。

第二，根据循环周期的规律，股市永远是一个涨跌互相交替的过程。通过对股市的长期观察，可以发现股市运动的循环周期规律。这种规律表现为，从一个明显的低点到下一个明显低点的时间间隔大致相等；从一个明显的高点到下一个明显高点的时间间隔也大致相等。

3.循环周期的划分

股市趋势存在着循环周期的变化，从每一个明显低点到下一个明显低点为一个循环周期；同样，从每一个明显高点到下一个明显高点为一个循环周期。

4.循环周期的比较

根据观察，从低点到低点的循环周期比从高点到高点的循环周期更加可靠。

5.循环周期的类型

在股市运动中存在着大小不同的循环周期，大循环周期一般为几个月到几年，中循环周期一般为几周至几个月，小循环周期一般为两周之内。

6.标准循环周期的确定

以四个以上连续的明显高点或者明显低点之间的时间间隔为基础计算出的算术平均值，即为某一级别的标准循环周期。

7.伯恩斯坦判断股票买卖信号的原则

（1）突破信号。

关于突破信号，伯恩斯坦强调要与移动平均线相结合进行判断。他认为，当股价由下向上突破往右上方倾斜的移动平均线阻力线的时候，可以断定循环的低点已经确立，可以买入建仓。股价连续突破的移动平均线阻力线越多，表示上升趋势持续时间会越长。而当股价由上向下突破往右下方倾斜的移动平均线支撑线的时候，可以断定循环的高点已经确立，属于卖空信号。股价连续突破的移动平均线支撑线越多，表明下降趋势持续的时间会越长。

（2）转向信号。

转向信号按照方向可以分为向上转向和向下转向；按照信号强烈程度可以分为普通转向和特殊转向。①向上普通转向信号：当日最低价低于前一日最低价，同时当日收盘价高于前一日收盘价，属于买入信号。②向上特殊转向信号：当日最低价低于前一日最低价，并且当日最高价高于前一日最高价，同时当日收盘价高于前一日收盘价，属于较强买入信号。③向下普通转向信号：当日最高价高于前一日最高价，同时当日收盘价低于前一日收盘价，属于卖出信号。④向下特殊转向信号：当日最高价高于前一日最高价，并且当日最低价也低于前一日最低价，同时当日收盘价低于前一日收盘价，属于较强卖出信号。

（3）高低收盘信号。

将当日K线的全部长度定义为当日波幅，当日最高价与当日收盘价之差如果小于当日波幅的10%，即接近最高价收盘，称为高收；当日收盘价与当日最低价之差小于当日波幅的10%，即接近最低价收盘，称为低收。如果某一天收盘价高收，后一天收盘价低收，构成了由高到低的转势特征，属于卖出信号。

（4）三高三低买卖信号。

如果当日收盘价高于相邻的前三个交易日的收盘价，是三高买入信号；如果当日收盘价低于相邻的前三个交易日的收盘价，是三低卖出信号。

（二）波浪理论

大自然的涨潮和退潮有着自身的规律，涨潮时有打上岸的波浪，退潮时有退下去的波浪。这些反复进行的潮起潮落的自然规律，被一位技术分析大师奇迹般地运用到股市研究中来，形成了一套至今仍然广为运用的技术分析理论，这就是波浪理论。

1.波浪理论的形成过程

波浪理论的全称是艾略特波浪理论，是以美国股市分析家艾略特的名字命名的一种技术分析理论。波浪理论的形成和完善经过了几代人的努力。最初，艾略特通过大量的观察和实验，发现股价运动与自然界的波浪运动有着相似的规律，于是提出了一种新的技术分析理论。他在1938年前后发表了一系列的论文，1942—1943年间，在这些论文的基础上出版了《自然法则——宇宙的奥妙》一书。在这本书里，他认为股价波动与波浪的波动相似，是后浪推前浪，不断重复出现。艾略特是一位会计分析师，是卧病在床后开始对美国股市进行研究的，但是，当时发表的论文和出版的著作并没有引起证券界的重视。在艾略特以后，波浪理论真正得到发展和完善得力于另一位股市分析家柯林斯。他在20世纪70年代，在总结了艾略特等人研究成果的基础上，出版了专著《波浪理论》，奠定了波浪理论在股市技术分析中的地位。从技术分析理论的继承关系来说，波浪理论是以道氏理论为基础的，但又是对道氏理论的发展和完善。道氏理论关于趋势的转向信号不太明确，而波浪理论可以让人比较明确地知道目前是处于上升或下降的尽头还是处于上升或下降的途中，可以比较及时地发出转向信号，有利于指导投资者的操作。

2.波浪理论的基本思想

第一，波浪理论认为，股价的运动是按照有规律的波浪形态发展的，人们可以通过掌握和运用股价运动的周期性规律来预测股价的涨跌，把握投资机会。

第二，波浪理论认为，股价的运动规律就是上升和下跌的周期性交替。股价运动周期无论时间长短，都有一个基本模式，即一般由8个过程组成，每个周期都包括上升5个过程和下降3个过程，或者是下降5个过程和上升3个过程。这8个过程完成以后，又将进入新的周期。新的周期也将遵循同样的模式。同时，在大的周期里又包含着小的周期，在小的周期里又可以再细分成更小的周期，每一个小的周期也同样可以分为8个过程。

第三，波浪理论认为，没有永恒的上升波浪，也没有永恒的下跌波浪。只有在上升过程中不断出现向下的调整波浪，该上升趋势才可能保持下去；同样，只有在一个大的下降过程中不断出现向上的调整波浪，该下降趋势才可能保持下去。

第四，波浪理论认为，弗波纳奇数列和黄金分割律可以在数浪的操作中发挥重要的参考作用。艾略特波浪理论中所用到的数字1、2、3、5、8、13、21、34、55、89、144等都来自弗波纳奇数列，是艾略特波浪理论的数学基础。

3.波浪理论的主要内容

（1）构成要素。

① 形态。形态是指股价走势所形成的类似于波浪的形状和构造，这是波浪理论的构成基础，是三个因素中最为重要的因素。

② 比例。比例是指股价走势图中各个重要的高点和低点所处的相对位置，通过准确确定这些重要的高点和低点，并计算出这些高点和低点的相对位置，有助于弄清各个波浪之间的相互关系，确定股价的回撤点和将来股价可能达到的位置。

③ 时间。这是指完成某个形态所经历的时间。波浪理论中各波浪之间在时间上是相互联系的，用时间可以验证某个波浪形态是否已经形成。

（2）基本形态结构。

波浪理论认为股价运行总是处于上涨和下跌的周期性交替过程之中。股价波动有周期性规律，这个规律就是股价波动的周期遵循一定的模式，即每个周期（无论是上升还是下降）都是由8个过程组成。这8个过程就是一个周期中的8个浪，8个浪中5个浪是主浪，3个浪是调整浪。图4-30中，0—1是第一浪，1—2是第二浪，2—3是第三浪，3—4是第四浪，4—5是第五浪。第一、第三和第五浪称为上升主浪，第二浪、第四浪是对第一浪和第三浪的调整，但仍在上升浪里。上升5浪完成后，紧接着会出现一个3浪的向下调整，5—a是A浪，a—b是B浪，b—c是C浪，A、B、C这三浪又是整个上升波浪中的向下调整波浪。对于整个大循环来说，第一浪至第五浪是一个大推动浪即主浪，A、B、C三浪则为大调整浪。总之，在5个上升浪中，1、3、5三个浪是上升过程中的推进浪，2、4两个浪属于上升过程中的两个调整浪。在3个下跌浪中，A、C两个浪是属于下跌过程中的推进浪，B浪属于下跌过程中的反弹调整浪。5个上升浪合在一起构成高一级别的一个推进浪，3个下降浪合在起构成高一级别的一个调整浪。这就是艾略特的8浪循环的基本原理。

4.波浪理论中各浪的特性及应用

（1）第一浪。

通常第一浪出现在熊市即将或者正在转向牛市时期，几乎半数以上的第一浪是出现在股市经过长期盘整筑底后开始上升，其后的第二浪调整幅度往往很大。一般而言，第一浪的涨幅是五浪中最小的一浪。

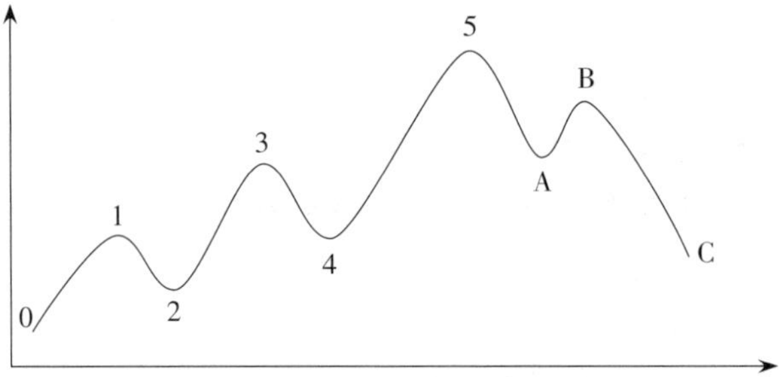

图4-30 艾略特波浪理论的基本形态

（2）第二浪。

第二浪的调整幅度一般都很大，几乎会吞掉第一浪的升幅。当第二浪的调整接近第一浪的起涨点时，投资者开始出现惜售心理，成交量也开始逐渐萎缩，此时才结束第二浪的调整。

（3）第三浪。

第三浪通常是最具爆发力的波浪，此浪运行时间一般最长，涨幅也最大。在这一波的运行过程中，市场内投资者的信心恢复，成交量也大幅度上升，尤其是在突破第一浪的高点时，投资者可以及时跟进买入。这段行情走势非常活跃，一些图形上的阻力位都可以轻易地被突破，甚至出现跳空缺口。由于涨势过猛，第三浪经常会出现“延长浪”。

（4）第四浪。

第四浪经常以比较复杂的形态出现，常以三角形调整形态运行。此浪最低点一般要高于第一浪的高点，经过第三浪的强劲上升后，这一浪的走势开始疲软，已经初显涨势后继乏力的征兆。

（5）第五浪。

第五浪的涨势通常小于第三浪，而且经常会出现“失败浪”的情况。在第五浪中，二、三线股票是市场的主导力量，其涨幅常大于绩优股和成长股，一般的主力机构开始悄悄出货，而普通投资者还在盲目跟风，有的股票还创出新高，整个市场情绪还显乐观。

（6）A浪。

在A浪阶段，大多数投资者认为股市趋势仍未反转，只是一个短暂的调整，因此还会逢低吸纳。不过股市成交量开始减少，显示后继资金缺乏，同时各种技术指标已经显出顶背离现象，预示股市即将下跌。

（7）B浪。

在B浪阶段，各种技术指标已经发出市场转弱征兆，应该是投资者出货的最后时机。但是，此浪经常以上升态势出现，很容易使投资者误认为是另一波的涨势，形成“多头陷阱”，使普通投资者遭受损失。

（8）C浪。

C浪的特点通常是跌势强烈，跌幅大，持续时间长。从以上分析可以看出，波浪理论主要适合于判断整个市场的走势，对个股的研判来说，效果并不显著。

5.波浪理论的不足和存在的问题

从波浪理论自身的结构中我们可以看到它的不足：波浪理论最大的问题是应用上的困难，如果投资者过分机械教条地运用波浪理论，就会导致失败。具体而言：

第一，根据波浪理论，8浪结构构成一个完整的过程，但是推进浪（主浪）的变形和调整浪的变形会产生复杂多变的形态，让人很难掌握。

第二，根据波浪理论，波浪有层次之分，呈现出大浪套小浪、浪中有浪的多层次形态，这些都会使应用者在具体数浪的时候发生偏差。浪的层次的确定和起始点的确认是波浪理论运用中的两大难点。

第三，对于同一个形态，不同的人会产生不同的数浪法，而不同的数浪法可能会产生结果上的重大差异。这是由两方面的原因造成的：一是价格曲线的形态很少按照五浪加三浪的标准8浪结构进行，对于不规范结构的处理，不同的人有不同的处理方法，主观性很强。对于一些小的波动，有些人可能不计入，而有些人可能算进去。二是由于有延长浪，五浪可能成为九浪，波浪在什么情况下可以延长、什么情况下不可以延长，没有明确的标准。

第四，波浪理论中的大浪小浪是可以无限延伸的，长的可以好几年，短的可能只有几天。上涨可以无限制地上升，下跌也可以无限制地下降，所以，总是可以认为目前的情况不是最后的浪。

第五，波浪理论只考虑了价格形态上的因素，而忽略了成交量方面的影响，这给人为制造形态的人提供了机会。这正如形态可以有假突破一样，有些人可以利用波浪理论，操纵股价制造一些形态让人上当。

第六，在应用波浪理论时，我们会发现，当事情过去以后，回头来看已经走过的图形，用波浪理论的方法可以很完美地将其划分出来。但是，在形态形成途中，对其进行波浪的划分却是件很困难的事情。

复习与思考

1.在投资时，人们进行宏观经济分析的意义是什么？

2.行业分析的重要性主要体现在哪些方面？

3.依据不同的分类标准，我们具体将行业分为哪些类型？

4.公司分析的意义是什么？

5.公司财务状况分析主要包括哪些方面？各个方面所运用的指标都有哪些？

6.技术分析的理论基础是什么？

7.技术分析的基本要素都有哪些？

8.应用技术分析方法时应注意哪些问题?

9.支撑线、压力线、趋势线、轨道线的联系和区别。

10.移动平均线的作用是什么?

11.波浪理论的基本思想是什么?

12.如何更好地应用波浪理论指导我们的投资实践?

第五章

证券的收益和风险

学习指南

1. 本章导读

度量资产的收益和风险是投资学乃至整个金融学的基础。投资者在进行投资决策时寻求的就是收益与风险的平衡。也就是说，投资者在进行投资时希望获得尽可能高的收益，同时也必须考虑可能面临的风险，即投资人追求的是既定风险下的最大收益，或既定收益下的最小风险。同时，投资活动中投资者在收益和风险之间的权衡和决策，取决于投资者的风险态度，引入效用函数是分析和衡量投资者风险态度的主要方法。本章将分别介绍资产收益和风险的度量，讨论投资者的风险态度及度量。

2. 重难点

（1）持有期收益率、投资组合收益率、期望收益率的计算。

（2）资产及资产组合风险的衡量。

（3）投资风险的来源，收益与风险的平衡。

（4）投资者的风险态度、风险规避投资者风险规避程度的度量。

3. 思政目标

（1）正确认识自己，将收益与风险结合起来指导投资实践，保持良好的价值观。

（2）培养风险意识以及谨慎认真、刻苦钻研的职业素养。

第一节　收益的计算

人们推迟当前消费而选择投资，主要因为投资可以带来收益，获得资产增值。

投资者进行金融投资可以获得利息、股息、资本利得、溢价等各种形式的收益，这些都可以看作投资活动所带来的回报。这一节我们重点讨论各种收益的衡量与计算。

一、持有期收益率

投资者持有证券期间获得的收益，即初始投资的价值增量，被称为持有期收益，它是收益率的一个基本形式。例如，投资者甲期初以87元的价格购买了面值为100元的零息债券，一年后按面值回收本息100元，没有期间所得收入。不考虑税收情况，该投资者的持有期收益为：

100-87=13（元）

若投资者乙以10元的价格购买了1 000股某股票，一年后股票价格上升至11元，每股发放0.1元股利。不考虑税收情况，该投资者持有期收益为：

1 000×［（11-10）+0.1］=1 100（元）

由上例可以看出，证券持有期收益一般有两个来源：一是证券期初到期末价格变化带来的收益；二是证券持有期间获得的现金支付（利息、股利等）。同时，投资收益多少依赖于初始投资金额。因此，为准确衡量和比较不同投资行为的收益水平，我们应该引入相对指标进行分析，即持有期收益率（holding period return，HPR），计算公式为：

$$HPR = \frac{(\text{期末价格} - \text{期初价格}) + \text{期间收入}}{\text{期初价格}} \times 100\% \tag{5-1}$$

上例中，投资者甲的持有期收益率为：

$$HPR = \frac{(100 - 87) + 0}{87} \times 100\% \approx 15\%$$

投资者乙的持有期收益率为：

$$HPR = \frac{(11 - 10) + 0.1}{10} \times 100\% = 11\%$$

投资者甲的持有期收益率大于投资者乙，持有期收益率明确地给出了证券持有期所得到的收益水平。一般情况下，持有期收益率是指年收益率。

二、多期平均收益率

现实中，跨期投资活动普遍存在。一方面，金融资产持有期限长短不一，一般需要将总收益率平均到每一年，以便进行投资绩效的对比分析；另一方面，不同时期的投资收益率不同，需要将每年的投资收益率进行平均或者加总，以便衡量整个投资期间的投资表现。多期平均收益率的计算方法主要包括算术平均法和几何平均法两种。

（一）算术平均法

算术平均法是将各期收益率的简单算术平均值作为整个投资期的投资收益率，具体计算公式为：

$$\overline{HPR} = \sum_{i=1}^{n} HPR_i / n \quad (5-2)$$

其中，HPR_i为第i期的持有期收益率，n为投资期数。

（二）几何平均法

算术平均法得到的平均收益率只是投资者真实收益率的一个近视值，几何平均法更为准确，计算公式如下：

$$\overline{HPR} = \left[\prod_{i=1}^{n}(1 + HPR_i)\right]^{1/n} - 1 \quad (5-3)$$

其中，HPR_i为第i期的持有期收益率，n为投资期数。

（三）算术平均法与几何平均法的比较

假设有甲、乙两个投资者进行投资活动，金融资产持有期均为4年，甲投资者各年的投资收益率分别为20%、30%、10%和20%，乙投资者各年的投资收益率分别为50%、10%、4%和20%。用算术平均法计算甲、乙投资者年平均收益率分别为：

$$\overline{HPR}_{甲} = \frac{20\% + 30\% + 10\% + 20\%}{4} = 20\%$$

$$\overline{HPR}_{乙} = \frac{50\% + 10\% + 4\% + 20\%}{4} = 21\%$$

通过对比发现，算术平均法下乙投资者的平均收益率更高。

进一步来看，如果投资者的初始投资均为5 000元，那么第4年年末投资期结束，甲、乙两个投资者的期末总资产分别为：

$$5\,000 \times (1 + 20\%) \times (1 + 30\%) \times (1 + 10\%) \times (1 + 20\%) = 10\,296\text{（元）}$$

$$5\,000 \times (1 + 50\%) \times (1 + 10\%) \times (1 + 4\%) \times (1 + 20\%) = 10\,296\text{（元）}$$

从期末总资产来看，两个投资者的投资收益状况没有差别，与算术平均法的结论不一致。继续上述例子，运用几何平均法计算甲、乙两个投资者的平均收益率如下：

$$\overline{HPR}_{甲} = [(1 + 20\%) \times (1 + 30\%) \times (1 + 10\%) \times (1 + 20\%)]^{1/4} - 1 = 19.8\%$$

$$\overline{HPR}_{乙} = [(1 + 50\%) \times (1 + 10\%) \times (1 + 4\%) \times (1 + 20\%)]^{1/4} - 1 = 19.8\%$$

从几何平均收益率来看，两个投资者的投资收益情况相当。

总体来看，算术平均收益率只能近似地衡量多期收益的平均水平，几何平均收益率是衡量和比较平均收益水平更为准确的一个指标。

三、期望收益率

持有期收益率多从事后角度测算收益情况，评价收益绩效。但是，一般情况下，投资决策在前，投资收益在后，这就需要从事前角度，对未来不确定的投资收益进行衡量，进而为投资决策提供依据。例如，投资某企业发行的股票，经济繁荣时期且企业经营良好时，能够获得较高的正收益，经济萧条或企业经营状况不佳时，收益较低甚至会亏损。投资前无法准确计算实际收益，需要根据各种情形下的估算收益率及概率计算期望收益率，作为投资决策的依据。

期望收益率是对未来所有可能出现的状态下的投资收益率进行加权平均，权数是每种状态发生的概率。计算公式如下：

$$E(R)=\sum_{j=1}^{n}P_j\times R_j,\quad \sum_{j=1}^{n}P_j=1 \tag{5-4}$$

其中，R_j为第j种状态下的收益率，P_j为第j种状态发生的概率。

【例5-1】某资产不同经济状况下的投资收益率如表5-1所示，试计算该资产的期望收益率。

表5-1　**不同经济状况下的投资收益率**

经济状况	繁荣	一般	萧条
概率	0.4	0.4	0.2
投资收益率	20%	10%	-5%

由上表可计算出该资产的期望收益率为：

$$E(R)=\sum_{j=1}^{n}P_j\times R_j=0.4\times 20\%+0.4\times 10\%+0.2\times(-5\%)=11\%$$

四、投资组合的收益率

当投资者同时持有多个资产组成的投资组合时，投资绩效评价或投资决策需要计算投资组合收益率。投资组合收益率不仅要体现组合中单个资产的收益水平，更要突出组合中不同资产的权重，即投资者在不同资产上分配的资金比重，两者共同决定了投资组合的收益水平。计算公式如下：

$$R_p=W_1R_1+W_2R_2+\dots+W_nR_n,\quad \sum_{i=1}^{n}W_i=1 \tag{5-5}$$

其中，R_i是组合中第i种资产的收益率，W_i是组合中第i种资产的权重，即投资者在第i种资产上分配的资金占投资总额的比重。

【例5-2】某投资者同时持有A、B两种资产，市值分别是30元万和20万元，预计下一年资产A、B在不同经济状况下的投资收益率见表5-2，试计算该投资者持有资产组合的期望收益率。

表5-2　**不同经济状况下资产A、B的投资收益率**

经济状况	繁荣	一般	萧条
概率	0.4	0.4	0.2
投资收益率	30%，20%	12%，10%	-15%，-5%

由上可计算出该资产组合的期望收益率为：

方法1：

$$W_A = \frac{30}{50} = 0.6 \qquad W_B = \frac{20}{50} = 0.4$$

$$E(R_A) = \sum_{j=1}^{3} P_j \times R_{Aj} = 0.4 \times 30\% + 0.4 \times 12\% + 0.2 \times (-15\%) = 13.8\%$$

$$E(R_B) = \sum_{j=1}^{3} P_j \times R_{Bj} = 0.4 \times 20\% + 0.4 \times 10\% + 0.2 \times (-5\%) = 11\%$$

该资产组合的期望收益率为：

$$E(R_P) = \sum_{i=1}^{2} w_i \times E(R_i) = 0.6 \times 13.8\% + 0.4 \times 11\% = 12.68\%$$

方法2：

$$R_{P1} = \sum_{i=1}^{2} w_i \times R_i = 0.6 \times 30\% + 0.4 \times 20\% = 26\%$$

$$R_{P2} = \sum_{i=1}^{2} w_i \times R_i = 0.6 \times 12\% + 0.4 \times 10\% = 11.2\%$$

$$R_{P3} = \sum_{i=1}^{2} w_i \times R_i = 0.6 \times (-15\%) + 0.4 \times (-5\%) = -11\%$$

该资产组合的期望收益率为：

$$E(R_P) = \sum_{j=1}^{3} P_j \times R_{Pj} = 0.4 \times 26\% + 0.4 \times 11.2\% + 0.2 \times (-11) = 12.68\%$$

拓展阅读5-1

表5-3列示了美国6种资产二战后在不同经济周期阶段的平均收益情况。

表5-3　　美国6种资产二战后在不同经济周期阶段的平均收益情况表

资产种类	投资年平均收益（%）				平均水平（%）
	萧条	繁荣	高通胀	低通胀	
政府长期债券	17	4	−1	8	7.00
短期国库券	6	5	7	3	5.25
蓝筹股票	14	7	−3	21	9.75
小型增长公司股票	17	14	7	12	12.50
黄金	−8	−9	105	19	26.75
白银	3	−6	94	4	23.75
实物资产	9	13	18	6	11.50

资料来源：博迪，等. 投资学［M］. 10版. 汪昌云，等译. 北京：机械工业出版社，2018.

第二节　风险的度量

从某种程度上讲，风险被视为结果的不确定性，投资风险则主要表现为投资收益的不确定性，这种不确定性越大，投资风险就越大。从根本上来看，不同的投资工具具有不同的收益水平也是源于风险大小的不同，高风险匹配高收益，低风险下收益也相对偏低，要深入地理解收益，就必须深入地了解风险。因此，投资决策过程中，在测算投资工具期望收益率的同时需要测算其风险水平。

一、投资风险的度量

投资收益具有不确定性，实际收益水平以随机变量的形式存在，风险水平的大小也表现为随机变量的离散程度。因此，衡量投资风险的方法有以下几种。

（一）极差法

极差是指随机变量最大值和最小值之差，主要衡量投资收益不确定性的跨度大小。该指标只能作为辅助和参考，不能单独用来衡量投资风险的大小。

$$\text{极差} = R_{max} - R_{min} \tag{5-6}$$

（二）标准差法

标准差反映随机变量与其期望值之间的平均离散程度，主要衡量投资收益与期望值的平均差异。该指标综合考虑了各种不同情况下资产收益水平的平均波动情况，能够较好地衡量投资风险大小，是度量投资风险的主要工具。标准差是在方差计算的基础上得到的。

方差计算公式如下：

$$\sigma^2 = \sum_{j=1}^{m} P_j \times [R_j - E(R)]^2 \tag{5-7}$$

标准差计算公式如下：

$$\sigma = \sqrt{\sum_{j=1}^{m} P_j \times [R_j - E(R)]^2} \tag{5-8}$$

其中，R_j为未来各种状态下资产的不确定性收益率，P_j为各种状态发生的概率，E（R）为该资产的期望收益率，j=1，2，…，m。

（三）变异系数

变异系数也称离散系数，是标准差与均值之比。在投资分析中，不同资产或资产组合的规模、量纲可能各不相同，直接使用标准差进行比较可能不够准确，而离散系数则能够在不同规模或量纲的资产或资产组合之间进行比较，从而更准确地反映投资风险。变异系数通常以百分比形式表示，这使得投资者能够更直观地理解投资组合的风险水平。与标准差相比，离散系数的数值更容易被理解和解释，有助于投资者在投资决策中快速把握风险情况。

离散系数的计算公式如下：

$$CV = \frac{\sigma}{E(R)} \tag{5-9}$$

【例5-3】接续例5-1，在资产期望收益率（表5-4）的基础上计算资产的风险水平。

表5-4　　不同经济状况下的投资收益率

经济状况	繁荣	一般	萧条
概率	0.4	0.4	0.2
投资收益率	20%	10%	-5%

由上可计算出资产收益率的方差：

$$\sigma^2 = \sum_{j=1}^{3} P_j\left[R_j - E(R)\right]^2$$
$$= 0.4 \times (20\% - 11\%)^2 + 0.4 \times (10\% - 11\%)^2 + 0.2 \times (-5\% - 11\%)^2 = 0.84\%$$

标准差：

$$\sigma = \sqrt{\sum_{j=1}^{3} P_j\left[R_j - E(R)\right]^2} = 9.17\%$$

变异系数：

$$CV = \frac{\sigma}{E(R)} = \frac{9.17\%}{11\%} = 0.83$$

【例5-4】不同利率水平下A、B两种资产的收益率见表5-5，请比较分析两种资产的风险水平。

表5-5　　A、B两种资产在不同经济状况下的投资收益状况

经济状况	高利率	低利率
概率	0.4	0.6
A资产收益率	10%	20%
B资产收益率	12%	30%

由上可计算出A、B两种资产的期望收益率和标准差分别为：

$$E(R_A) = \sum_{j=1}^{2} P_j \times R_{Aj} = 0.4 \times 10\% + 0.6 \times 26\% = 19.6\%$$

$$\sigma_A = \sqrt{\sum_{j=1}^{2} P_j\left[R_{Aj} - E(R_A)\right]^2} = 7.84$$

$$E(R_B) = \sum_{j=1}^{2} P_j \times R_{Bj} = 0.4 \times 15\% + 0.6 \times 30\% = 24\%$$

$$\sigma_B = \sqrt{\sum_{j=1}^{2} P_j\left[R_{Bj} - E(R_B)\right]^2} = 8.57$$

计算结果显示，$\sigma_A < \sigma_B$，我们可以判断资产A的风险小于资产B的风险或者说资产A的收益风险特征优于资产B吗？不一定，因为两种资产的期望收益差异较大，需要进一步计算变异系数，将风险平均到每一单位的期望收益上，才能得出准确的比较结果。计算如下：

$$CV_A = \frac{\sigma_A}{E(R_A)} = \frac{7.84}{19.6} = 0.40$$

$$CV_B = \frac{\sigma_B}{E(R_B)} = \frac{8.57}{24} = 0.36$$

我们发现，$CV_A > CV_B$，资产A每单位期望收益的风险水平大于资产B每单位期望收益的风险水平，与基于标准差的判断结果完全不同，利用变异系数计算分析的结果更为可靠。

二、投资组合的风险度量

当资产组合中包含多个资产，整个资产组合的风险衡量既要考虑单个资产自身的风险水平，即单个资产收益率的波动情况，以方差表示，还要考虑资产和资产之间收益率波动的相互关系，以协方差表示。

假设某一资产组合中包含两个资产，权重分别为w_1和w_2，那么资产组合的期望收益为：

$$E(R_P) = w_1E(R_1) + w_2E(R_2)$$

资产组合的方差为：

$$\sigma_p^2 = w_1^2\sigma_1^2 + w_1^2\sigma_1^2 + 2w_1w_1cov(R_1, R_2) = w_1^2\sigma_1^2 + w_1^2\sigma_1^2 + 2w_1w_1\rho\sigma_1\sigma_2 \qquad (5-10)$$

进一步分析，资产组合中若包含有n个资产，权重分别为w_1，w_2，…，w_n，那么资产组合的期望收益为：

$$E(R_P) = \sum_{i=1}^{n} w_iE(R_i)$$

资产组合的方差为：

$$\sigma_p^2 = w'Vw = (w_1, w_2, \cdots, w_n)\begin{pmatrix} \sigma_{11} & \sigma_{12} & \cdots & \sigma_{1n} \\ \sigma_{21} & \sigma_{22} & \cdots & \sigma_{2n} \\ \vdots & \vdots & & \vdots \\ \sigma_{n1} & \sigma_{n2} & \cdots & \sigma_{nn} \end{pmatrix}\begin{pmatrix} w_1 \\ w_2 \\ \vdots \\ w_n \end{pmatrix} \qquad (5-11)$$

其中，V为资产组合收益率的方差-协方差矩阵，w为组合中n个资产的权重向量。方差-协方差矩阵中对角线的部分是各个资产的方差，反映资产自身的风险水平，对角线以外的部分均为资产两两之间的协方差，反映所有资产共同面临的风险。

拓展阅读5-2

特斯拉股票投资

特斯拉（Tesla）是一家知名的电动汽车和清洁能源公司，其股票一直是投资者关注的焦点。特斯拉的股票价格在过去几年中经历了剧烈的波动，这为投资者提供了巨大的投资机会，但同时也伴随着较高的风险。

投资者持有特斯拉公司股票，随着公司发展业绩逐渐提升，股票价格也随之上涨，给投资者带来巨大的投资收益。然而，投资特斯拉股票也伴随着高风险。特斯拉在创新和技术上一直走在行业前列，但同时也面临着诸多挑战。一是市场竞争，随着传统汽车制造商纷纷加入电动汽车市场，特斯拉面临着日益激烈的市场竞争。二是技术风险，特斯拉对自动驾驶和能源存储等领域进行了大量投资，但这些技术尚未成熟，存在失败或延迟的风险，如果特斯拉无法在这些领域取得突破，其竞争优势可能受到削弱。三是生产问题，特斯拉在过去曾遭遇过生产瓶颈和质量问题，这些问题可能导致交付延迟和声誉受损，进而影响公司的股价。四是宏观经济风险，全球经济形势、政策变化等因素都可能对特斯拉的业绩和股价产生影响。例如，如果政府出台限制电动汽车发展的政策，特斯拉的业绩可能受到打击。

这些风险因素都会影响特斯拉股票投资者的未来收益，也展示了投资收益和风险衡量在股票投资中的重要性。投资者需要在充分了解市场和公司情况的基础上，制定合理的投资策略以降低风险并最大化收益。

资料来源：佚名.特斯拉停产风波拉跌股价［N］. 北京商报，2024-03-08（8）. 此处有删减.

第三节　投资者的风险态度

投资者的风险态度是指他们对投资风险或投资收益的不确定性所选择的回应方式，是一种主观心理状态，可能会受到家庭背景、个人经历、价值观、财务状况、投资目标和时间期限等多种因素的影响。

一、风险态度及其分类

不同的投资者对风险的感受和态度不同，有的投资者对风险是一种回避和厌恶的态度，有的投资者偏好通过承担高风险博取高收益，有的投资者对风险不敏感，不关注风险。因此，可以将投资者的风险态度分为以下三类：

第一，风险厌恶型（risk averse），也称为风险规避型。这一类型投资者不愿意承担风险，即使是很小的风险，承担风险会使他们产生负效用，因此，他们更愿意选择确定性的结果，而不是可能的高收益。这种态度通常表现为对投资或决策的保守主义，更注重避免损失而不是获取收益。例如，一个风险厌恶的投资者可能会选择投资低风险的债券，而不是高风险的股票。

第二，风险中性型（risk neutral）。这一类型投资者对风险没有特别的偏好或厌恶，他们不会因为可能的风险而偏离决策。这种态度表现为对风险和收益的平衡考虑，不会过分追求高收益或过分避免风险。风险中性的投资者一般会根据预期的收益率和风险的程度，来选择不同的投资组合。

第三，风险偏好型（risk appetite），也称为风险喜好型。这一类型投资者愿意承担更大的风险，以获取更高的收益。这种态度通常表现为对冒险和创新的渴望，更注重潜在的收益而不是潜在的损失。例如，一个风险偏好型投资者可能会选择投资新兴的科技公司，以获取更高的收益。

投资者在作出投资决策时，需要综合考虑自己的风险态度、投资目标和市场环境等因素，以作出合理的投资决策。此外，投资期限的长短也会影响投资者的风险态度。投资期限越长，投资者越能够承担更大的风险，因为他们有更长的时间来恢复可能的损失。

二、风险态度的衡量

定义和衡量投资者的风险态度，一般要引入投资者的效用函数 U。在这里，投资者的效用函数是关于投资收益的增函数。不同风险态度的投资者，其效用函数不同，主要表现为随着投资收益的增加，边际效用的变化不同。

下面我们将通过分析效用函数的几何意义来更进一步地了解投资者的风险态度。

风险厌恶（规避）者的效用函数为凹函数（图 5-1），横轴表示获得的收益，纵轴表示，随着收益水平的上升，投资者的效用水平也在上升，但收益增加的边际效用递减。图 5-1 中，投资者获得确定性收益 R_3 的效用水平为 U_3，但获得不确定性收益“$R_3=p\times R_1+（1-p）R_4$”（其中，p 为获得收益 R_1 的概率，$1-p$ 为获得收益 R_4 的概率）的效用水平为 U_2，$U_2< U_3$，表明在相同收益水平下，不确定性收益即存在风险的收益给投资者带来的效用低于确定性收益的效用，风险带给投资者的是负效用。同时，在 U_2 的效用水平下，投资者要求获得的确定性收益和不确定性收益分别为 R_2 和 R_3，$R_2<R_3$，即投资者由于承担了风险会要求更高的收益予以补偿。

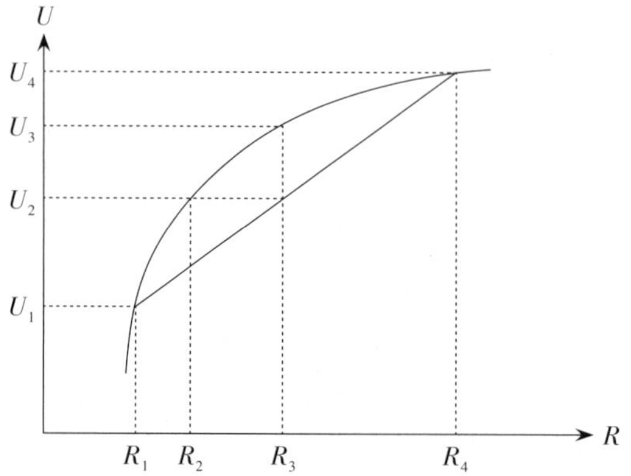

图 5-1　风险厌恶者的效用函数曲线

风险中性者的效用函数为线性函数（图 5-2），即投资收益增加的边际效用不变。图 5-2 中，投资者获得确定性收益 R_2 和不确定收益“$R_3=p\times R_1+（1-p）R_4$”的效用水平 $U_2= U_3$，表明投资者获得确定性收益和不确定性收益的效用无差别，投资者风险中性。

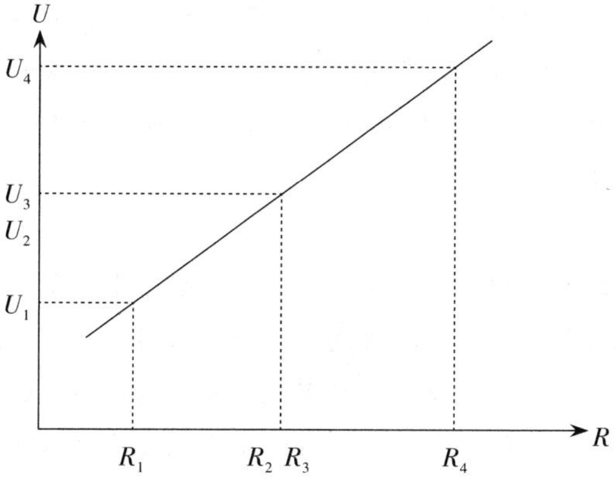

图 5-2　风险中性者的效用函数曲线

风险偏好（喜好）者的效用函数为凸函数（图 5-3），即投资收益增加的边际效用递增。图 5-3 中，投资者获得确定性收益 R_3 的效用水平为 U_2，获得不确定性收益"$R_3=p\times R_1+(1-p)R_4$"（其中，p 为获得收益 R_1 的概率，$1-p$ 为获得收益 R_4 的概率）的效用水平为 U_3，$U_2< U_3$，表明在相同收益水平下，不确定性收益即存在风险的收益给投资者带来更高的效用水平，风险带给投资者的是正效用。同时，在 U_2 的效用水平下，投资者要求的确定性收益 R_3 大于不确定性收益 R_2，与风险厌恶者的情况完全相反。

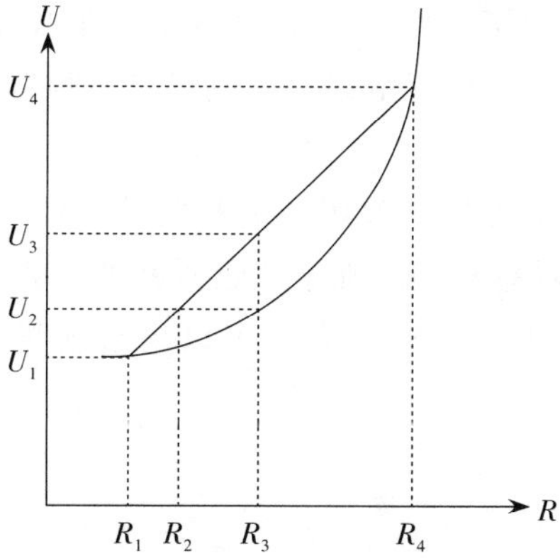

图 5-3　风险偏好者的效用函数曲线

通过以上分析我们发现，投资者的风险态度与效用函数的形状是有关系的，从而得到如下定理：当且仅当效用函数 U 是严格凹函数时，参与者是严格风险厌恶（规避）的。

拓展阅读 5-3

不同风险态度投资者的投资选择

1.保守型投资者

张先生是一位退休的工程师，他积累了一定的财富，并希望通过投资来实现财富的保值增值。然而，由于他经历了职业生涯中的多次经济波动，对风险有着深刻的认识和警惕。因此，他选择了将大部分资金投资于低风险的国债和银行定期存款，只将一小部分资金投资于股票市场。这体现了张先生保守的风险态度，他更注重资产的安全性而非收益性。

2.成长型投资者

李小姐是一位年轻的创业者，她创办了一家科技公司并获得了初步的成功。她对自己的公司和行业前景充满信心，因此决定将大部分资金投资于公司的扩张和研发。此外，她还积极参与风险投资，投资了一些具有创新性和成长性的初创企业。这体现了李小姐成长型的风险态度，她愿意承担较高的风险以追求更高的收益。

3.平衡型投资者

王先生是一位中年企业家，他经营着一家稳定的制造业企业。在投资方面，他既不想过于保守也不想过于冒险。因此，他选择了一种平衡的投资策略：将一部分资金投资于股票市场以获取较高的收益；将一部分资金投资于债券市场以保证资金的安全性；还有一部分资金则用于购买房地产等实物资产。这体现了王先生平衡的风险态度，他既注重收益也注重资产的安全性。

三、风险规避程度的比较

现实中，绝大多数投资者在绝大多数情况下都是风险规避的，风险带给投资者的效用为负。但是，不同投资者的效用函数不同，那么其风险规避程度也会不同。如何对投资者风险规避程度进行度量或对不同投资者风险规避程度进行比较，需要进一步分析。

投资者的风险规避程度可以从效用差值和收益差值两个角度来度量。如图5-4所示，投资者获得确定性收益R_3和不确定性收益R_3的效用水平之差“U_3-U_2”就是风险给投资者带来的效用损失，差值的大小可以用来衡量投资者对这一风险的规避程度。

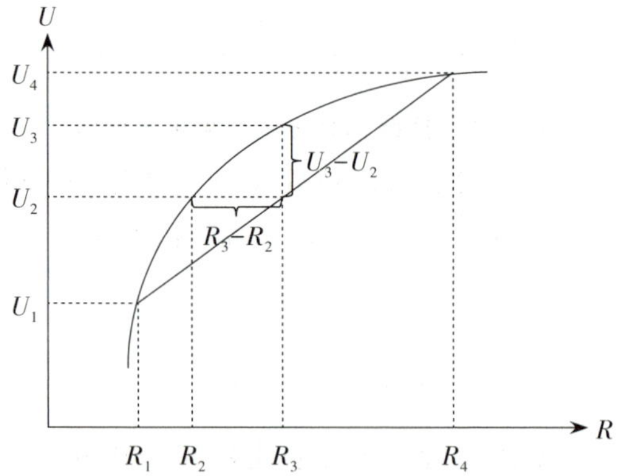

图5-4　投资者风险规避程度的度量

我们也可以用不同风险水平下得到同样效用水平U_2的期望收益之差“R_3-R_2”

来衡量投资者的风险规避程度，即投资者为了获取确定性的收益而愿意放弃的风险收益水平，或是投资者由于承担了风险所要求的收益补偿，这一指标又称为风险溢价（risk premium）。

考察同一投资者对不同风险水平的规避程度，可以对比期望收益之差即风险溢价“R_2-R_1”和“R_4-R_3”的大小，如图5-5所示，来比较投资者在面临这两个风险时的风险规避程度。

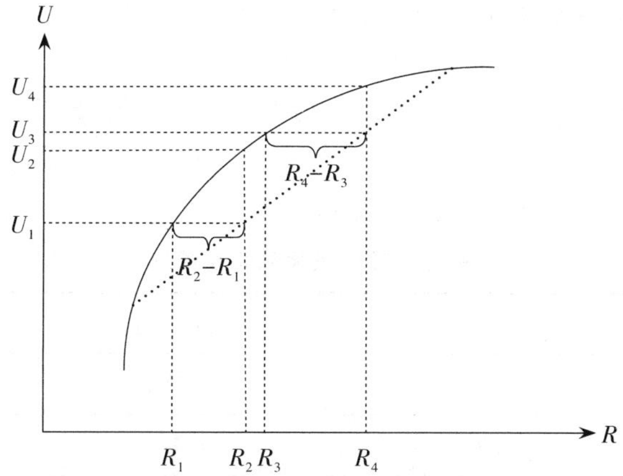

图5-5　同一投资者对不同风险的规避程度

考察不同投资者面临相同风险时的风险规避程度，可以比较期望收益之差即风险溢价“$R_3-R^1{}_2$”和“$R_3-R^2{}_2$”的大小（图5-6）来分析。显然，面临同一风险收益R_3时，效用函数曲线为U^2的投资者比效用函数为U^1的投资者风险规避程度更大。

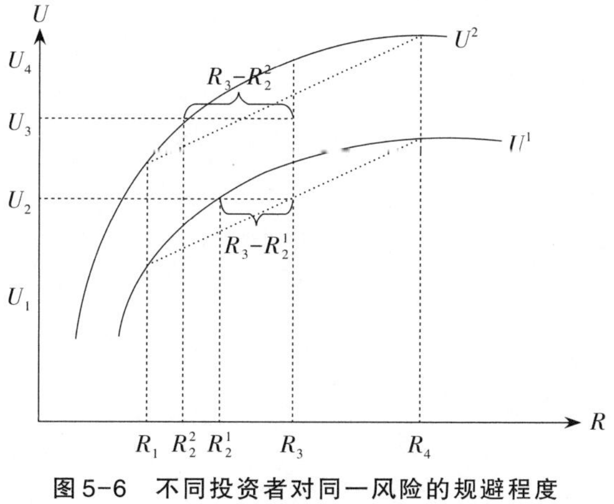

图5-6　不同投资者对同一风险的规避程度

风险溢价是一种重要的衡量投资者风险规避程度的指标。除此之外，我们还可以运用绝对风险规避系数和相对风险规避系数来度量和比较投资者的风险规避程度。

复习与思考

1.为什么人们在投资过程中要同时考虑和衡量收益与风险水平？

2.衡量多期平均收益率时，算术平均数和几何平均数哪个更好？为什么？

3.在什么情况下，变异系数比标准差能更准确地比较资产之间的风险水平？

4.投资者以每股5元的价格买入1 000股A公司的股票，一年后股票价格上升至7元。其间，公司每股发放股息0.4元。在不考虑税收的情况下，请计算该投资者的持有期收益率，并分析投资收益的来源。

5.某投资者持有一项金融资产3年，各年的持有期收益率为15%、20%、18%，请计算年平均持有期收益率。

6.某公司股价风险和收益情况见表5-6：

表5-6 **某公司股价风险和收益情况**

项目	经济状况		
	良好	一般	较差
概率	0.3	0.5	0.2
收益率	30%	12%	-10%

请计算该公司股票的期望收益率与风险水平，并分析在证券投资中投资者可能会遭遇哪些风险？

7.投资者的风险态度有哪几个种类？

8.如何度量和比较投资者的风险规避程度？

第六章

资产组合选择

学习指南

1. 本章导读

进行资产组合投资，既可以平衡收益和风险，获得更多的投资选择，更可以降低风险，改善风险和收益特征。资本配置决策的过程就是在资本配置线上选择一个投资组合，使得投资者的效用最大化。证券选择决策是投资者决定将其财富分配到两个风险资产上的比例关系，与资本配置决策遵循效用最大化原则不同，证券选择决策遵循的是最优化原则。本章将分别讨论资产组合投资的优良性质、资本配置决策和证券选择决策等内容。

2. 重难点

（1）不同资产组合的有效边界。

（2）资本配置决策和证券选择决策。

（3）最优资产组合的选择和分离定理。

（4）资产组合的风险分散化。

3. 思政目标

（1）投资资产组合比投资单个资产更能实现投资目标、有效降低投资风险，强调“团队”的重要性，引导学生互相帮助、团结协作。

（2）在进行投资决策前，应该对资产组合投资价值和风险特征进行客观评价，准确把握市场运行走势，尊重经济发展的客观规律，杜绝非理性的、盲目的投资决策。

党的二十大报告提出：“探索多种渠道增加中低收入群众要素收入，多渠道增加城乡居民财产性收入。”在熟悉投资收益、投资风险的测算方法以及投资者风险态度评估准则的基础上，城乡居民可进一步选择合适的金融资产进行投资，从而增加收入，这是投资决策中最基本的部分。实践中，投资者一般不会将全部财富投资于单一资产上，而更倾向于将财富分配到多种资产上，构成一个投资的资产组合(portfolio)。进行资产组合投资主要有两个目的：一是不同的投资者有不同的投资目标和风险偏好，投资者可以根据自己的目标和偏好定制投资组合，以实现个性化的投资规划。二是不同资产的价格波动往往不完全同步，当某一资产表现不佳时，其他资产的表现可能会相对较好，将财富分配到不同的资产上可以抵消部分损失，显著地降低整个投资组合的风险。同时，市场上可选择的资产组合也是多种多样的，投资者会遵循自身效用最大化的原则，选择出最优资产组合。

第一节　资产组合的优良性质

资产组合选择理论是现代金融理论的基石之一，最早由马科维茨在1952年提出，随后托宾等人对该理论进行了拓展和推广。该理论假设投资者在进行资产组合选择时只关注期望收益（均值）和风险水平（方差），因此也被称为均值-方差模型。

资产组合选择理论的出现是因为人们发现资产组合要比单个资产具有更优良的风险-收益特征，也可以给投资者提供更多的投资选择。资产组合一般是指投资者在金融市场的投资活动中，根据自己的风险-收益偏好所选择的适合自己的几种金融工具的集合。选中资产占全部组合的比重，称为权重，权重反映了投资者分配给各种资产资金的权重。本节我们将通过一个特例分析资产组合的优良性质。

假设现有两种风险资产A和B，期望收益分别为$E(R_A)$和$E(R_B)$，方差分别为σ_A^2和σ_B^2，A和B在风险-收益平面图中表现为两个点，如图6-1所示，A是低风险低收益的资产，B是高风险高收益的资产。

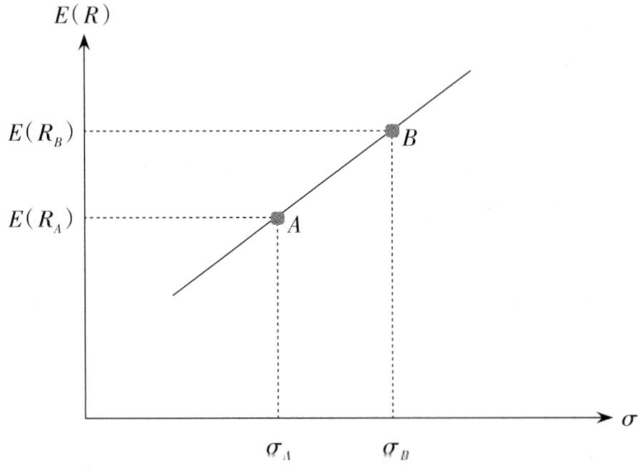

图6-1　资产或资产组合的收益-风险特征

一、资产组合收益与风险的平衡

由于投资者的风险规避程度各不相同，市场中可供选择的资产有限且单个资产的风险-收益特征呈离散状态，不能满足所有投资者的风险-收益偏好。因此，投资者选择一组资产进行投资的第一个目的是平衡投资的收益与风险。如图6-1所示，A和B两种风险资产只能满足偏好$\sigma_A^2_E(R_A)$和$\sigma_B^2_E(R_B)$这两种风险-收益特征的投资者，其他投资者没有可供选择的资产。如果将A和B两种风险资产进行组合投资，在图中则表现为将A和B两点连成一条直线，我们发现，可选择的投资对象由两个离散型的点变成了连续型的直线，直线上的任何一点都是一种投资组合，表示投资者将财富分配到A和B上的不同权重状况。越靠近A点，资产组合中A的权重越大，B的权重越小；越靠近B点，资产组合中A的权重越小，B的权重越大。A点表示全部财富分配给了A，B点表示全部财富分配给了B；A点左侧表示卖空资产B用来投资A，B点右侧表示卖空资产A用来投资B。直线上的各点同时也表示了各个资产组合的风险-收益特征，可以满足更多投资者的风险-收益偏好。

当资产组合中的资产个数增加时，可供选择的资产组合就不断丰富起来。因此，投资者会选择同时投资于几种金融工具，构建资产组合，来满足自身对风险-收益偏好的要求及投资目标。

二、资产组合风险的分散化

投资于资产组合，还可以降低投资的风险，这是通过两种方式来实现的：一是投资于风险特性不同的资产可以抵消一些风险，我们将具有相互抵消风险的功能称为套期保值；二是可以通过分散化来降低风险。

在以上特例中两种风险资产A和B的基础上引入一个无风险资产F，并分别给出投资收益率的分布，来计算和比较单个资产、资产组合的风险-收益特征。

假设无风险资产收益率$R_F = 3\%$，未来经济可能会出现繁荣、一般和萧条三种状况，概率分别为0.3、0.4和0.3，风险资产A和B的投资收益率分布情况如表6-1和表6-2。

表6-1　　风险资产A投资收益率分布表

经济状况	繁荣	一般	萧条
概率	0.3	0.4	0.3
投资收益率（%）	27	9	-9

由表6-1数据，可以求出风险资产A的期望收益和标准差：

$$E(R_A) = \sum_{j=1}^{3} P_j R_{Aj} = 27 \times 0.3 + 9 \times 0.4 + (-9) \times 0.3 = 9.0$$

$$\sigma_A^2 = \sum_{j=1}^{3} P_j \left[R_{Aj} - E(R_A) \right]^2 = 0.3 \times (27 - 9.0)^2 + 0.4 \times (9 - 9.0)^2 + 0.3 \times (-9 - 9.0)^2 = 194.4$$

$\sigma_A = \sqrt{194.4} = 13.94$

由表6-2数据，可以求出风险资产B的期望收益和标准差：

$$E(R_B) = \sum_{j=1}^{3} P_j R_{Bj} = (-3) \times 0.3 + 7 \times 0.4 + 15 \times 0.3 = 6.4$$

$$\sigma_B^2 = \sum_{j=1}^{3} P_j \left[R_{Bj} - E(R_B) \right]^2 = 0.3 \times (-3 - 6.4)^2 + 0.4 \times (7 - 6.4)^2 + 0.3 \times (15 - 6.4)^2 = 48.84$$

$\sigma_B = \sqrt{48.84} = 6.99$

表6-2 **风险资产B投资收益率分布表**

经济状况	繁荣	一般	萧条
概率	0.3	0.4	0.3
投资收益率（%）	-3	5	15

通过以上计算，我们掌握了单个资产的风险-收益特征，现在计算资产组合的风险-收益特征。第一个资产组合是将总财富的50%投资到无风险资产上，另外50%投资到风险资产*A*上，该资产组合的期望收益和标准差为：

$E(R_{P1}) = (1 - w)R_F + wE(R_A) = 0.5 \times 3 + 0.5 \times 9 = 6$

$\sigma_{P1} = w\sigma_A = 6.97$

第二个资产组合是将总财富的50%投资到风险资产*A*上，另外50%投资到风险资产*B*上，该资产组合的期望收益和标准差为：

$E(R_{P2}) = wE(R_A) + (1 - w)E(R_B) = 0.5 \times 9 + 0.5 \times 6.4 = 7.7$

$\sigma_{P2} = \sqrt{w^2\sigma_A^2 + (1 - w)^2\sigma_B^2 + 2w(1 - w)\rho\sigma_A\sigma_B} = 3.49$

将以上单个资产和资产组合的风险-收益特征汇总如表6-3：

表6-3 **不同投资选择的风险-收益特征**

投资资金分配	期望收益	标准差
单个资产：100%投入风险资产A	9	13.94
资产组合1：50%投入无风险资产，50%投入风险资产A	6	6.97
资产组合2：50%投入风险资产A，50%投入风险资产B	7.7	3.49

观察表6-3中的数据，我们可以发现，相较于单个资产*A*，资产组合1获得无风险资产和风险资产*A*的加权平均期望收益，其风险水平下降了一半，改善了风险-收益特征；资产组合2投资于两种风险资产*A*和*B*，相较于资产组合1有更高的期望收益和更低的风险水平，风险-收益特征改善程度更加明显。

为什么资产组合2拥有更加优良的风险-收益特征呢？这需要通过计算协方差和相关系数去分析风险资产*A*和*B*之间的关系。

$$cov(R_A,\ R_B)=\sum_{j=1}^{3}P_j\left[R_{Aj}-E(R_A)\right]\left[R_{Bj}-E(R_B)\right]=-97.2$$

$$\rho_{AB}=\frac{cov(R_A,\ R_B)}{\sigma_A\sigma_B}=-0.9975$$

如果两种风险资产收益率同方向变化，协方差为正。如果两种风险资产收益率变化的方向相反，则协方差为负。这种关系也可以通过相关系数简单地表达，相关系数介于-1到1之间，相关系数越小，资产组合在获得加权平均收益的基础上风险越低。相关系数大于0，资产组合是通过分散化降低风险，相关系数小于0，资产组合之间具有的套期保值功能越强，即能够更大程度地降低风险。相关系数在[-1，1）的区间内均能不同程度改善风险-收益特征。特例中两种风险资产A和B的相关系数等于-0.9975，套期保值效果明显。

我们发现在资产组合中加入无风险资产是一种简单的降低风险的策略，而选择具有负相关性的风险资产是效果更好的降风险策略。如果选择完全负相关的资产，就可以获得完全套期保值的效果，完全避免风险。

综上所述，进行资产组合投资，既可以平衡收益和风险，获得更多的投资选择，更可以降低风险，改善风险和收益特征。这是资产组合的优良性质，也是资产组合选择的重要基础。

初步了解了资产组合投资的好处，下一节开始讨论最优资产组合的一般选择和决策过程。

市场中资产种类丰富、数量众多，投资者根据自身效用最大化原则选择最优资产组合之前，需要先弄清楚可选择的资产组合有哪些。这里将市场中多种多样的资产高度抽象化为无风险资产和风险资产，那么资产组合就可以分为一个无风险资产和一个风险资产的组合、两个风险资产的组合，也可以拓展到一个无风险资产和两个风险资产的组合。

基于此，进行资产组合投资需要作出两方面的决策，一是根据投资者的风险规避程度决定资产组合中风险资产占多大的比例，无风险资产占多大的比例，我们称它为资本配置决策；二是根据最优化原则确定在风险资产中各种不同风险资产的比例，我们称它为证券选择决策。

第二节　资本配置决策

在一个无风险资产和一个风险资产上进行资本配置，需要首先分析资产组合的可行集。

一、一个无风险资产和一个风险资产组合的可行集

假设无风险资产收益率是R_F，风险资产的期望收益率是$E(R)$，标准差是σ，投资者投资到风险资产上的财富比例是w，投资到无风险资产上的财富比例是1-w，那么投资组合的收益和风险可以表示为：

$$E(R_P) = (1 - w)R_F + wE(R)$$

$$\sigma_P = w\sigma$$

联立以上两个公式，可得资产组合期望收益和标准差的关系式如下：

$$E(R_p) = R_F + \frac{E(R) - R_F}{\sigma}\sigma_P \qquad (6-1)$$

式（6-1）表示一个无风险资产和一个风险资产构成的资产组合的所有风险-收益特征，是可选择的投资可行集。如图6-2所示，图中的直线就是该资产组合可行集的几何表达，我们称这条直线为资本配置线（capital allocation line，CAL）。

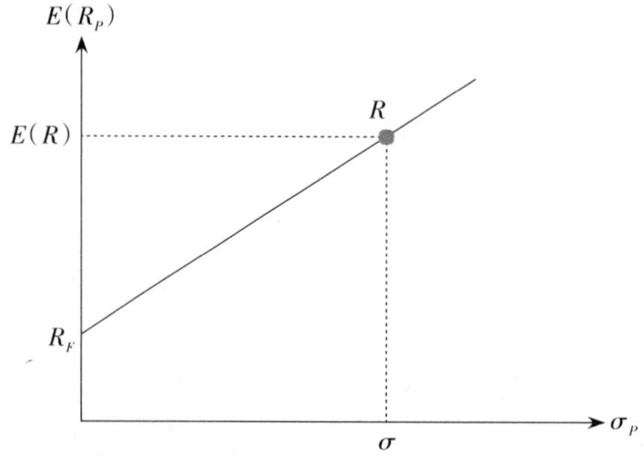

图6-2　资本配置线

图6-2中的资本配置线表示一个无风险资产和一个风险资产构成的各种资产组合。资本配置线不同位置上的点具有双重含义：第一层，代表不同的风险资产权重w，位置越接近无风险资产，风险资产的权重w就越小，表明投资者将更多的财富分配给无风险资产，反之亦然。R_F点上，w=0；R_F和R之间的点，$0<w<1$；R点上，w=1；R点右边，$w>1$，表示将全部财富投资到风险资产上，还以无风险收益率借入资金投资无风险资产，这里不考虑卖空风险资产。第二层，代表不同资产组合的风险-收益特征，越往右上方的点，风险越大，期望收益也越大。

二、资本配置决策过程

资本配置线及其表达式给出了一个无风险资产和一个风险资产构成的投资可行集。在此基础上，投资者就可以根据自己的风险规避程度进行资本配置决策，决定无风险资产和风险资产的权重。

进行资本配置决策时，需要分析能够反映投资者风险规避程度的效用函数

U。投资者的效用函数U是关于期望收益$E(R)$和风险水平σ的函数，风险规避投资者的效用水平随期望收益的增加而增加，随风险水平的上升而下降，可表示为：

$$\frac{\partial U}{\partial E(R_P)} > 0,\ \frac{\partial U}{\partial \sigma_P} < 0$$

因此，风险规避者的效用函数在“期望收益-标准差”平面中表达为向右上方倾斜并凸向于横轴的形状，如图6-3中的曲线U。

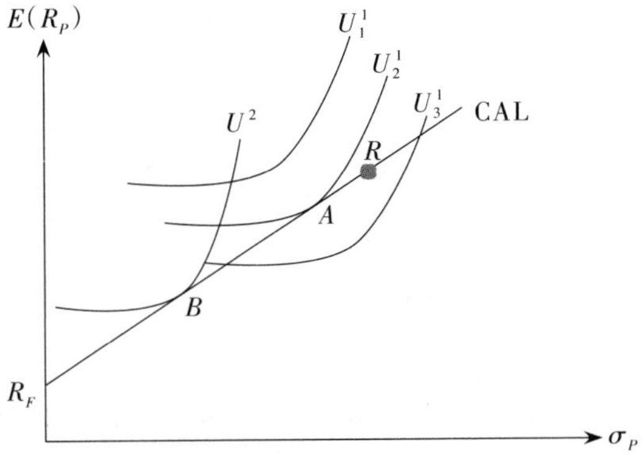

图6-3　一个无风险资产和一个风险资产组合的可行集

图6-3中的曲线U^1和U^2代表投资者1和投资者2的效用函数曲线，U_1^1、U_2^1和U_3^1是投资者1的三种不同效用水平下的无差异曲线，无差异曲线越往左上方平移，效用水平越高。

资本配置决策的过程就是在资本配置线上选择一个投资组合，使得投资者的效用最大化。以投资者1为例，无差异曲线U_1^1与CAL相交，能够实现资本配置，但效用水平较低；无差异曲线U_3^1与CAL不相交，表明可行集中的资产组合帮助投资者实现U_3^1的效用水平；无差异曲线U_2^1与CAL相切于A点，切点A即为CAL上所有可选择的资产组合中，能够为投资者1带来最大效用的资产组合，实现了最优资本配置决策。同理，投资者2的无差异曲线U^2与CAL相切于B点，它是投资者2的最优资产组合。可以看出，相较于投资者1，投资者2将更多的财富分配到无风险资产上，投资者2风险规避程度更大。

第三节　证券选择决策

证券选择决策是投资者决定将其财富分配到两个风险资产上的比例关系，与资本配置决策遵循效用最大化原则不同，证券选择决策遵循的是最优化原则。下面首先讨论两个风险资产组合的可行集。

一、两个风险资产组合的效率边界

假设两个风险资产A和B的期望收益率分别是$E(R_A)$和$E(R_B)$，标准差分别为σ_A^2和σ_B^2，两个风险资产收益率的相关系数为ρ。投资者投资到风险资产A和B上的财富权重分别为w和$1-w$，那么两个风险资产组合的期望收益和方差可以表示为：

$$E(R_P) = wE(R_A) + (1-w)E(R_B) \tag{6-2}$$

$$\sigma_P^2 = w^2\sigma_A^2 + (1-w)^2\sigma_B^2 + 2w(1-w)\rho\sigma_A\sigma_B \tag{6-3}$$

当$\rho=1$时，式（6-3）可整理为：

$$\sigma_P^2 = \left[w\sigma_A + (1-w)\sigma_B\right]^2 \tag{6-4}$$

联立式（6-2）和式（6-4），可得资产组合期望收益和标准差的关系式如下：

$$E(R_p) = E(R_B) + \frac{E(R_A) - E(R_B)}{\sigma_A - \sigma_B}(\sigma_P - \sigma_B) \tag{6-5}$$

当$\rho=-1$时，式（6-3）可整理为：

$$\sigma_P^2 = \left[w\sigma_A - (1-w)\sigma_B\right]^2 \tag{6-6}$$

联立式（6-2）和式（6-6），可得资产组合期望收益和标准差的关系式如下：

$$E(R_p) = \begin{cases} E(R_B) + \dfrac{E(R_A) - E(R_B)}{\sigma_A + \sigma_B}(\sigma_P + \sigma_B),\ w \geqslant \dfrac{\sigma_B}{\sigma_A + \sigma_B} \\ E(R_B) - \dfrac{E(R_A) - E(R_B)}{\sigma_A + \sigma_B}(\sigma_P - \sigma_B),\ w < \dfrac{\sigma_B}{\sigma_A + \sigma_B} \end{cases} \tag{6-7}$$

当$-1<\rho<1$时，式（6-2）和式（6-3）联立求得的资产组合期望收益和标准差的关系式是一个二次方程，推导过程在此从略。

基于以上三种情形，可以在“期望收益-标准差”平面上画出两个风险资产组合的可行集，如图6-4所示。其中，直线AB上的点表示$\rho=1$时的所有可选择资产组合，直线AE_1和BE_1上的点表示$\rho=-1$时的所有可选择资产组合，图中的曲线有无数条，表示$-1<\rho<1$时的所有可选择资产组合，从左往右ρ越来越大。

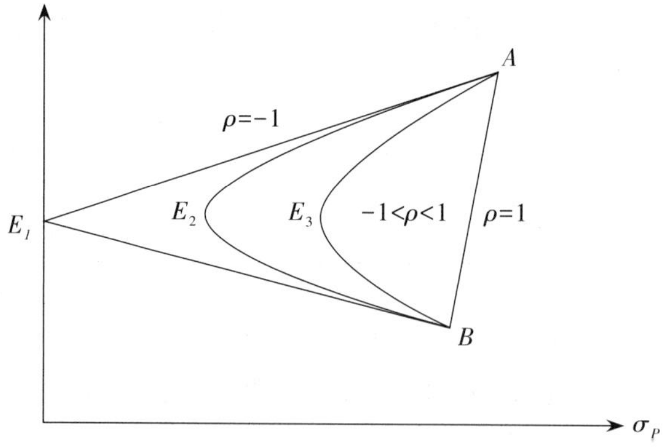

图6-4　两个风险资产组合的可行集

通过观察我们发现，两个风险资产组合可行集中，并不是所有资产组合都是有效率的。其中，直线AB上的资产组合中，$\rho=1$，获得加权平均收益的同时也面临着加权平均的风险，资产组合风险-收益特征并未得到改善，属于无效边界；BE_1、BE_2和BE_3上的资产组合表现出风险越大、收益越小的特征，显然是属于无效边界。因此，两个风险资产组合必须从AE_1、AE_2和AE_3等有效边界中选择。需要注意的是，投资实践中，想要找到两个完全套期保值的风险资产是非常困难的，即AE_1上的资产组合虽然效率最高，但不容易实现。

综上所述，两个风险资产组合的效率边界AE_2如图6-5所示，曲线上的不同位置表示在两个风险资产上分配财富的不同比例，E_2被称为最小方差点。如果只考虑两个风险资产组合的投资，则可以直接引入投资者的无差异曲线，使其与效率边界相切，决定能够让投资者效用最大化的最优资产组合。图6-5中两个投资者的无差异曲线U^1和U^2分别与效率边界相切于C点和D点，决定了两个投资者的最优资产组合。

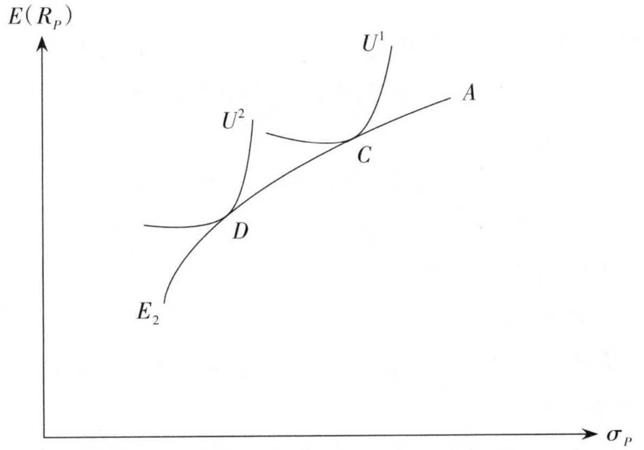

图6-5　两个风险资产组合的效率边界及投资选择

二、证券选择决策办法

以上两个风险资产组合选择决策的过程基于投资者效用最大化原则，不属于证券选择决策。证券选择决策过程需要在两个风险资产的基础上，再引入一个无风险资产，如图6-6所示。

引入一个收益率为R_F的无风险资产，如图6-6所示，从R_F出发，可以引出无数条与两个风险资产效率边界相连接的资本配置线，如CAL_1和CAL_0。在所有与R_F效率边界连接的资本配置线中，只有CAL_0的斜率是最大的，它被称为最优资本配置线，即随着风险的增加，单位风险补偿的期望收益最大。最优资本配置线与两个风险资产效率边界相切于P_0点，也就决定了两个风险资产的最优组合点是P_0。这就是遵循最优化原则，在两个风险资产中分配财富比例的证券选择过程。

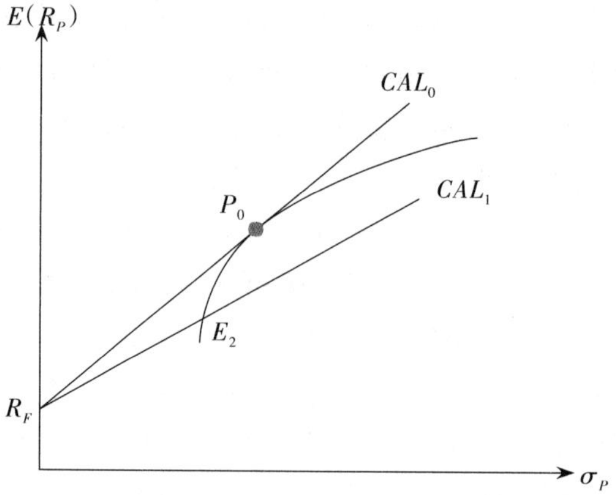

图6-6　证券选择决策

【例6-1】市场中有两个风险资产A和B，两个风险资产的期望收益率分别为12%和10%，标准差分别为20%和15%，相关系数为-0.2，请尝试构建一个最小方差风险资产组合，并计算资产组合的期望收益。

设风险资产组合中A资产的权重为w，B资产的权重为$1-w$，由题目可知，$E(R_A)=12\%$，$E(R_B)=10\%$，$\sigma_A=20\%$，$\sigma_B=15\%$，$\rho=-0.2$，那么，风险资产组合的期望收益和方差分别为：

$$E(R_P) = wE(R_A) + (1 - w)E(R_B) = 12w + 10(1 - w) = 2w + 10$$

$$\sigma_P^2 = w^2\sigma_A^2 + (1 - w)^2\sigma_B^2 + 2w(1 - w)\rho\sigma_A\sigma_B = 745w^2 - 570w + 225$$

最小方差资产组合的目标函数是：

$$\min(\sigma_P^2) = 745w^2 - 570w + 225$$

对目标函数即资产组合的方差求导并令其导数等于0得：

$$(\sigma_P^2)' = 1\,490w - 570 = 0$$

求解得，$w=0.38$，$1-w=0.62$，即组合中A资产占比38%，B资产占比62%。

资产组合的期望收益为：

$$E(R_P) = (wE(R_A) + (1 - w)E(R_B)) \times 100\% = (12 \times 0.38 + 10 \times 0.62) \times 100\% = 10.76\%$$

三、分离定理

综上所述，投资者要构建包含一个无风险资产和两个风险资产的资产组合时，其投资决策需要分两步完成：第一步，基于无风险资产和风险资产效率边界寻找最优资本配置线及其切点，即根据各个风险资产的期望收益、方差和协方差，以最优化原则决定最优风险资产组合，完成证券选择决策；第二步，引入投资者的效用函数，寻找无差异曲线与最优资本配置线的切点，即遵循效用最大化原则，决定在一个无风险资产和最优风险资产组合之间的财富分配比例，完成资本配置决策。也就是说，不论投资者的效用函数如何，他们所选择的最优风险资产组合都一样，最优资产组合的不同之处在于无风险资产和最优风险资产组合的比例关系，这就是分离定律。

如图6-7所示，证券选择决策确定了最优风险资产组合为P_0后，引入两个投资者的无差异曲线U^1和U^2，分别与最优资本配置线CAL_0相切于C点和D点，决定了两个投资者的最优资产组合。可以看出，投资者1和投资者2所选择的最优风险资产组合点都是P_0，即风险资产组合内部比例相同，只是投资者1风险规避程度小，他将全部财富投入到了最优风险资产组合中，并以无风险利率借入资金投资最优风险资产组合，最优风险资产组合权重$w>1$。投资者2风险规避程度大，他将一部分财富分配给最优风险资产组合，另一部分财富分配给无风险资产，最优风险资产组合权重$0<w<1$。

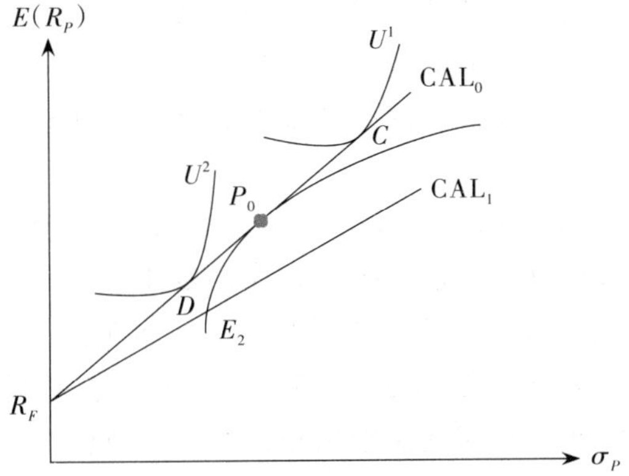

图6-7　资本配置决策和证券选择决策

拓展阅读6-1

耶鲁大学的捐赠基金

耶鲁大学的捐赠基金成立于1890年，起初的资金规模并不大，但随着校友捐赠的增加和投资收益的积累，其规模逐渐扩大。如今，耶鲁大学捐赠基金已成为全球最成功的大学捐赠基金之一，其长期的投资回报率一直名列前茅。

耶鲁大学捐赠基金的投资策略主要强调多元化和长期投资。这种策略旨在通过在不同资产类别和市场中分散投资来降低风险，并通过长期持有优质资产来获得稳定的回报。

耶鲁大学捐赠基金的投资组合涵盖了多个领域，包括股票、债券、房地产、私募股权等。这种多元化投资策略有助于降低单一资产或市场波动对整体投资组合的影响，提高投资组合的稳定性和风险承受能力。具体来说，耶鲁大学捐赠基金在股票投资方面，注重选择具有长期增长潜力的优质公司；在债券投资方面，则选择信用评级较高的债券以获取稳定的利息收入；在房地产投资方面，耶鲁大学捐赠基金通过购买房地产信托基金和参与房地产项目投资等方式获取租金收入和资本增值；在私募股权方面，耶鲁大学捐赠基金则投资于一些具有创新性和成长性的初创企业，以期获取更高的回报。

耶鲁大学捐赠基金注重长期投资，避免追逐市场短期波动和投机性收益。该基金认为，只有长期持有那些具有稳定盈利能力、良好管理团队和可持续竞争优势的资产，才能获得稳健的回报。这种长期投资策略要求投资者具备耐心和决心，不受市场短期波动的影响。

耶鲁大学捐赠基金在投资实践中，注重资产配置的优化和风险管理。该基金通过定期评估各类资产的长期收益水平和风险特征，不断调整投资组合的配置比例，以实现风险和收益的平衡。同时，耶鲁大学捐赠基金还建立了完善的风险管理体系，对投资组合进行持续监控和评估，确保投资活动的安全性和稳健性。

耶鲁大学捐赠基金的成功展示了多元化和长期投资策略的有效性。通过在不同资产类别和市场中分散投资并长期持有优质资产，耶鲁大学捐赠基金实现了资产的稳健增长。这一案例为其他投资者提供了宝贵的启示和借鉴，即要注重资产的多元化配置和长期投资的重要性。

资料来源：张向阳. 耶鲁大学的捐赠基金［J］. 世界教育信息，2003（10）：30-32.

将以上资产组合选择决策的过程推广到存在多种资产的市场环境中，就是著名的马科维茨最优资产组合理论。马科维茨推导出了N个风险资产最优组合的模型，在此基础上，引入一个无风险资产构建了最优资产组合选择模型。这两个理论模型对资产组合选择决策实践具有深远的影响和重要的指导意义。

拓展阅读6-2

资产组合风险的分散化

本节我们讨论资产组合风险的分散化的一般情况。

假设一个资产组合包含有n个资产，权重分别为w_i（i=1，2，…，n）那么资产组合的风险水平用方差表示为：

$$\sigma_p^2 = w'Vw = (w_1,\ w_2,\ \cdots,\ w_n)\begin{pmatrix} \sigma_{11} & \sigma_{12} & \cdots & \sigma_{1n} \\ \sigma_{21} & \sigma_{22} & \cdots & \sigma_{2n} \\ \vdots & \vdots & & \vdots \\ \sigma_{n1} & \sigma_{n2} & \cdots & \sigma_{nn} \end{pmatrix}\begin{pmatrix} w_1 \\ w_2 \\ \vdots \\ w_n \end{pmatrix}$$

其中，方差-协方差矩阵中对角线上有n个方差，代表各个资产自身的风险水平，除对角线外有n^2-n个协方差，反映了资产之间的共同变动情况。当组合中资产n越来越大时，方差部分对组合方差的贡献越来越小，趋向于0，而协方差部分的贡献会趋向于一个常数，资产组合总风险也趋近于这个常数。资产组合风险的分散化过程如图6-8所示。

由此可知，分散化的投资策略分散的是资产组合中单个资产自身的风险，即非系统性风险，而那些影响资产收益共同变动的风险是无法通过分散化消除的，那些风险被称为系统性风险。

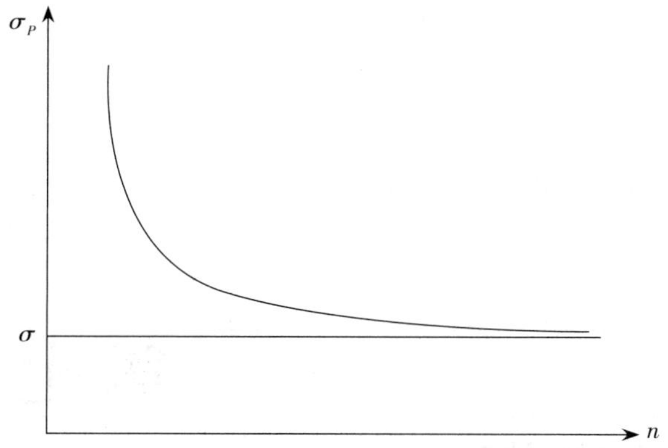

图6-8　资产组合风险的分散化过程

复习与思考

1. 当市场中存在无风险资产和多个风险资产时，投资者将如何进行投资组合的选择？

2. 资本配置线是如何表达投资组合中期望收益率与风险之间的关系的？

3. 简述资产组合的含义及资产组合决策的内容。

4. 论述分析投资者为什么要进行资产组合的投资。

5. 请简单阐述马科维茨的最优风险资产组合理论。

6. 最小方差资产组合选择的目标函数是什么？

7. 资本配置决策和证券选择决策的目标函数分别是什么？

8. 假设市场上只有两种股票A和B，年期望收益率分别为10%和15%，收益率标准差分别为0.1和0.2，当A和B的相关系数分别为-1，0，0.5和1时，请计算最小方差投资组合分别是什么。

9. 假设市场中只有一个无风险资产和一个风险资产，无风险资产收益率5%，风险资产期望收益率15%，标准差20%。

（1）请写出两种资产构成的均值-方差可行集表达式。

（2）某投资者想要获得8%的收益，应该怎样分配资金？组合的风险水平如何？

（3）某投资者的效用函数为$U(r, \sigma) = 2r^2 - 4r - \sigma^2$，请计算该投资者的最优资产组合。

第七章

资本市场均衡

学习指南

1.本章导读

资本市场均衡理论是现代金融学的重要组成部分。资本市场均衡条件下的金融理论主要包括资本资产定价模型、因素模型、套利定价理论和有效市场假说，本章对这几个基本理论加以介绍。

2.重难点

（1）资本资产定价模型的基本结论和实际意义。

（2）CML曲线和SML曲线的分析。

（3）单因素模型分析。

（4）套利定价理论的推导和应用。

（5）有效市场的三个类型及其内涵。

3.思政目标

（1）引导学生树立持之以恒追求真理的科学精神，激发学生的创新精神。

（2）培养学生在分析问题、解决问题过程中保持严谨的态度，掌握科学的方法。

（3）引导学生运用辩证思维的方法去理解有效市场假说，市场既是有效的，也是无效的，是无效与有效的辩证统一。

资本市场均衡理论是现代金融学的重要组成部分，它深入探讨了资本市场中资产价格的确定和变动规律。资本市场均衡条件下的金融理论主要包括资本资产定价模型、因素模型、套利定价理论和有效市场假说。随着金融市场的不断发展和复杂化，资本市场均衡理论在学术研究和实践中得到了广泛应用和深入探讨。党的二十大报告指出："健全资本市场功能。"

第一节　资本资产定价模型

马科维茨的最优资产组合选择理论的前提是组合中单个资产的收益率已知，但是并未提及这些收益率是如何得到的。在资本配置线分析中我们注意到资产收益率一般是无风险收益率加上该资产的风险溢价，风险溢价是对资产承担总风险的收益补偿。但是，资产组合配置过程中，随着资产数目不断增加，是可以逐步消除非系统性风险、降低总风险的。也就是说，资产组合的总风险不是由单个资产的总风险决定的，资产组合的风险溢价也不一定是对资产总风险的补偿。当资产组合足够大时，非系统性风险趋向于零，资产组合的风险溢价就是对系统性风险的收益补偿，那么资产组合中单个资产的风险溢价似乎就有了同样的特性。关于资产收益与风险的这种关系，一直到1964年威廉·夏普在其发表的论文《资本资产价格：风险条件下的市场均衡理论》中提出资本资产定价模型后，才逐渐明确化。

资本资产定价模型（capital asset pricing model，CAPM）是相关理论逐步发展的结果，马科维茨为此进行了基础性的研究，他的学生威廉·夏普将其发展成为CAPM模型，另外约翰·林特纳与简·莫辛也独立地得出了相似的结果，对这一模型作出了贡献。CAPM模型的核心关系仍然是收益与风险的关系，是在风险资产期望收益均衡基础上的预测模型，它的功能是预测资产风险与预期收益率之间的关系。这一模型在现代投资理论中占有十分重要的地位，是现代金融学的基石。

一、资本资产定价模型的假设

资本资产定价模型（CAPM）的构建和分析是在一定的基本假定上进行的，这些基本假定的核心是尽可能保证市场中投资者的个人行为趋于同质化，尽可能消除投资者初始财富和风险厌恶程度的差异。这样的基本假定使得模型的构建和分析大大简化。这些基本假定包括：

第一，市场中存在着大量投资者，每个投资者的财富相对于所有投资者的财富总和来说是微不足道的。因此，投资者是市场价格的接受者，单个投资者的交易行为对资产价格不发生可见的影响。这个假定意味着证券市场是完全竞争的市场结构。

第二，所有投资者都在同一资产持有期内计划投资活动、选择资产组合，即所有投资者资产持有的起止时间都相同，在同一时点上购入与卖出资产，或资产在同一时点上到期。这个基本假定同质化了投资者的投资期限，十分严格，也会在一定程度上使投资者背离他的最优投资选择。

第三，投资者投资范围仅限于公开金融市场上交易的资产，譬如股票、债券、借入或贷出无风险的资产等，不会从事非交易性的资产投资活动。此外还假定投资者可以在固定的无风险利率基础上借入或贷出任何额度的资产。

第四，所有投资者都是理性的，都是风险规避者，都在获得加权平均收益率的基础上追求资产组合的方差最小化，那么，他们都会采用马克维茨的资产选择模型进行最优资产组合的选择。

第五，所有投资者对各种资产的评价和经济局势的看法都一致，进而投资者关于资产收益率的概率分布预期是一致的，这也是对投资者的同质化假定。

第六，在资产交易时不需要交纳交易费用，也不需要交纳各种税金。

虽然资本资产定价模型的基本假定过于严格，与现实不符，但是利用这些假定，我们可以洞察资产市场均衡的许多重要内幕，可以总结出假定资产市场里的各种均衡关系，也就形成了CAPM模型的基本结论。

二、资本资产定价模型的基本内容

根据投资者的风险规避和同质化假定，所有投资者都会按照马科维茨的最优风险资产组合选择理论进行决策，因此，所有投资者都将持有相同的风险资产组合。由于投资者的最优资产组合选择均相同，因此对于市场中某一个特定风险资产来说，如果一个投资者不选择，那么所有投资者都不会选择，该资产的零需求会使其价格非常低廉，就会有投资者发现这个被低估的资产。当一个投资者选择购买该资产，那么所有投资者都会选择购买该资产，这种状况达到均衡时，所有投资者持有的相同的风险资产组合中就包含了所有可交易资产。进一步分析，所有投资者持有包含所有可交易资产且相同的风险资产组合，那么这个风险资产组合的权重结构就与市场上所有风险资产的总体权重结构相同，这个风险资产组合被称为市场组合（market portfolio）。综上所述，资本资产定价模型的结论1可表述为：所有投资者将按照包括所有可交易资产的市场组合比例来配置和选择自己的风险资产组合。

由于所有投资者都会按照马科维茨的最优风险资产组合选择理论进行决策，所以投资者所持有的市场组合就是最优风险资产组合，市场组合不仅在效率边界上，更是最优资本配置线与效率边界的切点。这时的资本配置线（CAL）是从无风险利率出发通过市场组合的延伸直线，被称为资本市场线（capital market line，CML），如图7-1所示。投资者之间的差别只在于投资于市场组合与无风险资产的财富比例不同。综上所述，资本资产定价模型的结论2可表述为：市场组合不仅在有效率边界上，也是最优资本配置线与效率边界的切点组合。

资本市场线的数学表达式如下：

$$E(R_p) = R_F + \frac{E(R_M) - R_F}{\sigma_M}\sigma_P \tag{7-1}$$

其中，$E(R_M)$ 是市场组合的期望收益，σ_M 是市场组合的标准差。

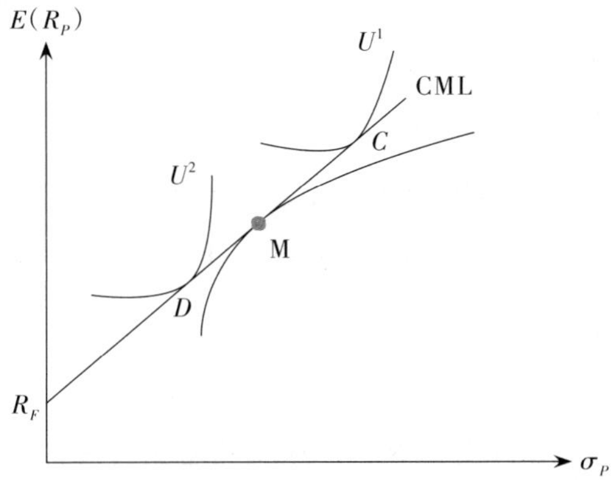

图 7-1　资本市场线 CML

市场组合的收益率可以表示为组合中每个资产收益率的加权平均，即：

$$R_M = \sum_{i=1}^{n} w_i R_i$$

市场组合的方差就等于组合中每个资产与市场组合的协方差的加权平均值，即：

$$var(R_M) = cov(\sum_{i=1}^{n} w_i R_i,\ R_M) = \sum_{i=1}^{n} w_i cov(R_i,\ R_M)$$

第 i 个资产对市场组合的风险溢价贡献为：

$$w_i[E(R_i) - R_F]$$

第 i 个资产对市场组合方差的贡献为：

$$w_i cov(R_i,\ R_M)$$

那么，市场组合中第 i 个资产的收益风险比率表示为：

$$\frac{w_i[E(R_i) - R_F]}{w_i cov(R_i,\ R_M)} = \frac{[E(R_i) - R_F]}{cov(R_i,\ R_M)} \tag{7-2}$$

式（7-2）被称为资产 i 的风险边际收益，当市场达到均衡时，所有资产的风险边际收益均相等，用 $\bar{a}$ 来表示，即：

$$\frac{[E(R_i) - R_F]}{cov(R_i,\ R_M)} = \frac{[E(R_j) - R_F]}{cov(R_j,\ R_M)} = \bar{a} \tag{7-3}$$

整理并对两边加权求和，可得：

$$[E(R_i) - R_F] = \bar{a} cov(R_i,\ R_M)$$

$$\sum_{i=1}^{n} w_i[E(R_i) - R_F] = \sum_{i=1}^{n} w_i \bar{a} cov(R_i,\ R_M)$$

$$E(R_M) - R_F = \bar{a} cov(\sum_{i=1}^{n} w_i R_i,\ R_M) = \bar{a} cov(R_M,\ R_M) = \bar{a} var(R_M)$$

$$\frac{E(R_M) - R_F}{var(R_M)} = \bar{a} \tag{7-4}$$

联立式（7-3）和式（7-4），可得：

$$\frac{[E(R_i)-R_F]}{cov(R_i,\ R_M)}=\frac{E(R_M)-R_F}{var(R_M)}=\bar{a}$$

$$E(R_i)-R_F=\frac{cov(R_i,\ R_M)}{var(R_M)}[E(R_M)-R_F] \tag{7-5}$$

市场均衡状态下，每种资产或资产组合的风险边际收益均相等，从式（7-5）中可以看出，单个资产i的合理风险溢价取决于该资产对市场组合的风险贡献程度，可用β_i表示：

$$\beta_i=\frac{cov(R_i,\ R_M)}{var(R_M)} \tag{7-6}$$

由于市场组合包含所有可交易资产，这意味着组合中的资产数量很大，因此市场组合总风险 var（R_M）中的非系统风险趋向于0，总风险水平就趋向于系统风险水平。那么β_i则表示单个资产i的相对系统性风险水平。

综上所述，资本资产定价模型的结论3可表述为：单个资产的风险溢价与市场组合的风险溢价是成比例的，与相关市场组合中资产的β_i系数也成比例。用数学公式表示如下：

$$E(R_i)-R_F=\beta_i[E(R_M)-R_F] \tag{7-7}$$

也可以表示为：

$$E(R_i)=R_F+\beta_i[E(R_M)-R_F] \tag{7-8}$$

三、资本资产定价模型的几何表达

资本市场线是在期望收益-方差平面中构建的，反映资产收益和总风险的关系。资本资产定价模型则是在期望收益-贝塔平面中构建，反映资产收益和系统性风险之间的关系。具体来说，投资者投资的某一种资产的期望收益是由β测度的这种资产风险的函数，式（7-8）中这种函数关系的几何表达就是证券市场线（security market line，SML），如图7-2所示。

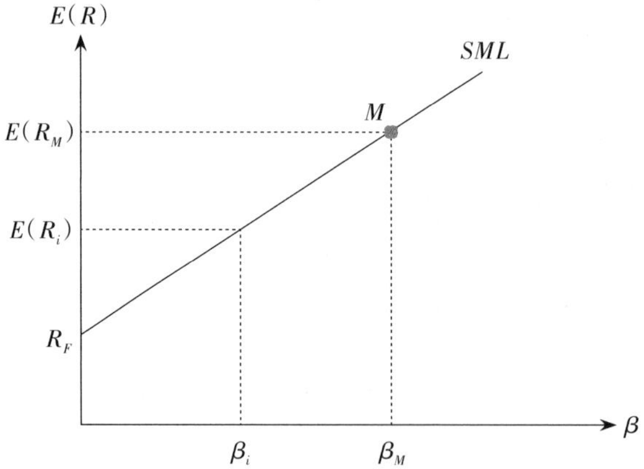

图7-2　证券市场线SML

证券市场线（SML）是通过无风险收益R_F和市场组合点E（R_M）-β_M的直线，

其中无风险收益率对应的$\beta_F = 0$，市场组合的$\beta_M = 1$。

证券市场线与资本市场线相比较，存在以下区别：

第一，资本市场线反映的是有效资产组合，即市场组合与无风险资产构成的资产组合的总风险和收益水平的关系，用标准差测度资产组合的风险；证券市场线反映的是单个资产的风险溢价是该资产系统性风险的函数，测度系统性风险的β值是该资产对于资产组合方差的影响程度或贡献度。

第二，资本市场线上的点代表资产组合是效率组合，而证券市场线上的点是均衡市场状态下的单个资产或资产组合，即证券市场线上的点不一定在资本市场线上，但当市场均衡时，所有资产都落在证券市场线上。

此外，由于证券市场线代表市场均衡状态，因此当市场处于非均衡状态时，资产则处于证券市场线的上方或下方，反映了资产的实际收益和系统性风险之间的关系，可表示为：

$$E(R_i) - R_F = \alpha_i + \beta_i\left[E(R_M) - R_F\right] \tag{7-9}$$

其中，证券市场线上方的点，反映了资产实际收益大于应得收益，超额收益$\alpha_i > 0$，那么该类资产的价格被低估，是值得购买的资产。而处于证券市场线下方的点，反映了资产实际收益小于应得收益，超额收益$\alpha_i < 0$，那么该类资产的价格被高估，是不值得购买的资产。因此，从资本资产定价模型可以分析出，想要获得较高的收益和回报，一是选择比较大的β值，即通过承担更高的风险来获取更高的收益，二是选择证券市场线上方的点，即$\alpha_i > 0$的资产，投资者在承担既定风险的基础上可以获得超额收益。

资本资产定价模型这种评价资产价值的能力，可以帮助投资者确定哪些资产值得购买，哪些资产不值得购买，这就为投资者构建自己的资产组合奠定了基础。投资者可以在选择多个优质资产（$\alpha_i > 0$的资产）的基础上，根据选定资产的相关系数再去进行财富的分配和配置，确定自己的最优资产组合。

四、资产组合中的资本资产定价模型

考虑一个包含有k个资产的资产组合P，分析该资产组合在市场均衡状态下的风险溢价。设资产组合中单个资产的权重为w_j，用资本资产定价模型将每个资产的风险溢价表示为：

$$E(R_j) - R_F = \beta_j\left[E(R_M) - R_F\right]$$

对k个资产的风险溢价公式左右两边求和，可得：

$$\sum_{j=1}^{k} w_j\left[E(R_j) - R_F\right] = \sum_{j=1}^{k} w_j\beta_j\left[E(R_M) - R_F\right]$$

$$E(R_P) - R_F = \sum_{j=1}^{k} w_j\beta_j\left[E(R_M) - R_F\right] = \beta_P\left[E(R_M) - R_F\right] \tag{7-10}$$

式（7-10）表明，资本资产定价模型对任一资产组合都适用，其中资产组合的β值等于组合中单个资产β值的加权平均数：

$$\beta_P = \sum_{j=1}^{k} w_j \beta_j \tag{7-11}$$

那么，市场组合的β值就可以表示为：

$$\beta_M = \sum_{i=1}^{n} w_i \beta_i = \sum_{i=1}^{n} w_i \frac{cov(R_i, R_M)}{var(R_M)} = \frac{cov(R_M, R_M)}{var(R_M)} = \frac{var(R_M)}{var(R_M)} = 1 \tag{7-12}$$

β值反映单个资产或资产组合系统性风险的相对水平。如果单个资产或资产组合的β值大于1，则说明该资产或资产组合的系统性风险相对大于市场组合的系统性风险，即该资产或资产组合收益率的波动大于市场组合收益率的波动，那么就可以获得比市场组合更高的风险溢价；反之，如果单个资产或资产组合的β值小于1，则说明该资产或资产组合的系统性风险相对小于市场组合的系统性风险，即该资产或资产组合收益率的波动小于市场组合收益率的波动，其风险溢价小于市场组合的风险溢价。

五、对资本资产定价模型的进一步分析

在资本资产定价模型（CAPM）其他基本假定不变的条件下，当无风险资产借入或贷出受限制或市场中找不到无风险资产来观察收益情况时，投资者只能通过构建一个风险资产组合，使其系统性风险β_P值等于0来近似地获取一个无风险资产组合，用零β资产组合期望收益率取代资本资产定价模型中的无风险利率，那么资本资产定价模型就被修正为零β资本资产定价模型。公式如下：

$$E(R_i) = E(R_z) + \beta_i\left[E(R_M) - E(R_z)\right] \tag{7-13}$$

其中，Z代表零β资产组合。

资本资产定价模型的简单形式假定投资者均是短视的行为人。当投资者根据生命期及保留遗产来制定个人投资计划时，只要投资人的偏好及资产收益率分布不变，市场组合就仍旧有效，并且资本资产定价模型的简单形式及期望收益-β值关系仍然适用。

第二节　因素模型

在资产组合选择决策的过程中，我们不仅要解决组合中各个资产收益和风险的计算和评价方法问题，更要具体估计出每个资产的期望收益、方差和相当数量的所有相关证券之间的协方差，这个过程中的计算量会随着资产组合中资产数量的增加而大幅度增长，对模型的现实应用带来了巨大的困难。

如果一个资产组合中包含有n个资产，就需要计算n个期望收益，n个方差和（n^2-n）/2个协方差。当n等于10时，总估计量为65个；当n等于100时，总估计量

就变成5 150个；而当n等于1 000时，总估计量则高达50万以上。为了减少计算工作量，保证资产组合模型能够更具有现实应用价值，威廉·夏普于1963年在其发表的《对于“资产组合”分析的简化模型》一文中首次提出单因素模型，并引入股票价格指数构建了单指数模型，之后其他学者在单因素模型的基础上又提出了多因素模型。

一、单因素模型

单因素模型的提出既减轻了计算负担，又为系统风险与非系统风险的性质提供了重要的新视角。

在对资产组合选择模型应用的过程中，需要强调资产期望收益和协方差矩阵的估计质量，其中，计算量最大的部分是资产组合中各种资产之间协方差的计算，n个资产就需要估计（n^2-n）/2个协方差。在资产组合风险分散化分析中我们得出结论，协方差反映了资产组合中各种资产收益率的共同变动情况，而且实证分析中也发现协方差一般都为正，这是因为现实中的很多经济因素会同时影响几乎全部资产的收益情况，虽然影响程度有所不同，但影响方向是一致的，譬如经济周期的变化、市场利率水平的波动、通货膨胀的影响、全社会的技术创新和科技进步、生产成本和劳动力价格的变化等，这些因素的变动会对全社会的经济主体产生相同的影响效应，进而影响金融市场的资产收益率，我们把这些因素统称为宏观经济因素。宏观经济因素引起的资产收益率的不确定性，就是系统性风险。除宏观经济因素外，影响资产收益情况的还有资产所属公司特有的内部因素，譬如公司发展战略、公司规模、公司层面的技术创新、公司的管理水平以及市场营销策略等因素，这些因素只对单个资产的收益率产生影响，不会影响其他资产，被称为特有因素，其引起的资产收益率的不确定性为非系统性风险，特有因素对资产收益率影响的期望值是零。

夏普将所有宏观经济因素和特有因素看成两个影响资产收益率的因素变量，资产收益率表示为如下形式：

$$R_i = E(R_i) + M_i + e_i \tag{7-14}$$

其中，R_i是资产的不确定性收益，E（R_i）是期望收益率，M_i是由非预期的宏观经济因素引起的资产收益率的变动，e_i是非预期的特有因素引起的资产收益率的变动。

由于宏观经济因素的变动对所有资产而言是相同的，只是对不同资产的影响程度不同，因此，式（7-14）可以调整为如下形式：

$$R_i = E(R_i) + \beta_i F + e_i \tag{7-15}$$

这就是单因素模型，其中，F是宏观经济因素，β_i是i资产对宏观经济因素的敏感度。

由于宏观经济因素F和特定因素e_i都是非预期的，且e_i为资产特有的，既独立于市场的运动，又独立于其他资产特有因素，因此：

$E(F)=0$，$E(e_i)=0$

$cov(F, e_i)=0$，$cov(e_i, e_j)=0$

则资产收益率的方差可表示为：

$$\sigma_i^2=\beta_i^2\sigma_F^2+\sigma^2(e_i) \tag{7-16}$$

资产i和资产j的收益率的协方差可表示为：

$$cov(R_i, R_j)=cov(\beta_i F+e_i, \beta_j F+e_j)=cov(\beta_i F, \beta_j F)=\beta_i\beta_j\sigma_F^2 \tag{7-17}$$

回到夏普建立单因素模型的初衷，来分析构建一个包含n个资产的资产组合时，需要的估计量是否减少。观察式（7-16）和式（7-17），我们发现，在单因素模型下，需要估计n个期望收益，n个特有因素方差，n个敏感度协方差和一个宏观经济因素方差，总估计量是$3n+1$。那么，当n等于10时，总估计量为31个；当n等于100时，总估计量就变成301个；而当n等于1 000时，总估计量则为3 001个。大大降低了计算量，简化了工作过程。

二、单指数模型

单因素模型中的宏观经济因素F过于抽象，因此，夏普用股票价格指数的收益率来替代F，即利用市场指数来代表一般的或者说系统的因素，构建了单指数模型，使得单因素模型具有了可操作性和实际应用价值。

单指数模型可表示为：

$$R_i=E(R_i)+\beta_i R_M+e_i \tag{7-18}$$

其中，R_i和R_M分别表示单个资产和股票指数的不确定收益。

对式（7-18）取期望值，可得：

$$E(R_i)=\alpha_i+\beta_i E(R_M)+E(e_i)=\alpha_i+\beta_i E(R_M) \tag{7-19}$$

式（7-19）表明资产i的超额期望收益率由两部分组成，一部分是超额收益α_i，另一部分是股票指数的超额期望收益与资产i对股票指数收益变动的敏感度β_i的乘积。

式（7-19）的几何表达被称为证券特征线（securitycharacteristic line，SCL）。如图7-3所示，证券特征线的斜率是β_i，其含义是市场的超额收益每增减1%，资产i的超额收益相应增减β_i%。

对单个资产收益率R_i和股票指数收益率R_M求协方差，可得：

$$cov(R_i, R_M)=cov(\beta_i R_M+e_i, R_M)=cov(\beta_i R_M, R_M)=\beta_i var(R_M) \tag{7-20}$$

$$\beta_i=\frac{cov(R_i, R_M)}{var(R_M)}$$

式（7-20）中，资产i对股票指数收益变动的敏感度β_i与资本资产定价模型中的β_i具有相同的经济含义，即资产i对宏观经济因素变动的敏感度，也是系统性风险的相对水平。

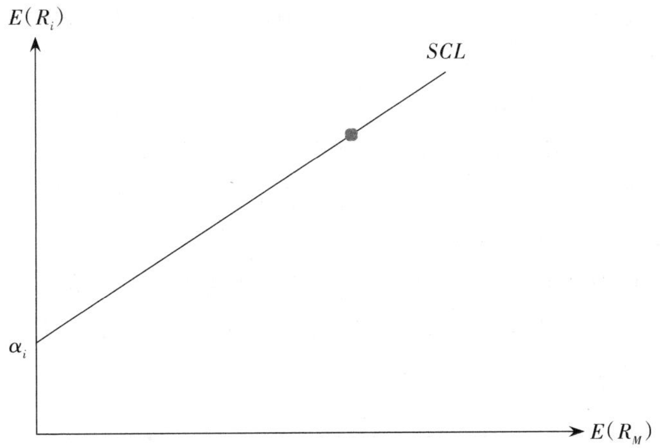

图7-3 证券特征线SCL

将式（7-19）左右两边写成风险溢价的形式：

$$E(R_i) - R_F = \alpha_i + \beta_i\left[E(R_M) - R_F\right] \tag{7-21}$$

式（7-21）中，当$\alpha_i = 0$时，单指数模型和资本资产定价模型一致；当$\alpha_i > 0$时，资产可以获得超额收益，资产价格被低估，资产值得购买；当$\alpha_i < 0$时，资产超额收益为负，资产价格被高估，不值得购买。资本资产定价模型是关于预期收益的论断，是市场均衡状态下获得平均收益水平的计算，而单指数模型反映了市场均衡和非均衡的所有状态，是对资产实际收益（包括平均收益和超额收益）的计算和评价。

三、多因素模型

多因素模型是对单因素模型的推广，区别于单因素模型将所有的宏观经济因素都归结为单一因素，并认为这一因素对所有资产收益率都产生着相同的影响，多因素模型倾向于将宏观经济因素划分为多个具体因素，譬如前面已经提到的经济周期、利率、通货膨胀、全社会层面的技术创新等，这些不同的宏观经济因素对不同资产收益率会产生差异化的影响，如经济周期会对能源企业股票收益率产生较大影响，而对食品加工企业股票收益率的影响较小，利率水平对金融公司股票收益率影响较大，对互联网公司股票收益率的影响较小。因此，单个资产会受到多个宏观经济因素的影响，但是资产收益率对不同宏观经济因素的敏感程度不同。基于以上思考，可以构建多因素模型如下：

$$R_i = E(R_i) + \beta_{i1}F_1 + \beta_{i2}F_2 + \dots + \beta_{ik}F_k + e_i \tag{7-22}$$

其中：F_1，F_2，…，F_k是市场中k个宏观经济因素，e_i是特有风险因素，$\beta_{ij}(j = 1, 2, \cdots, k)$是资产$i$对$k$个宏观经济因素的敏感度。

关于多因素模型的研究主要着重于寻找不同的宏观经济因素以及捕捉资产对不同宏观因素的敏感度。

如现实应用较为广泛的双因素模型，它确定了经济周期和利率两种宏观经济因素，模型可表达为以下公式：

$$R_i = E(R_i) + \beta_{iGDP}GDP + \beta_{IR}IR + e_i \tag{7-23}$$

并进一步通过确定β_{iGDP}和β_{iIR}来分析资产i的收益情况。

陈、罗尔与罗斯三人在实证分析中也构建了一个五因素模型：

$$R_i = E(R_i) + \beta_{iIP}IP + \beta_{iEI}EI + \beta_{iUI}UI + \beta_{iCG}CG + \beta_{iGB}GB + e_i \tag{7-24}$$

其中，IP是行业生产的变动百分比；EI是预期通货膨胀的变动百分比；UI是非预期通货膨胀的变动百分比；CG是长期公司债券对长期政府债券的超额收益；GB是长期政府债券对短期国库券的超额收益。

第三节　套利定价理论

套利的概念是资本市场理论的核心。利用相同预期收益的资产定价之间的差异进行转移投资，从中赚取无风险收益的行为称为套利。套利需要同时进行等量资产的买卖，买低卖高，以便从不对等的价格关系中获取利润。市场中普遍存在套利机会，而套利者的套利行为会推动市场向无套利，即市场均衡状态趋近。当市场中不存在无风险的套利机会时，市场达到均衡，资产市场价格是合理的，就是均衡价格，这是资本市场理论中最基本的原理。套利定价理论（arbitrage pricing theory，APT）最早由美国学者斯蒂芬·罗斯于1976年提出，与资本资产定价模型一样，套利定价理论展示了资产收益与风险之间的正向线性关系。但是，套利定价理论的基本假定资本资产定价模型简单得多，这让套利定价理论应用性更强。

一、套利机会和套利组合

套利是指投资者在不承担任何风险的情况下，以零投资获取正收益的投资行为。也就是说，当投资者可以构造一个能产生正收益的零投资组合时，套利机会就出现了。实际构建零投资的资产组合，投资者必须卖空（做空头）至少一项资产，然后再去购买（做多头）一项或多项资产。资产组合的总投资为零，即投资者不会投入自有资金，因此就不存在风险。投资者构建的这个零投资正收益的资产组合，被称为套利组合。

套利具体可以分成两类：一类是资产组合期初价格为负价格，但期末能获得非负收益，这一类套利被称为强套利；另一类是资产组合期初价格为零价格，但期末能获得非负且不等于零的收益，这一类套利被称为一般套利。

套利组合的计算严格按照概念展开，通过假设组合中各类资产的权重，在已知资产期初价格和期末不确定性收益分布的条件下，分别构建负价格和非负收益的强套利不等式组，或零价格和非负且不等于零的收益的一般套利不等式组，计算出满足条件的各类资产权重，构建套利组合。

拓展阅读7-1

长期资本管理公司（LTCM）的套利策略

长期资本管理公司（Long-Term Capital Management，LTCM）成立于1994年，该公司主要从事定息债务工具套利活动，其套利交易策略的核心是“市场中性套利”，即买入被低估的有价证券，同时卖出被高估的有价证券，以期获取无风险利润。

LTCM的交易策略高度依赖于数学模型和统计分析，通过大量处理金融市场的历史数据、相关理论学术报告及研究资料，形成了一套完整的电脑数学自动投资系统模型。这一模型使得LTCM能够在复杂多变的金融市场中，构建庞大的债券及衍生产品的投资组合，并进行精准的投资套利活动。

在LTCM的历史上，有几个值得注意的套利事件。首先是在1996年，LTCM大量持有意大利、丹麦、希腊政府债券，同时做空德国债券。LTCM的模型预测，随着欧元的启动，这些国家的债券与德国债券的息差将缩减。结果市场表现与LTCM的预测惊人地一致，LTCM获得了巨大收益，其投资组合的年化收益率一度高达40%以上。然而，LTCM的交易策略也存在一定的风险。由于LTCM的模型主要基于历史数据和统计分析，对于一些小概率事件缺乏充分的考虑。当这些小概率事件发生时，LTCM的投资系统可能会产生难以预料的后果。例如，在1998年亚洲金融危机期间，由于国际石油价格下滑和俄罗斯国内经济不断恶化，投资者纷纷从发展中市场退出，转向美国、德国等风险小、质量高的债券品种。这导致LTCM的“收敛交易”策略失效，公司遭受了巨大的损失。此外，LTCM还进行了波动率套利的交易。他们抛售了有效期长达5年的股票期权，并预测在长达5年的时间中，期权隐含波动率一定会回归到历史波动率。然而，这种预测并没有如期实现，LTCM在波动率套利中也遭受了损失。

总的来说，长期资本管理公司的套利故事是关于金融创新和风险管理的故事。虽然LTCM的交易策略在某些时期取得了巨大的成功，但也因为对小概率事件的忽视和市场的不可预测性使LTCM遭受了巨大的损失，最终，LTCM无法承受巨大的损失，陷入了破产的境地。这一事件引起了全球金融市场的广泛关注，并引发了人们对套利策略和风险管理的深入讨论。

资料来源：张陶伟. 长期资本管理公司的兴衰及启示［J］. 国际金融研究，1999，（1）：39-43.

二、无套利市场

套利行为会促使市场价格变动，使所有套利机会消失，投资者面临的只有较高的收益与较大的风险相匹配的投资局面，出现无套利市场，这是资本市场理论中最基本的概念。

当市场中所有资产或资产组合的价格函数都同时满足一价定理和严格正定性时，市场是无套利的，反之亦然。其中，一价定理是指对于任意两个资产组合，如果它们在未来每种状态下的收益都相等，那么这两个资产组合当前的价格也应该相等。资产价格的严格正定性是指在未来每种状态下都有正收益的资产组合，其价格一定要大于零，即零价格对应零收益，正收益对应正价格。

现实中，由于存在套利限制，市场无法达到完全无套利的状态。

三、套利定价理论内容

罗斯在构建套利定价理论时并没有假定投资者都是厌恶风险的，也没有假定投资者是根据均值-方差的原则行事的。他认为，期望收益与风险之所以存在正比例关系，是因为在市场中已经没有套利机会。

套利定价理论的假定前提是：第一，股票的收益率取决于两类因素，即一系列的宏观经济因素和一个特有因素，投资者都会按照因素模型配置资产。第二，市场中存在大量的不同资产，资本市场是完全竞争的市场。第三，市场中不存在套利机会。

罗斯对套利定价理论的分析是从单因素模型开始的，通过构建充分分散化的资产组合，将非系统性风险消除，去推导资产期望收益和风险之间的均衡关系。在这里，我们直接从多因素模型出发，推导套利定价理论的一般形式。

假设市场中有k个宏观经济因素，即k个系统性风险，任何资产i都能表示成一个多因素模型的形式，公式如下：

$$R_i = E(R_i) + \beta_{i1}F_1 + \beta_{i2}F_2 + \cdots + \beta_{ik}F_k + e_i$$

其中，F_1，F_2，…，F_k是市场中k个系统性风险，e_i是特有风险因素，$\beta_{ij}(j = 1, 2, \cdots, k)$是资产$i$对$k$个系统性风险的敏感度。

接下来，通过构建一个充分分散化的资产组合P来消除非系统风险，设组合中资产i的权重是w_i，则资产组合P的收益可表示为：

$$R_P = \sum_{i=1}^{n} w_i R_i = \sum_{i=1}^{n} w_i E(R_i) + \sum_{i=1}^{n} w_i \beta_{i1} F_1 + \sum_{i=1}^{n} w_i \beta_{i2} F_2 + \cdots + \sum_{i=1}^{n} w_i \beta_{ik} F_k + \sum_{i=1}^{n} w_i e_i$$

组合中资产数目n足够大，每个资产的权重w_i就足够小，那么：

$$e_P = \sum_{i=1}^{n} w_i e_i = 0 \qquad (7-25)$$

通过权重w_i的选择，资产组合P满足零投资和零风险的要求，即：

$$\sum_{i=1}^{n} w_i = 0 \qquad (7-26)$$

且对于任意的系统性风险 F_j（j=1，2，…，k）都有：

$$\sum_{i=1}^{n} w_i \beta_{ij} = 0 \tag{7-27}$$

根据市场无套利假设，零投资意味着零收益，结合式（7-25）和式（7-27），资产组合 P 的收益率可表示为：

$$R_P = \sum_{i=1}^{n} w_i R_i = \sum_{i=1}^{n} w_i E(R_i) = 0 \tag{7-28}$$

联立式（7-26）、式（7-27）和式（7-28），可以将 E（R_i）表示为 β_{i1}，β_{i2}，…，β_{ik} 的线性表达式：

$$E(R_i) = a_0 + a_1\beta_{i1} + a_2\beta_{i2} + \cdots + a_k\beta_{ik} \tag{7-29}$$

其中，a_i 是需要估计的参数。

对于无风险资产来说，其对 k 个系统性风险的敏感度 $\beta_{ij} = 0$，式（7-29）就可表示为：

$$E(R_F) = a_0 = R_F \tag{7-30}$$

对于一个纯因素组合 θ_j 来说，其对 j 个系统性风险的敏感度 $\beta_{ij} = 1$，对其他 k-1 个系统性风险的敏感度为零，式（7-29）就可表示为：

$$E(\theta_j) = a_0 + a_j = R_F + a_j \tag{7-31}$$

$$a_j = E(\theta_j) - R_F$$

综上所述，将式（7-30）和式（7-31）带入式（7-29），可得：

$$E(R_i) = R_F + \beta_{i1}[E(\theta_1) - R_F] + \beta_{i2}[E(\theta_2) - R_F] + \cdots + \beta_{ik}[E(\theta_k) - R_F] \tag{7-32}$$

式（7-32）就是套利定价理论（APT）的基本形式。

四、套利定价理论与资本资产定价模型的比较

套利定价理论（APT）与资本资产定价模型（CAPM）的共同点是它们都认为期望收益与风险之间存在着正相关关系，更高的系统性风险会带来更多的收益。它们的区别有以下几点：第一，在推导期望收益和 β 值的关系时，APT的基础是一个可操作的充分分散化资产组合，CAPM的基础是一个难以实现的真实市场资产组合。第二，在实际运用时，APT可以方便地分析影响资产收益的多种因素，CAPM模型却缺乏这种能力，只以一个市场组合代表了全局的系统性风险。第三，APT的证明是建立在一般的理性与理解之上，缺乏严格的数学表达，不能排除任何个别资产对期望收益和 β 值关系的违反，CAPM模型的推导则要严谨得多。第四，APT的假设要比CAPM简单得多。第五，APT中的系统性风险具体是什么并没有在理论中得以明确。

第四节　有效市场假说

“有效市场”是指有效定价市场，是资产价格可以迅速地对影响价格因素的变

化作出充分反映的市场，即资产价格可以及时充分地反映所有市场信息。有效市场假说（efficient markets hypothesis，EMH）是由美国经济学家尤金·法玛于1970年提出并深化的理论。

一、有效市场的假设和含义

有效市场理论假设投资者都是理性的，都认同影响每种资产的时价和未来价格分布的形态，并假设市场全部有关信息都能够迅速、完整和准确地被投资者所获得，投资者获取信息不需要支付成本且不存在交易成本。

在以上假设条件下，投资者可以迅速获得信息并用于指导投资决策，如果市场上有任何未被充分利用的信息，投资者就会利用这些信息实施交易，进而将市场价格调整到正确的水平。那么，资产市场价格就会快速并充分地反映所有市场信息。有效市场假说强调市场的有效性，认为在法律健全、功能良好、透明度高、竞争充分的市场，一切有价值的信息已经及时、准确、充分地反映在资产价格走势当中，包括当前和未来的价值，平衡了资产收益和风险。除非存在市场操纵，否则投资者无法通过分析信息来获得超额的投资收益。因此，在有效市场中，资产价格几乎遵循了一种随机漫步的规律，即毫无规律可循。

在有效市场中，投资者致力于资产价格的前景分析与研究，及时充分地利用市场信息进行最优投资决策，这有助于投资行为的理性化，有助于资源流向效率最高的企业和领域，更有助于社会资源的最优配置。但是，在现实中，有效市场假说的实现受到多种因素的制约，如信息公开的数量、规模和时间的制约、信息传递的时效性、投资者对信息的判断存在个体差异、投资者实施投资决策的有效性受到限制等。因此，有效市场假说虽然提供了一种理想的市场状态，但在实际操作中，市场可能并不总是完全有效的。

二、有效市场的形式

有效市场理论中，市场信息被分为资产历史价格和成交量信息、所有公开信息和所有可用信息（包括内部和私人信息）三个层次，后一个信息类型包含前一个信息类型。

法玛根据有效市场反映信息的不同类型，提出了三种不同的市场有效性形式：

第一，弱式有效市场（weak-form efficiency）。弱式有效市场假说认为市场价格已充分反映出所有历史的资产价格信息，包括成交价、成交量、卖空金额、融资金额等。这些信息已经免费公开，如果这些信息中隐藏着有关资产未来表现的信息，投资者会迅速地挖掘这些信息并采取买卖交易行为，使股价变动充分地反映出这些信息。在弱式有效市场中，投资者无法通过分析历史价格信息或者利用技术分析手段来获得超额收益。因为市场价格已经反映了所有历史信息，任何基于历史信息的交易行为都会被市场迅速吸收并反映在价格上。然而，投资者仍然可以通过基本分析手段来挖掘一些低价高值的股票，因为市场价格可能没有完全反映出公司的内在价值。

第二，半强式有效市场（semi-strong form efficiency）。半强式有效市场假说认为价格已充分反映出所有已公开的有关公司营运前景的信息。这些信息包括成交价、成交量、盈利资料、盈利预测值、公司管理状况以及其他公开披露的财务信息。在这样的市场中，如果投资者能迅速获得这些信息，股价应迅速作出反应。半强式有效市场假说强调了公开信息的重要性。投资者可以通过分析这些公开信息来作出投资决策，但无法通过分析历史价格信息或者利用非公开信息来获得超额收益。这是因为市场价格已经反映了所有公开信息，任何基于公开信息的交易行为都会被市场迅速吸收并反映在价格上。

第三，强式有效市场（strong-form efficiency）。强式有效市场假说认为市场价格已充分地反映了关于公司营运的所有信息，包括已公开的信息和内部未公开的信息（即内幕信息）。在这样的市场中，没有任何方法能帮助投资者获得超额利润，因为市场价格已经包含了所有可用的信息，无论是公开的还是非公开的。强式有效市场是最理想的市场状态，但在现实中很难实现。这主要是因为获取和分析所有信息，包括内幕信息，需要巨大的成本和时间。此外，即使投资者能够获得内幕信息，他们也可能因为其他因素（如市场流动性、交易成本等）而无法利用这些信息获得超额收益。

有效市场的三种形式及信息种类情况如图 7-4 所示。

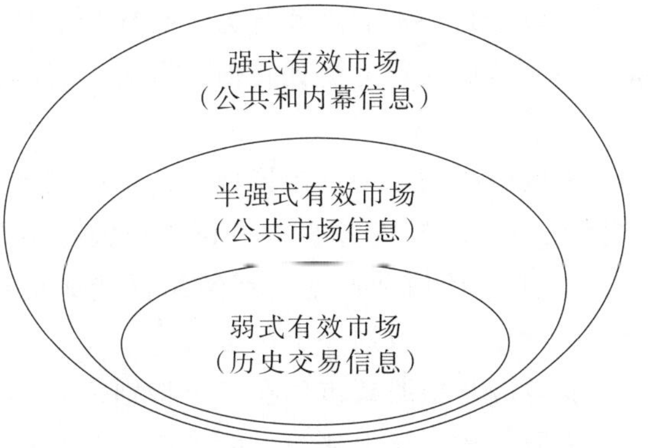

图 7-4 有效市场的三种形式及信息种类

综上所述，有效市场的三种形式描述了不同程度的市场有效性。强式有效市场是最理想的状态，但很难实现；半强式有效市场强调了公开信息的重要性；而弱式有效市场则关注历史价格信息的反映程度。在实际应用中，这些理论有助于投资者理解市场运行机制并制定合理的投资策略。

三、行为金融理论

行为金融理论是在对现代金融理论，尤其是在对有效市场假说和资本资产定价模型的挑战和质疑的背景下形成的。该理论试图解释金融市场上出现的各种异象，发掘投资者非理性行为和决策背后的一般规律。

行为金融理论摒弃了经典金融学中的“理性人”假设，认为市场上的投资者可能受到心理偏差、个人经验、阶段情绪等因素的影响，作出非理性的投资决策。行为金融理论侧重于投资者实际决策行为的分析，试图解释投资者在投资过程中的心理变化、决策动机和行为模式。行为金融理论也对有效市场假设提出质疑，认为市场并非总是有效的，市场价格可能受到投资者心理和行为的影响而偏离其内在价值。

行为金融理论形成了很多具体的研究成果，这些成果为理解金融市场的运行机制和投资者的行为模式提供了新的视角和工具，对指导投资者作出更理性的投资决策具有重要意义。此处简单介绍以下几种理论：

（1）前景理论，或称为视野理论。该理论试图解释投资者在面对风险和不确定性时的决策行为，强调投资者在决策过程中会受到和心理预期的影响。

（2）后悔理论。后悔理论认为投资者在作出投资决策时会考虑未来可能产生的后悔情绪，这种情绪会影响他们的投资行为。

（3）过度反应理论。过度反应理论说明的是市场会出现过度反应的现象。人们由于一系列的情绪与认知等心理因素，会在投资过程中表现出加强的投资心理，从而导致市场的过度反应。

（4）过度自信理论。该理论指出投资者往往过度自信，高估自己的投资能力和市场判断能力，从而作出非理性的投资决策。

（5）羊群效应。羊群效应是一种非理性行为，具体指的是投资者在某些情况下模仿别人决策的从众行为。他们的行为受到其他投资者的影响，对媒体或投资专家的建议形成了依赖。

（6）周末效应。周末效应指的是一种市场现象，即股票市场在周一的表现往往低于其他交易日，尤其是周五。投资者的情绪和认知偏差会在非交易日影响其决策，使得他们在周一进行重新评估和调整。在情绪低迷或信息处理不充分的情况下，他们更可能进行卖出操作，导致周一市场走低。

（7）年底效应。年底效应是指股票市场在年末特别是12月到1月期间，通常会出现异常波动，常表现为股价的明显上涨。一般来说，节假日带来的积极情绪和消费带动了市场乐观情绪，投资者可能更倾向于在年末进行交易，通过观察他人行为和经验来制定自己的交易策略。

行为金融理论中的各种效应揭示了金融市场中投资者的非理性行为，并帮助解释了许多市场异常现象。理解这些现象的本质，有助于投资者更合理地进行资产配置和风险管理，同时也为市场监管者提供了更有效的政策制定依据。但由于行为金融理论涉及人类心理与行为研究的难度，其本身也存在很多缺陷和挑战，需要进一步的研究和探索。

拓展阅读7-2

金融市场异象之郁金香泡沫

郁金香泡沫（Tulip Bubble），也被称为郁金香效应，是荷兰历史上著名的金融异象之一。这个事件被广泛认为是人类历史上第一次有记载的金融泡沫现象，对后来的金融市场产生了深远影响。

郁金香原产于小亚细亚，1593年传入荷兰。在17世纪前半期，由于郁金香被引种到欧洲的时间较短，数量非常有限，因此价格极其昂贵。郁金香很快成为了上层阶级财富与荣耀的象征，投机商看中其球茎的价格，开始大量囤积并推动价格上涨。到了17世纪30年代初期，郁金香投机狂热达到了顶峰。人们购买郁金香已经不再是为了其内在的价值或作观赏之用，而是期望其价格能无限上涨并因此获利。这种疯狂的投机行为导致郁金香球茎的价格不断攀升，甚至达到了令人难以置信的水平。例如，1635年，一种叫Childer的郁金香品种单株卖到了1615弗罗林（荷兰货币单位），而在第二年，一株稀有品种的郁金香更是以4600弗罗林的价格售出，购买者还需要额外支付一辆崭新的马车、两匹灰马和一套完整的马具。然而，正如所有的金融泡沫一样，郁金香泡沫最终也破灭了。在某个时刻，当某个投资者开始卖出郁金香时，其他人也开始纷纷效仿，导致郁金香价格迅速下跌。在短短六个星期内，郁金香球茎的价格平均下跌了90%，成千上万的人在这场泡沫破裂中倾家荡产。

郁金香泡沫事件反映了市场中的投机行为和价格泡沫现象。投机商们利用市场中的信息不对称和投资者对财富的狂热追求，通过囤积和炒作郁金香球茎来制造价格泡沫，从而获取巨额利润。然而，这种泡沫是不稳定的，一旦市场中的投资者开始意识到这种投机并不创造财富，而只是转移财富时，泡沫就会破裂，导致投资者损失惨重。

郁金香泡沫事件对后来的金融市场产生了深远影响。它让人们认识到金融市场的复杂性和风险性，并引发了人们对金融市场监管和投资者保护的重视。同时，郁金香泡沫也成为了经济学和金融学领域的重要研究对象，为后来的金融市场理论和监管政策提供了重要的参考和借鉴。

资料来源：蒋立场．非同寻常的大众癫狂：荷兰“郁金香泡沫”[J]．中国城市金融，2015（1）：70-71.

复习与思考

1.论述分析资本资产定价模型（CAPM）的结论。

2.论述分析证券市场线（SML）的特征。

3.因素模型是怎样考虑影响资产收益率的因素的？

4. 试分析套利定价理论（APT）与资本资产定价模型（CAPM）之间的差异。

5. 论述分析三种有效市场的形式及资产价格反映信息的种类。

6. 市场中无风险资产回报率为6%，市场回报率为14%，请根据资本资产定价模型计算一只β值等于1.5的股票应该获得的回报率。

7. 市场均衡状态下，股票A的β值为1.4，期望收益率为0.24，股票B的β值为0.6，期望收益率为0.16，市场组合的期望收益率是多少？无风险利率是多少？

8. 假设无风险利率6%，市场组合收益率12%，某投资者投资一项β值为1.5的资产获得20%的收益率，请问，该投资者是否获得超额收益？如果是，那么超额收益是多少？

9. 某投资者分别投资2 000元、3 000、元和5 000元到A、B、C三种资产上，已知资产A、B、C的β值分别为0.8、1.2、1.5，且市场组合的风险溢价为10%，请计算该资产组合的风险溢价。

10. 假设股票A、B、C的收益率均为17%，但β值分别为0.6、1.2、1.6，已知无风险收益率6%，市场组合收益率15%，请计算并判断哪种资产被低估，哪种资产被高估，哪种资产是合理定价？

11. 假定市场中无风险资产收益率为3%，风险资产A和B受到三种风险因素的影响，敏感程度如下：

资产	b1	b2	b3
A	1.50	0.75	1
B	0.8	0.25	1.2

三种风险的“纯因素组合”收益率分别为15%、8%和10%。

（1）请利用APT计算资产A和B的期望收益率。

（2）现购买600元的资产A和400元的资产B，请计算该投资组合的期望收益率。

12. 什么是套利组合？如何构建一个套利组合？

13. 市场达到无套利状态，需要满足哪些条件？

14. 行为金融理论分析投资行为的侧重点是什么？

15. 请阐述行为金融理论的主要研究成果。

第八章

金融产品的价值估计

学习指南

1.本章导读

各种资产内在价值的估计是投资分析的重要组成部分。不同资产内在价值的估计方法不同，本章将分别介绍股票、债券、期货等金融产品的价值估计和分析。

2.重难点

（1）股票内在价值和增长能力的估计和分析。

（2）各种不同情况下债券的内在价值和收益率的计算和分析。

（3）债券价格的利率风险。

（4）基点价格值法和久期/凸性法对债券价格利率风险的分析。

（5）期货合约均衡价格的决定过程。

3.思政目标

（1）强化学生的风险意识，培养学生客观理性的投资思维。

（2）引导学生用实际行动践行金融从业人员的职业道德，爱岗敬业、客观公正。

（3）培养学生爱国情怀，保护国家财产安全，引导学生形成正确的财富观念与诚实守信的价值观念。

第一节　股票估值

2023年12月召开的中央经济工作会议提出：“鼓励发展创业投资、股权投资。”股票估值是投资者作出投资决策的核心依据。通过对股票的合理估值，比较其内在价值与市场价格，投资者可以评估股票被市场高估或低估的程度，进而可以判断股票是否值得长期持有，或者是否适合进行短期交易。例如，当股票被市场低估时，投资者可以考虑增持；而当股票被市场高估时，投资者则可以考虑减持或卖出。估值过程可以帮助投资者理解股票发行公司的内在价值，也有助于投资者识别和管理投资风险。

一、股利折现模型

股利折现模型（Dividend Discount Model，DDM）是一种股票估值模型，是基于股票未来的股利流和投资者的期望收益进行计算。该方法的基本思想是假设投资者购买股票是为了获取股利收益，并使用时间价值的概念，将预计的未来股利折现到当期，以判断股票能够给投资者带来的回报。

股利折现模型的核心就是计算未来股利的现值，基本公式如下：

$$V_0=\frac{D_1}{(1+r)}+\frac{D_2}{(1+r)^2}+\cdots+\frac{D_n}{(1+r)^n}=\sum_{t=1}^{n}\frac{D_t}{(1+r)^t} \tag{8-1}$$

其中，V_0是估计的股票的内在价值，即股利的现值之和；D_t是预期第t年发放的股利（t=1，2，…，n），n代表预计的股利支付期数，r是折现率，也是市场对资本应得收益率的共识，即市场利率水平，一般用资本资产定价模型来确定。

一般情况下，我们把发行股票的公司看作一个持续经营的实体，则股利的发放是无限期的。因此，股利折现模型就可以表示为：

$$V_0=\frac{D_1}{(1+r)}+\frac{D_2}{(1+r)^2}+\cdots=\sum_{t=1}^{\infty}\frac{D_t}{(1+r)^t} \tag{8-2}$$

由于各期的股利不同且未知，在使用股利折现模型时，投资者需要对未来股利以及折现率进行合理的预测和设定，这需要一定的专业知识和经验。对股利的预期是股票估值的一个难点，为了使股利折现模型具有较好的应用性，通过一些简单的假设，将股利折现模型简化，可以更好地估计股票的内在价值。

（一）零增长模型

零增长模型假设股票在各期支付相同的股利D，股利零增长，那么零增长模型可以定义为：

$$V_0=\sum_{t=1}^{\infty}\frac{D}{(1+r)^t} \tag{8-3}$$

当$r>0$时，根据无穷数列求和公式可以推导出：

$$V_0=\sum_{t=1}^{\infty}\frac{D}{(1+r)^t}=\frac{D}{r} \tag{8-4}$$

【例8-1】A公司为其股东发放稳定不变的每股股利3元，若资本市场率为6%，那么该公司股票的内在价值是多少？

A公司股票的内在价值计算如下：

$$V_0=\sum_{t=1}^{\infty}\frac{D}{(1+r)^t}=\frac{D}{r}=\frac{3}{0.06}=50(\text{元})$$

假设0期股票的市场价格为P_0，根据零增长模型可以计算出内部收益率：

$$IRR=\frac{D}{P_0} \tag{8-5}$$

（二）稳定增长模型

稳定增长模型更贴近现实状况，假设发放的股利以稳定的年增长率g不断增加，公式如下：

$$V_0=\frac{D_0(1+g)}{(1+r)}+\frac{D_0(1+g)^2}{(1+r)^2}+\frac{D_0(1+g)^3}{(1+r)^3}+\cdots=\sum_{t=1}^{\infty}\frac{D(1+g)^t}{(1+r)^t} \tag{8-6}$$

当$g<r$时，根据无穷等比数列求和公式可得：

$$V_0=\sum_{t=1}^{\infty}\frac{D(1+g)^t}{(1+r)^t}=\frac{D_0(1+g)}{r-g}=\frac{D_1}{r-g} \tag{8-7}$$

但当$g>r$时，无穷等比数列之和不收敛，式（8-7）不可用。

稳定增长的股利折现模型应用较为广泛，能够更好地反映影响股票内在价值的因素，由式（8-7）可以看出，当其他变量保持不变时：

股利增长率g增大，股票的内在价值会上升；预计第一期期末发放的股利D_1越大，股票的内在价值会越大。因为发行股票的公司利润越多，可分派的红利就越多，当然公司的股价就会越高，即公司的业绩影响公司的股价。

折现率即市场利率水平r越大，股票的内在价值会越小，两者反向变动。市场利率水平会影响整个市场的股价。

同样，当第0期股票市场价格为P_0时，也可以从稳定增长的股利折现模型中求出对应的内部收益率如下：

$$IRR=\frac{D_1}{P_0}+g \tag{8-8}$$

（三）多阶段增长模型

零增长模型和稳定增长模型都对公司的股利派发设置了一个简单的假定，这些假定使得股票内在价值的估算变得简单易行，但是这些假定与现实不甚相符。现实中股利的派发与公司的经营状况、利润水平有关，往往无规律可循。但是，可以根据公司发展的周期对股利派发特征进行阶段性划分，进而在不同阶段灵活运用不同的股利折现模型进行估值并接续汇总，得到更加贴近现实的股票内在价值。例如，公司发展成长期具有较高的利润回报，股利派发水平较高，同时具有高增长率g（$g>r$），此时稳定增长模型不适用，只能对高增长阶段的股利进行逐年预期并贴现求和，但是，高增长阶段不会长期持续，当公司发展进入成熟稳定期，利润回报趋于稳定（$g=0$）或以较小的增长率（$g<r$）稳定增长，则可以运用零增长模型和稳定增长模型进行估值，从而形成多阶段增长模型。可以用以下公式表示：

$$V_0 = \sum_{t=1}^{\infty}\frac{D_t}{(1+r)^t} = \frac{D_1}{(1+r)} + \frac{D_2}{(1+r)^2} + \cdots + \frac{D_n + P_n}{(1+r)^n} \quad (8-9)$$

其中：

$$P_n = V_n = \frac{D_n}{r}$$

或

$$P_n = V_n = \frac{D_n(1+g)}{r-g} = \frac{D_{n+1}}{r-g}$$

式（8-9）中，前n期股利增长率较高（$g>r$）或无规律派发，每年预期股利分别为D_1，D_2，…，D_n，从第n+1期开始，股利零增长或以较低的增长率（$g<r$）稳定增长。

【例8-2】Y公司是一家处于成长阶段的企业，今年底，根据其财务报表分析，公司股票预期股利发放情况如下：第一年，1.6元/股；第二年，2.2元/股；第三年，2.8元/股；前三年股利增长速度较快，从第四年开始Y公司股利发放将进入稳定阶段，增长率保持在5%。假设该公司的市场资本率为10%，试计算今年底Y公司股票的内在价值。

运用这阶段股利折现模型对Y公司股票内在价值进行计算：

$$V_0 = \frac{D_1}{(1+r)} + \frac{D_2}{(1+r)^2} + \frac{D_3 + P_3}{(1+r)^3} = \frac{1.6}{(1+0.1)} + \frac{2.2}{(1+0.1)^2} + \frac{2.8 + P_3}{(1+0.1)^3}$$

$$P_3 = \frac{D_3(1+g)}{k-g} = \frac{2.8 \times (1+0.05)}{0.1-0.05} = 58.8\text{（元）}$$

将P_3=58.8元代入V_0计算可得Y公司今年底的股票内在价值为：

$$V_0 = \frac{1.6}{(1+0.1)} + \frac{2.2}{(1+0.1)^2} + \frac{2.8+58.8}{(1+0.1)^3} = 49.56\text{（元）}$$

总体来看，股利折现模型的优点在于具有较强的理论基础，对股利分配稳健和规范的股票较为适用，缺点在于计算较为复杂，对于股利发放不稳定的股票不太适用。

二、市盈率法

股票估值中常常还会用到市盈率（price-earnings ratio，P/ E）法。市盈率是一种重要的财务指标，是每股价格与每股盈利的比值，用P表示股票市价，用E表示每股盈利，则市盈率等于P/E。市盈率既可以表示每股盈利的价格水平，也能反映投资者愿意为每股盈利支付的价格。

将市盈率用于分析股票的内在价值，可以衡量和分析股票发行公司的增长前景。这里，我们用一个特例来分析这个问题。

假设A和B两家公司的每股盈利E均为2元。A公司维持当前经营规模，将全部红利都派发给股东，即未来各期发放的股利D稳定在2元。B公司将每股盈利的50%派发给股东，即第1期股利为1元，另外50%用于再投资，此后各年均采取这种股利分配和再投资策略。假设资本市场利率 r 为 5%。

A 公司的股利分配政策符合零增长模型，则股票的内在价值为：

$$P_A = \frac{D}{r} = \frac{E}{r} = \frac{2}{0.05} = 40 \text{（元）}$$

B 公司将每股盈利的 50% 进行再投资率，再投资率用 b 表示。假设投资收益率 R 为 8%，那么 B 公司盈利将以 $g=b \times R=4\%$ 的增速稳定增加，则股利也以 4% 的增速稳定增加。B 公司的这种股利分配政策符合稳定增长模型，则股票的内在价值为：

$$P_B = \frac{D_1}{r - g} = \frac{1}{0.05 - 0.04} = 100 \text{（元）}$$

由以上分析发现，增长型公司的股票价值由无增长的每股价格（E/r）和增长机会现值（$PVGO$）两部分组成，即：

$$P = \frac{E}{r} + PVGO \tag{8-10}$$

对式（8-10）两边同除以 E，可得：

$$\frac{P}{E} = \frac{1}{r} + \frac{PVGO}{E} = \frac{1}{r}\left(1 + \frac{PVGO}{E/r}\right) \tag{8-11}$$

式（8-11）中，左边是市盈率 P/E，右边 $PVGO/(E/r)$ 表示的是公司价值中由增长机会贡献的部分与零增长时资产贡献的部分的比率。市盈率 P/E 与成长机会 $PVGO$ 成正比，表明市盈率与公司的增长速度之间有密切的关系，高增长率带来了高市盈率。如果增长机会的现值 $PVGO$ 为 0，则 $P/E=1/r$，$P=E/r$，即股票收益的增长率为零的话，市盈率是该股票市场资本率的倒数。如果该股票收益的增长率较高或很高时，市盈率就会陡然上升。因此，可以说市盈率是公司增长前景有效的指示器，也是市场对公司增长前景持乐观态度的反映。

同时，式（8-11）中，市盈率 P/E 与该股票市场资本率 r 成反比，r 来自于资本资产定价模型的计算，其大小反映了公司的风险水平，那就表明公司的风险越高，市盈率就越小。

三、其他方法

早期，人们也会通过对公司的资产负债表进行分析，得出公司的账面价值或清算价值等有用信息，用以对该公司的股票进行估值。估值方法分为账面价值法（book value）和重置成本法（replacement cost）。账面价值法是用公司资产净值除以发行股票数；重置成本法是计算资产减去负债的差值，并对股票进行估价。这类方法基于公司历史数据衡量股票价值，一般而言并不准确，但可利用清算价值来判断公司股票的底线。清算价值是指公司破产后，出售资产、清偿债务以后的剩余资产，分配给股东的价值。

此外，还有一种基于比较法的股票估值方法，即乘数估值方法。该方法假设相似公司的某些财务指标（即乘数，multiple）比值相等，相似的资产具有相似的市场价格。这种方法简单、易于操作，能够在短时间内得到估值结果，但其估值结果也不准确，通常只作为基于现金流的估值方法结果的一个参考。

拓展阅读8-1

腾讯股票估值实践

腾讯控股（00700）自2004年6月16日在香港上市以来，其股价和市值经历了显著的增长。上市发行价为3.7港元，发行4.2亿股，上市首日开盘价是4.375港元，收盘价是4.15港元，首日市值69.75亿港元。而如今，腾讯的市值已经高达数万亿港元，简单折算上涨了数百倍。

在股票估值的过程中，投资者和分析师们会考虑多种因素。例如，腾讯的核心团队非常稳定，由马化腾和刘炽平等人领导，他们都是公司的早期成员，为公司的成功立下了汗马功劳。此外，腾讯的薪酬体系也主要基于股份酬金，这反映了股价对公司团队稳定和员工士气的重要性，公司也会努力提升股价。在业务方面，腾讯的游戏业务一直是其收入的重要来源，占据了半壁江山。此外，腾讯还在社交媒体、广告、金融科技等多个领域拥有强大的竞争力和市场地位。这些业务的发展前景和盈利能力也是投资者在估值时需要考虑的重要因素。

在估值方法上，投资者和分析师们采用了多种方法，如市盈率法、市净率法、现金流折现法等。然而，由于现金流折现模型需要太多假设，而这些假设不可能完全客观准确，因此该方法在应用中受到限制。

股票估值，尤其是互联网企业的股票估值，具有一定复杂性和挑战性，必须综合考虑多种因素，并选择合理的方法。

资料来源：李金鸿．互联网公司价值评估方法比较研究——以腾讯集团为例［D］．昆明：云南财经大学，2020.

第二节　债券的价值和收益率

债券是固定收益证券的典型代表，债券投资决策和管理也需要准确地评估债券的内在价值，帮助投资者了解债券的实际收益情况，指导投资者在投资决策中作出更合理的选择。

一、债券内在价值的计算

由于债券的付息与还本都发生在若干个月或若干年之后，因此，投资者愿意支付的这种未来收益权的价格取决于将来的货币价值与今天所持有现金价值的比较。债券内在价值就是基于债券未来所有现金流的现值之和计算的，但是与股票估值有所不同：一是债券有到期时间，预期收益的期数有限且可知；二是债券分为附息债券和零息债券两种类型，附息债券未来的现金流包括各期固定利息和到期偿还的本金，零息债券未来的现金流仅有到期偿还的票面价值。因此，债券内在价值的计算包括两类基本公式：

附息债券内在价值定义公式如下：

$$V_0 = \sum_{t=1}^{n} \frac{C}{(1+r)^t} + \frac{F}{(1+r)^n} \tag{8-12}$$

其中，V_0是附息债券的内在价值；C是各期支付的固定利息（$t=1, 2, \cdots, n$），F是债券到期偿还的本金，一般等于附息债券的票面价值，n代表利息支付期数，r是适当折现率。

用普通年金现值公式来计算债券的利息现值之和，那么附息债券的内在价值也可以表示为：

$$V_0 = C \times \frac{1-(1+r)^{-n}}{r} + \frac{F}{(1+r)^n} \tag{8-13}$$

零息债券内在价值定义公式如下：

$$V_0 = \frac{F}{(1+r)^n} \tag{8-14}$$

由于零息债券在持有期间不支付利息，其预期现金流只有到期按票面价值支付的本金，因此，只对F作n期贴现即可。

债券内在价值计算中的适当贴现率是投资者对某种债券要求的收益率，是在基准利率基础上根据具体债券的风险调整后的收益率[①]，可表示如下：

$$Y_n = R_{f,n} + DP + LP + TA + CALLP + PUTP + COND \tag{8-15}$$

其中，

Y_n为n年期债券的适当贴现率；

$R_{f,n}$为n年期政府债券的适当贴现率（到期收益率）；

DP为信用风险收益补偿；

LP为流动性风险收益补偿；

TA为税收调整利差；

$CALLP$为可提前偿还而产生的溢价（正利差）；

$PUTP$为可提前兑付而产生的折价（负利差）；

$COND$为可转换性而导致的折价（负利差）。

从债券的内在价值定义公式可以发现，适当贴现率是影响债券价值变动的主要因素，且两者呈反向变动关系，影响适当贴现率的各种风险因素都会影响债券价格。同时，债券价值与面值的关系取决于票面利率和适当贴现率的关系：

① 当票面利率<贴现率时，价格<面值 →折价债券；

② 当票面利率=贴现率时，价格=面值 →平价债券；

③ 当票面利率>贴现率时，价格>面值 →溢价债券。

---

① 汪昌云，类承曜，谭松涛．投资学［M］．4版．北京：中国人民大学出版社，2020：225.

此外，时间也是影响债券价值的重要因素，到期时间越短，债券价值越接近面值。

【例8-3】假定某一附息债券的息票利率为8%，面值为1 000元，每年支付利息一次。那么在不同贴现率和到期时间下，债券内在价值也不同，见表8-1。

表8-1 不同贴现率下的债券内在价值 单位：元

到期时间	给定贴现率下的债券价值				
	4%	6%	8%	10%	12%
1年	1 038.46	1 018.87	1 000	981.82	946.29
10年	1 324.43	1 147.20	1 000	877.11	773.99
15年	1 444.73	1 194.25	1 000	847.88	727.57

资料来源：朱宝宪. 投资学［M］. 北京：清华大学出版社，2002.

从表8-1可以发现：①当贴现率等于票面利率8%时，无论到期时间是多少年，债券价值均等于面值。②从横向来看，当贴现率不等于票面利率时，随着贴现率越来越高，从4%上升到12%，1年期债券价值从1 038.46元逐渐下降到946.29元，即到期时间不变的情况下，债券价值与贴现率呈反向变动关系。③从纵向来看，当贴现率小于票面利率时，到期时间从1年增加到15年，债券价值会不断上升，而当贴现率大于票面利率时，到期时间越长，债券价值会越低，即债券价值会随着到期时间的临近，不断向面值趋近。

附息债券内在价值的计算会面临各种复杂的情况，如利息支付频率的不同，或债券购买时间介于两个利息支付日之间，或债券持有不足一整期时，就需要对债券内在价值计算公式进行调整，以便于计算准确的债券价值。

（一）一年多次支付利息的债券价值

一般情况下，债券的票面利率为年利率，但债券的实际利息支付可以按年、半年、季度或月进行支付，一年内支付频率分别为一次、两次、四次或十二次。不同利息支付频率下，债券内在价值的计算要作如下调整：

$$V_0=\sum_{t=1}^{n\times l}\frac{\frac{C}{l}}{(1+\frac{r}{l})^t}+\frac{F}{(1+\frac{r}{l})^{n\times l}} \tag{8-16}$$

其中，V_0是债券内在价值，C是按票面利率支付的年利息，F是票面价值，r是年贴现率，n是到期年数，l是一年支付利息的频率，半年支付l=2，季度支付l=4，按月支付l=12，等等。

（二）期限不足一年的债券价值

当债券到期时间不足一年或不足一期时，对债券现金流的贴现按实际到期天数占一期总天数的比重进行计算。具体公式如下：

$$V_0 = \frac{F}{(1 + r)^{T/n}} \tag{8-17}$$

其中，V_0是债券内在价值，F是到期一次性支付的本金，r是每期贴现率，n是一整期的总天数（一年按365天计，半年按180天或实际半年天数计，等等），T是实际到期天数。

（三）在两个利息支付日之间购买的债券价值

在实际债券投资过程中，不能保证购买债券时刚好在利息支付当日，从而实现整期持有和获得整期利息。购买债券的日期不在利息支付日，就需要考虑对债券利息和本金进行非整期贴现。债券内在价值的基本公式需调整为：

$$V_0 = \sum_{t=1}^{n} \frac{C}{(1 + r)^{m + (t - 1)}} + \frac{F}{(1 + r)^{m + n - 1}} \tag{8-18}$$

其中，V_0是债券内在价值，C是每期支付的利息，F是票面价值，r是每期贴现率，n是到期期数，m是购买债券日距离下一个利息支付日的天数/利息支付期的总天数。式中的贴现期数是非整数期，天数计算遵循“算头不算尾”或“算尾不算头”的原则。

需要说明的是，以上对债券内在价值的计算选择了一个各期保持不变的适当贴现率，但在实际中，市场利率会不断发生变化，因此，要得到债券价值的准确结果，也需要对各期的适当贴现率进行预测。

二、债券收益率的计算

债券收益率有多种表示方法，其中，到期收益率能够较好地反映债券的实际收益，是应用最广泛的指标。此外还有年利率、每期收益率、年实际收益等，这些指标都可以帮助投资者更好地判断债券投资的收益情况，从而作出合理的投资决策。

（一）到期收益率

债券到期收益率的计算是内在价值计算的逆过程，即能使债券未来现金流的现值刚好等于债券当前市场价格的贴现率，被称为债券的到期收益率。到期收益率不仅反映了利息收入，还考虑了债券购买价格和到期价格之间的资本损益，能够较为准确地反映债券的平均收益情况。

债券到期收益率的计算公式如下：

$$P = \sum_{t=1}^{n} \frac{C}{(1 + YTM)^t} + \frac{F}{(1 + YTM)^n} \tag{8-19}$$

$$P = \frac{F}{(1 + YTM)^n} \tag{8-20}$$

其中，P是附息债券或零息债券的市场价格；C是各期支付的固定利息（$t=1, 2, \cdots, n$），F是到期偿还的本金，n代表利息支付期数，YTM是债券的到期收益率。在此处，市场价格P已知，零息债券的到期收益率YTM可以直接求出，附息债券需要利用财务计算器求解到期收益率*YTM*。

需要注意的是，到期收益率反映了债券的风险状况，风险不同，到期收益率也不同。因此，不能直接通过比较到期收益率来判断债券的优劣。

（二）年利率、每期收益率、年实际收益率

通过理解年利率、每期收益率、年实际收益率三个指标的概念和相互关系，能够帮助投资者更好地分析不同支付频率下债券的收益情况。

年利率=每期收益率×每年利息支付频率 （8-21）

年实际收益率=（1+每期收益率）^{年支付频率}-1 （8-22）

假设A、B、C三种附息债券的票面利率均为12%，利息支付频率各不同，A债券按半年支付，B债券按季度支付，C债券按月支付。如何比较三种债券的收益情况？分析如下：

A、B、C三种附息债券的年利率均为12%，按利息支付频率计算每期收益率分别为：

$$R_A = \frac{12\%}{2} = 6\%，R_B = \frac{12\%}{4} = 3\%，R_C = \frac{12\%}{12} = 1\%$$

根据式（8-22）计算A、B、C三种附息债券的年实际收益率分别为：

$$R'_A = (1 + 6\%)^2 - 1 = 12.36\%$$

$$R'_B = (1 + 3\%)^4 - 1 = 12.55\%$$

$$R'_C = (1 + 1\%)^{12} - 1 = 12.68\%$$

通过以上比较分析发现，在年利率相同的情况下，利息支付频率越大，债券的年实际收益率也越大，这是因为按照复利计算的原则，各期支付的利率要进行再投资，利息支付频率越大的债券循环投资的金额越大，实际收益率就越大。年实际收益率具有可比性，常常被用来比较不同债券之间的收益大小，为投资决策提供可靠的数据支撑。

此外，债券收益率的衡量还会计算当期收益率和持有期收益率。前者债券年利率与市场价格的比值，主要衡量相对当前市场价格，债券利息收入的大小；后者是从事后的角度，准确衡量和评价债券持有期间的实际收益率，包括利息收益率和资本损益率两部分。

第三节 债券价格的利率风险

债券价格会受到各种风险因素的影响，债券价格分析及债券组合管理都需要对债券的风险进行测度。总体来看，债券投资人面临多种风险，主要包括违约风险、利率风险（包括价格风险和再投资风险）、通货膨胀风险、流动性风险、可提前赎回风险，等等。其中，违约风险需要由专业的机构进行评估并向投资者发布评估结果，为投资者提供投资决策参考。

在我国，可流通债券绝大部分是政府债券，其他可流通债券则是金融债券和大型国企发行的债券，违约风险比较小，相对不重要。那么对于债券投资人而言，最重要的就是利率风险，特别是利率变化导致债券价格变动的风险。

本节主要衡量和讨论债券价格对利率变动的敏感性。债券价格对利率变动的敏感程度能够直接反映债券价格的利率风险，通过敏感性分析能够把握利率变化时债券价格变化的情况。

一、债券的利率风险

通过债券内在价值的计算公式，可知债券价格与收益率（利率）之间的关系如下：

$$P = \sum_{t=1}^{n}\frac{C}{(1+r)^{t}} + \frac{F}{(1+r)^{n}}$$

当收益率（利率）r上升时，债券价格P会下降。如图8-1所示，债券价格与收益率（利率）反方向变动，且呈现非线性关系。从第二节表8-1的数据中也可以发现，收益率（利率）越高，债券持有人所得的现值支付就越低，这是债券价值的一个重要的普遍性规律。

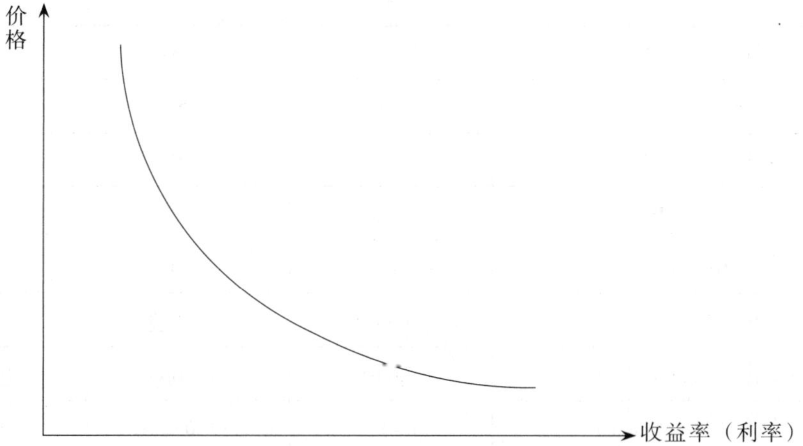

图8-1　债券价格与收益率（利率）水平关系图

观察图8-1，我们发现，债券价格与收益率（利率）关系曲线是凸形的。随着收益率（利率）的不断上升，债券价格以边际递减的规律逐渐下降。关系曲线各个点上的切线斜率不同，表示在收益率（利率）的不同水平上，债券价格随收益率（利率）变动的幅度不同。同时我们发现，随着收益率（利率）的不断下降，债券价格又以边际递增的规律逐渐上升，即收益率（利率）上升或下降同一单位，债券价格下降和上升的幅度也有所不同。那么，对债券价格利率风险的衡量需要综合考虑这种变动关系。

对债券利率风险的衡量方法主要包括全景法、基点价格值法、久期/凸性法三种，其中全景法就是通过计算不同收益率（利率）水平下的债券价格来详细描述两者的变动关系，该方法比较准确，但计算量大。

二、基点价格值法

基点价格值法比较简单，在收益率（利率）变动幅度较小的情况下，可以比较准确地衡量债券价格变动的幅度，但因为基点价格值法基于线性变化展开分析，因此当收益率（利率）变动幅度较大时，结果会出现较大的误差。

基点价格值：是指收益率（利率）变化一个基点，即0.01个百分点时，债券价格变动的绝对值。

价格变动百分比：价格变化的相对值，是基点价格值与初始价格的比值。

下面我们通过一个例子来分析基点价格值法对债券利率风险的测算情况。

假设现有A、B、C三种附息债券，票面价值均为100元，票面利率均为8%，到期时间分别为5年、10年和15年，半年付息，下次付息在半年后，令收益率（利率）为8%。当收益率（利率）上升和下降1个基点、10个基点和100个基点时，债券价格波动情况计算见表8-2。

表8-2　三种债券价格随收益率（利率）变动而变动的情况表

	A	B	C
票面利率（%）	8	8	8
面值（元）	100	100	100
到期时间（年）	5	10	15
收益率（%）	8	8	8
价格（元）	100	100	100
价格变化（收益率8.01%）	-0.0405	-0.0679	-0.0864
价格变化（收益率7.99%）	0.0406	0.0680	0.0865
价格变化（收益率8.10%）	-0.4045	-0.6765	-0.8594
价格变化（收益率7.90%）	0.4066	0.6825	0.8699
价格变化（收益率9.00%）	-3.9564	-6.5040	-8.1444
价格变化（收益率7.00%）	4.1583	7.1062	9.1960

表8-2中，有下划线的数据分别是A、B、C三种债券的基点价格值。观察表中数据：从横向来看，当收益率（利率）上升和下降1个基点，债券价格变动幅度会随着到期时间的增加而变大，表明到期时间越长，债券价格的利率风险越大；从纵向来看，当收益率（利率）上升和下降10个基点、100个基点时，债券价格的变动幅度近似地等于基点价格值的10倍和100倍，但当收益率（利率）变动越大，实际

价格变动与基点价格值的倍数差距越大，估计误差就越大；从收益率（利率）上升和下降两个方向来看，收益率（利率）上升幅度越来越大，债券价格下降的幅度越来越小，收益率（利率）下降幅度越来越大，债券价格上升的幅度也越来越大。

综上所述，基点价格值法衡量债券利率风险的规则是：当收益率（利率）变动幅度较小时，收益率（利率）变动n个基点，价格就近似变动基点价格值的n倍。不足之处在于当收益率（利率）变动幅度较大时，计算误差会变大，准确性会下降。因此，我们需要进一步运用久期/凸性法衡量债券的利率风险。

三、久期/凸性法

久期/凸性法是分析债券利率风险最主要的方法。收益率（利率）变化会导致债券价格的变化，可以利用久期来衡量债券价格的收益率（利率）敏感性，并进一步用凸性修正久期估计的误差。

（一）久期

久期被定义为收益率（利率）变动引起的债券价格变动的百分比，具体可表示为价格变化的百分比除以收益率（利率）变化的百分比。久期可分为麦考利久期、修正久期和有效久期，前两个是本节重点分析的内容。

我们首先运用两种方法计算麦考利久期，进而计算出修正久期，并运用久期衡量和分析债券的利率风险。

1.麦考利久期

麦考利久期用D表示，基本公式推导如下：

方法一：

最早的麦考利久期计算是基于现金流的实际到期时间对久期给出近似值，以“年”为单位。如果一个零息债券距到期日5年，期间没有现金流发生，那么其麦考利久期为5年，表示收益率（利率）r变化1%，债券价格P变化5%。另一个五年期的附息债券，由于其5年期间会有现金流流入，因此，其麦考利久期小于5年，计算过程见表8-3。

表8-3　　附息债券现金流实际到期时间及麦考利久期计算表

债券实际到期时间t	1	2	3	4	5	$D=\sum_{t=1}^{T}t\times\frac{CF_t}{(1+r)^t}\times\frac{1}{P}$
现金流CFt	C	C	C	C	C+F	——
现金流的现值	$\frac{C}{1+r}$	$\frac{C}{(1+r)^2}$	$\frac{C}{(1+r)^3}$	$\frac{C}{(1+r)^4}$	$\frac{C+F}{(1+r)^5}$	$P=\sum_{t=1}^{T}\frac{CF_t}{(1+r)^t}$

基于现金流实际到期时间的麦考利久期表示为：

$$D=\sum_{t=1}^{T}t\times\frac{CF_t}{(1+r)^t}\times\frac{1}{P}=\sum_{t=1}^{T}t\times w_t \tag{8-23}$$

其中，w_t是现金流时间的权重，是第t期现金流的现值占债券价格的比重，

w_t之和等于1。普通债券久期是债券的有效到期时间，是债券现金流时间的加权平均，其权重是每次现金流现值占现金流现值总和（债券价格）的比例。零息债券的麦考利久期等于它的到期时间。

方法二：

最普通的附息债券的价格和收益率关系可以表示为：

$$P = \sum_{t=1}^{T} \frac{CF_t}{(1+r)^t}$$

求债券价格函数P对收益率（利率）r的导数，经过整理得：

$$\frac{dP}{dr} = -\frac{1}{1+r} \sum_{t=1}^{T} \frac{tCF_t}{(1+r)^t} \tag{8-24}$$

将式（8-24）两边同除以P可以得到：

$$\frac{dP}{dr} \times \frac{1}{P} = -\frac{1}{1+r} \left[\sum_{t=1}^{T} \frac{tCF_t}{(1+r)^t} \times \frac{1}{P} \right]$$

$$\frac{\frac{dP}{P}}{dr} = -\frac{1}{1+r} \left[\sum_{t=1}^{T} t \times \frac{CF_t}{(1+r)^t} \times \frac{1}{P} \right] \tag{8-25}$$

结合式（8-23），式（8-25）中麦考利久期也可以做如下表达：

$$D = \sum_{t=1}^{T} t \times \frac{CF_t}{(1+r)^t} \times \frac{1}{P} \tag{8-26}$$

那么，式（8-25）就可表示为：

$$\frac{\frac{dP}{P}}{dr} = -\frac{1}{1+r} D \tag{8-27}$$

式（8-27）表示，收益率（利率）变动引起债券价格变动的百分比与麦考利久期D成线性反比关系，系数为1/（1+r）。从本质上看，久期就是衡量债券价格的利率敏感性指针。

式（8-27）也被称为麦考利久期的定义公式。

这里也给出了简化的麦考利久期的计算公式：

$$\text{息票债券的麦考利久期} = \frac{1+r}{r} - \frac{(1+r)+T(c-r)}{c\left[(1+r)^T - 1\right] + r} \tag{8-28}$$

$$\text{平价出售的息票债券的麦考利久期} = \frac{1+r}{r} - \frac{(1+r)}{r(1+r)^T} \tag{8-29}$$

$$\text{永续年金的麦考利久期} = \frac{1+r}{r} \tag{8-30}$$

2.修正久期

修正久期是以麦考利久期为基础计算的。它不仅考虑了现金流结构及债券到期日，而且将目前的收益率（利率）水平纳入考虑因素。修正久期用D^*表示，计算公式如下：

$$D^* = \frac{D}{1+r} \tag{8-31}$$

把式（8-31）代入式（8-27），可得：

$$\frac{\frac{dP}{P}}{dr}=-D^{*} \tag{8-32}$$

式（8-32）反映了收益率（利率）变动引起债券价格变动的百分比与修正久期D^{*}直接呈线性反比关系，这个公式是分析债券利率风险的主要依据。

（二）久期的规则

根据麦考利久期和修正久期的实际意义和计算公式，我们可以总结出久期的规则如下：

一是保持其他因素不变，票面利率越低，息票债券的久期越长。

二是保持其他因素不变，到期收益率越低，息票债券的久期越长。

三是一般来说，在其他因素不变的情况下，到期时间越长，久期越长。

（三）修正久期估计价格波动

用修正久期估计价格波动，对式（8-32）进行数学变换可得：

$$\frac{dP}{P}=-D^{*}\times dr \tag{8-33}$$

债券价格变化的百分比恰好等于修正久期与债券收益率（利率）的变化之积，因此，修正久期可以用来测度债券在收益率（利率）变化时的风险暴露程度。式（8-33）也可表示为：

$$\frac{\Delta P}{P}=-D^{*}\times\Delta r \tag{8-34}$$

式（8-34）表示债券价格的变动百分比与收益率（利率）的变动值成正比，价格变动百分比相对于收益率（利率）变动值的函数绘成图形后是一条直线，斜率等于$-D^{*}$。但从债券价格公式中我们可以看出，债券价格和收益率（利率）之间的变动关系是非线性的，具有凸性，因此，利用修正久期对债券价格变动幅度进行估计可能存在误差，如图8-2所示。

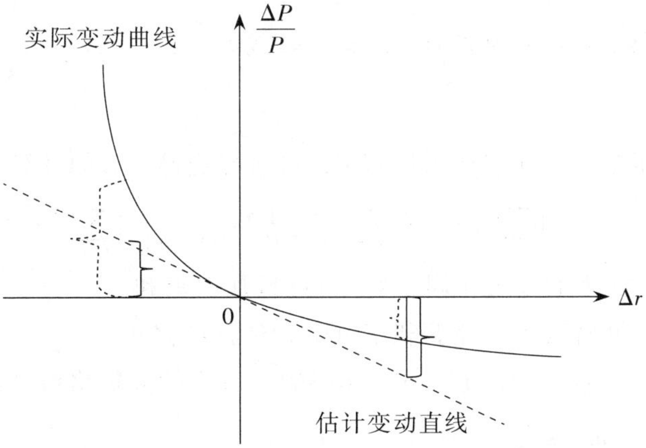

图8-2　修正久期估价价格波动和实际价格波动

图8-2中，横坐标为收益率（利率）的变动值，纵坐标为债券价格变动的百分比，实际变动曲线与修正久期估计的变动直线在原点 $\Delta r = 0$ 处相切。原点附近，收益率（利率）的变动幅度较小，实际变动曲线与修正久期估计的变动直线之间的距离非常小，用修正久期估计的价格波动就十分接近实际波动。

随着收益率（利率）的变动值越来越大，实际变动曲线与修正久期估计的变动直线之间的距离也越来越远，久期估计的价格波动偏离实际波动的程度越来越大，估计值就越来越不准确。而且我们发现，当收益率（利率）上升，即 $\Delta r > 0$ 时，债券价格实际下降的幅度小于用修正久期估计的下降幅度，出现估计过度的情况；当收益率（利率）下降，即 $\Delta r < 0$ 时，债券价格实际上升的幅度大于用修正久期估计的上升幅度，出现估计不足的情况。收益率（利率）变动方向不同，估计误差的情况也不同。因此，需要引入凸性对修正久期的估计误差进行修正，对估计结果加以调整和完善。

（四）引入凸性补充久期估计价格波动的不足

1.凸性的定义和计算

由于债券价格和收益率（利率）的关系是非线性的，因此债券价格在收益率（利率）更高时变得更加平缓，在收益率（利率）更低时变得更加陡峭。在收益率（利率）变化比较大的情况下，可以引入凸性的概念修正估计误差

可以考虑用泰勒级数的前两项更准确地计算收益率变化导致的价格变化：

$$dP = \frac{dP}{dr}.dr + \frac{1}{2}\frac{d^2P}{dr^2}(dr)^2 + \varepsilon \quad (\varepsilon\text{为误差项}) \tag{8-35}$$

对式（8-35）两边同时除以 P，可得价格变化百分比表达式：

$$\frac{dP}{P} = \frac{dP}{dr}.\frac{1}{P}dr + \frac{1}{2}\frac{d^2P}{dr^2}\frac{1}{P}(dr)^2 + \frac{\varepsilon}{P} \tag{8-36}$$

观察式（8-36），其中第一项包含修正久期：

$$\frac{dP}{P} = -D^* \times dr \Rightarrow \frac{dP}{dr}\cdot\frac{1}{P} = -D^* \tag{8-37}$$

那么可以在第二项中定义凸性 C，具体公式如下：

$$C = \frac{d^2P}{dr^2}\frac{1}{P} \tag{8-38}$$

通过对价格函数求二阶导数并除以 P，可推导出凸性 C 的计算公式：

$$C = \frac{d^2P}{dr^2} \times \frac{1}{P} = \frac{1}{(1+r)^2}\left[\sum_{t=1}^{T}(t^2+t) \times \frac{CF_t}{(1+r)^t} \times \frac{1}{P}\right] = \frac{1}{(1+r)^2}\left[\sum_{t=1}^{T}(t^2+t) \times w_t\right] \tag{8-39}$$

其中：w_t 与久期计算中的权重相同，对 t^2+t 进行加权求和。

2.凸性对债券价格波动（债券利率风险）估计的修正

将式（8-37）和（8-38）代入式（8-36），可得债券价格波动的高阶表达式：

$$\frac{dP}{P} = -D^*dr + \frac{1}{2}C(dr)^2 + \frac{\varepsilon}{P} \tag{8-40}$$

式（8-40）最后一项可忽略不计，第一项是基于修正久期对债券价格波动的近似估计；第二项是引入凸性后对久期估计的价格波动作出的修正。

收益率（利率）变动较小时，$(\Delta r)^2$可以忽略不计，因此不考虑凸性，用修正久期估计出的价格波动也较准确；收益率（利率）变动较大时，$(\Delta r)^2$就会比较大，凸性C发挥作用修正久期估计的误差。

在久期的估计分析中，我们发现，收益率（利率）升高时会高估价格下降的幅度；收益率（利率）降低时，会低估价格上升的幅度。由于凸性的非负特性，它会在收益率（利率）升高时被高估的价格下降的幅度（负值）上加一个正值，抵消一部分负值，在一定程度上消除这种高估误差；它也会在收益率（利率）降低时被低估的价格上升的幅度（正值）上加一个正值，补充一部分正值，在一定程度上消除这种低估误差。因此考虑凸性后估计的价格波动与实际情形更为贴近。债券的凸性越大，对投资者就越有利。

第四节　期货合约的价格决定

金融衍生工具定价的基本方法是套利法，即市场上不存在无风险利润。现以期货合约为例进行介绍。期货合约是标准化的远期合约。期货合约当前交易，未来交割，其均衡价格是合约价格，也是远期价格。利用期货合约为现货市场上的商品买卖交易进行保值，是期货发展的最初目的。套期保值的实质是放弃未来价格可能发生对己有利变动所带来的利益，以避免未来价格可能发生对己不利变动所带来的损失，它的实际效果是现在就把未来的价格锁定。

期货合约是零和游戏，所有头寸的总损益为零，每个多头都对应一个空头，所有投资者的总利润为零，对商品价格变化的净风险为零。

一、期货均衡价格的推导

这里我们用一个例子来分析期货合约均衡价格的形成。

假定有一资产Q在现货市场上售2 000元，资产Q为所有者带来的年收益率为8%，半年收益率为4%，市场中的利息也是每半年支付一次，刚刚成交的资产Q的期货合约六个月后交割，现行的六个月期的借贷利率为2%，这里不考虑交易的手续费、期货合约的保证金等费用。

针对该期货合约的不同市场价格，我们可以采取不同的投资策略以获得套利收益，当市场中不存在套利机会时，期货合约的价格就是均衡价格。

（1）假定期货合约的价格为2 200元，套利者空手进入市场，可以有如下投资策略：以2 200元售出期货合约，即做一份期货合约的空头交易，在资金市场上借入期限6个月、利率为2%的资金2 000元，在现货市场上以借入的资金2 000元买进资产Q。6个月后获得80元的收益，到期用买进的资产A进行期货合约的实物交割，获得资金后偿还借款。

策略（1）的交易结果：期货价格2 200元。

收入：2 200+80=2 280（元）

支出：2 000+40=2 040（元）

获利：2 280−2 040=240（元）

我们发现，当期货合约的价格为2 200元时，投资者在不承担任何风险的前提下，以零投资获得了240元的正收益，套利成功。

（2）假定期货合约的价格为1 800元，这时套利者有如下策略：以1 800元购买期货合约，即做一份期货合约的多头交易，在现货市场上卖出空头资产Q获得2 000元，在资金市场上贷出期限6个月、利率为2%的资金2 000元，期满后收回贷款，支付交割期货合约所需的资金，用期货交易所获得资产Q完成现货市场卖出的交易。

策略（2）的交易结果：期货价格1 800元。

收入：2 000+40=2 040（元）

支出：1 800+80=1 880（元）

获利：2 040−1 880=160（元）

我们发现，当期货合约的价格为1800元时，投资者在不承担任何风险的前提下，以零投资获得了160元的正收益，套利成功。

那如果期货合约的价格为1 960元，我们分别采用以上两个套利策略，看看会发生什么结果，具体如下：

策略1：期货价格1 960元。

收入：1 960+80=2 040（元）

支出：2 000+40=2 040（元）

获利：2 040−2 040=0（元）

策略2：期货价格1 960元。

收入：2 000+40=2 040（元）

支出：1 960+80=2 040（元）

获利：2 040−2 040=0（元）

当期货合约的价格为1 960元时，市场无套利机会，即1 960元是该期货合约的均衡价格。

二、期货均衡价格的一般表达式

在已知现货市场上的资产价格为P，到交割期间的资产收益率为R以及到交割期间的借贷利率为C。那么期货合约的均衡价格F表示为：

$$F = P + P \times (C - R) \tag{8-41}$$

由式（8-41）可以看到，期货合约的均衡价格F会受到标的资产现货市场价格P和收益率R以及同期借贷利率C三个因素的影响。当$C>R$时，期货合约均衡价格F大于标的资产现货市场价格；当$C<R$时，期货合约均衡价格F小于标的资产现货市场价格；当$C=R$时，期货合约均衡价格F等于标的资产现货市场价格。

当期货合约的市场价格高于均衡价格时，投资者选择进行期货合约的空头交易，可以获得套利收益；当期货合约的市场价格低于均衡价格时，投资者选择进行期货合约的多头交易，可以获得套利收益。因此，期货合约的均衡价格是投资者选择投资策略的主要依据。

拓展阅读8-2

英国巴林银行破产案

1995年，全球金融市场风起云涌，金融衍生工具作为一种新型的投资工具，其高风险性也逐渐被市场所认识。在这一背景下，英国巴林银行，这家历史悠久、声誉卓著的商业银行，却因为一起金融衍生工具投资事件而陷入了破产的境地。

尼克·李森，作为巴林银行新加坡期货公司的经理，负责公司的期货交易业务。他利用自己在金融市场上的经验和判断，在未经银行高层授权的情况下，进行了大量的日经225股票指数期货合约的买卖，并大量买入看涨合约。李森认为，日本经济已经开始走出衰退，股市将会有大涨趋势，因此他坚定地看涨日经225指数。然而，市场走势往往难以预测。1995年，日本股市突然崩盘，日经225指数大幅下跌。李森所持有的大量看涨合约瞬间变成了巨额的亏损。由于他之前的交易都是未经授权的，因此这些亏损全部由巴林银行承担。随着亏损的不断扩大，巴林银行逐渐陷入了资金短缺的困境。为了挽回损失，李森试图通过更多的交易来弥补之前的亏损。然而，这种做法无异于赌博，结果只能使亏损更加严重。最终，巴林银行因无法承担巨额的债务而宣布破产。

金融衍生工具投资本身就具有高风险性，如果操作不当，很容易导致巨大的损失。英国巴林银行破产案是一起典型的金融衍生工具投资失败案例，它给我们敲响了警钟，提醒我们在进行金融衍生工具投资时，必须高度重视操作风险和管理失误的问题，加强内部控制和风险管理，确保投资的安全和稳健。

资料来源：张光平．巴林倒闭与金融衍生工具［M］．上海：上海人民出版社，1998.

复习与思考

1.2023年底，某公司股票的下一年预期股利为0.8元/股，且预期股利以每年10%的速度增长，而该公司股票每年应得的收益率为12%，那么其内在价值为多少？

2.假设中国资本市场的风险溢价为2.5%，无风险资产的收益率为3%。当年清华同方公司的β值为0.8，根据以下资料计算当年清华同方公司股票的内在价值。

（1）当年公司发放股利0.15元；（2）股利的稳定增长率g为3%。

3.A公司为一家上市公司，2024年底，该公司的股票预期股利发放情况如下：2025年，2元/股；2026年，3元/股；2027年，4元/股；2028年，5元/股；以后A公司股利以5%的增长率稳定增长。假设该公司的资本率为10%，试计算A公司股票的内在价值。

4.某公司以永续股利的方式给投资者发放股利，每股2.5元，假设该公司的资本市场化率为10%。请利用股利折现模型计算该公司股票的内在价值。

5.某公司当前股票市值为36.4元，每股收益3.25元，如果必要收益率为8%，请计算该公司的增长机会的现值。

6.某公司当前每股收益为2.2元，现有一项ROE为10%的投资机会，公司决定将股利派发率降为70%，剩余30%进行再投资。若市场资本率为5%，请计算：该公司的市盈率和增长机会的现值。

7.计算债券内在价值选择适当贴现率时，应该考虑哪些因素？

8.假定市场上有一种面值为100元、票面利率为10%，适当贴现率为8%，距离到期刚好还剩2年的债券。当支付频率分别为每季度一次、半年一次、一年一次时，债券的价值分别是多少？实际年利率分别是多少？

9.美国市场上有一种面值为1 000元的零息债券，距离到期日还有3年，适当贴现率为8%。（1）请计算该债券的价值；（2）若当前该债券价格为920元，请计算其到期收益率。（注：同期附息债券利息按年支付）

10.一种按年付息的债券，面值100，票面利率为10%，每年5月1日为付息日，2×21年5月1日到期，适当贴现率为8%，如果投资者在2×18年2月10日购买，该债券的价值是多少？应计利息是多少？

11.某三年期债券面值为100元，票面利率为10%，利息按年支付。若未来三年适当贴现率分别为9%、12%和8%，请计算该债券的价值和到期收益率。

12.有A、B两种债券，面值均为100元，票面利率均为10%，距离到期日均还有两年。A债券按年付息，下次付息在一年以后；B债券按半年付息，下次付息在半年后。两种债券当前的收益率均为10%，价格均为100元。请计算A、B两种债券的基点价格值，并分析哪一个债券的利率风险较大。

13.一个债券组合由两种半年付息的债券按2∶3的比例构成，相关资料见表8-4，请计算该债券组合的久期，并分析当收益率发生变动时，债券组合的价格将发生怎样的变动。